ZHICHANG XINGWEI
JIQI GUANLI YANJIU

职场

行为及其管理研究

潘清泉 著

中国财经出版传媒集团

经济科学出版社
Economic Science Press

图书在版编目（CIP）数据

职场行为及其管理研究/潘清泉著. —北京：
经济科学出版社，2016.11
ISBN 978 - 7 - 5141 - 7481 - 6

Ⅰ.①职…　Ⅱ.①潘…　Ⅲ.①企业管理－组织
行为学－研究　Ⅳ.①F272.9

中国版本图书馆 CIP 数据核字（2016）第 277458 号

责任编辑：周国强
责任校对：杨　海
责任印制：邱　天

职场行为及其管理研究

潘清泉　著

经济科学出版社出版、发行　新华书店经销
社址：北京市海淀区阜成路甲 28 号　邮编：100142
总编部电话：010 - 88191217　发行部电话：010 - 88191522
网址：www. esp. com. cn
电子邮件：esp@ esp. com. cn
天猫网店：经济科学出版社旗舰店
网址：http://jjkxcbs. tmall. com
北京万友印刷有限公司印装
710 × 1000　16 开　23.5 印张　425000 字
2016 年 11 月第 1 版　2016 年 11 月第 1 次印刷
ISBN 978 - 7 - 5141 - 7481 - 6　定价：98.00 元
（图书出现印装问题，本社负责调换。电话：010 - 88191510）
（版权所有　侵权必究　举报电话：010 - 88191586
电子邮箱：dbts@ esp. com. cn）

序　言

　　职场是个体人生发展的重要环境和平台，是与家庭生活同等重要的人生大事。一个人职场发展成功与否，直接影响到个人的身心健康和家庭幸福。而个体在职场中的行为不仅影响他的职业发展，也影响到企业的发展。因此，职场行为的管理对于员工个体和企业来说都是一个重要的课题。个体在职场上的发展与工作相关的环境、个人努力、领导风格、职业特点、社会活动、人际关系等因素密切相关。既受到环境的影响，也受到个体自身各方面因素的影响；既有员工和组织层面的因素，也有下属和领导层面的因素；涉及个体、群体和组织等众多因素的相互影响。就比如员工工作的积极性，其影响因素就很多，也很复杂，包括外部环境和内部环境。内部环境就是员工个体的自身因素，自我对工作积极性的调动，包括员工的成就动机、自我效能、自我激励等；外部环境是工作氛围，包括上级、同事、工作激励、人际关系、工作本身。当然在这当中成就动机是一个非常重要的因素，它是驱动一个人在社会活动的特定领域力求获得成功或取得成就的内部力量。强烈的成就动机使人具有很高的工作积极性，渴望将事情做得更为完美，提高工作效率，获得更大的成功。可以说成就动机是影响个体工作积极性的一个基本的内部因素。从宏观层次上说，它受到员工所处的经济、文化、社会的发展程度的制约；而在微观层次上，让每一个员工都有机会得到各种成功体验，培养和提高自我愿望等成就动机水平，将有助于改变他们对工作的消极态度，提高自我的工作积极性。职场中人际交往作为一种职场行为同样也非常重要，不管是员工还是管理者，良好的人际关系都是职业成功的重要条件。影响职场人际关系的因素有：一、文化背景，主要包括交往的语言、语意差异，交往态度差异，以及接受教育程度、文化素质和文明水平差异等；二、社会背景，主要包括社会地位、社会角色、个人身份以及年龄、性别等方面；三、思想观念，主要包括双方的认知、情绪、行为方式以及个性特征等。我们了解这些因素将有助于员工的自我管理和领导对员工的管理。

本书除导言外共分十六章。第一部分探讨员工建言行为的驱动机制，期以寻找更好促进员工建言行为的管理指导。其中，第二章，基于SSG视角的员工建言行为实证研究。探讨了在知识经济时代，员工的价值转变、员工提出的合理化的建议对企业的生存和发展至关重要。所谓众人拾柴火焰高，员工的聪明才智是企业发展的重要财富。许多企业已将员工的建言行为纳入到日常管理中，然而在现实生活中我们发现，员工明知企业中存有问题，但却由于种种原因选择沉默，致使企业出现不可挽回的严重后果。如何让员工更好地提出建言呢？本文探讨了基于中国组织情境下SSG对于员工建言行为的影响机制，最后提出了管理启示。第三章，员工政治技能对建言行为的影响机制研究。探讨了员工的政治技能是如何对建言行为产生影响的。本研究从中国文化背景下政治技能和关系的视角出发，以上下级关系为中介变量，探究员工政治技能对建言行为的影响机制，并进一步分析员工传统性在上下级关系与员工建言行为之间的调节作用。

第二部分关注员工创新行为的发生机制。其中，第四章，知识型员工目标取向对创新行为的影响机制研究，主要探讨知识型员工的目标取向问题对其创新行为的影响。知识型员工受教育的程度高，日益成为企业创新的主力军。作为员工特质的目标取向，近几年研究发现其是影响员工创新的重要影响因素，其为企业提高员工创新行为提供了一个新视角。本研究探讨了目标取向对创新行为的具体作用机制。第五章，高科技企业变革型领导对员工创新行为的影响机制研究。企业的创新和员工的创新密不可分，领导风格被证明是影响员工创新行为的重要因素。不同领导风格的领导者会影响员工的认知、动机等，激发员工创新行为，进而影响组织的绩效。本研究拓展了变革型领导作用机制方面的研究，试图打开变革型领导与员工创新行为关系机制中的"黑箱"。

第三部分关注于员工的工作绩效和主动性行为绩效及其驱动问题。其中，

第六章,中小企业组织公平感、敬业度及员工行为的关系机制研究。中小企业是我国发展的重要生力军,是最具活力和变革性的群体。本研究基于组织公平感、敬业度及员工行为的关系进行了探讨,有助于中小企业管理者更好地了解组织公平感对敬业度与工作绩效的影响作用。加大组织公平力度有利于员工产生积极的工作态度与行为,提高员工对组织的敬业度,影响到员工的工作绩效与组织目标的实现。第七章,员工主动性行为及其驱动研究。主动性在当今职场中显得日益重要,本研究首先探讨了员工主动性行为的内涵与结构维度,然后剖析复杂环境下的员工主动性行为价值,最后分析员工主动性行为内在动机决定因素,以及在个体人格和环境的驱动因素基础上构建了员工主动性行为驱动的整合模型。第八章,人性化与规范化管理对员工主动性行为的影响研究。组织复杂性使得组织行为具有更高的不确定性,高度的不确定性降低了工作角色能够明确规定的程度。在这种情况下,员工必须发挥主动性和灵活性,动态表现出主动性行为以应对变化的条件和要求。企业在实施人性化管理驱动员工主动性行为的同时,还需要进行一定的规范化管理,以应对突发情况。

第四部分,分析说谎这一负面行为的可能控制。其中,第九章,基于信息沟通视角的说谎判断研究及其管理启示;说谎被普遍认为是一种非道德行为,但是说谎却是个体社会交往过程中普遍存在着的一种现象。基于说谎判断过程的分析,可以为说谎行为的判断提供一定的参考,也有助于对员工的行为进行更有效的识别、控制及管理。

第五部分,剖析程序公平这一管理视角可能存在的有限情境及其启示。其中,第十章,程序公平效应及其对员工行为管理的启示;在职场中,员工自己感受到不利结果的情况是比较普遍的。本研究试图在对程序公平效应的相关实证支持及其理论进行梳理的基础上,进一步概括程序公平效应有限情境研究的新进展,最后对全文总结并指出未来的研究方向。

第六部分,分析领导行为的影响效应及其影响因素。其中,第十一章,自恋型领导行为的影响效应及其管理启示研究;目前关于自恋型领导的研究已经成为领导研究的一个新焦点。本研究将深入探讨国内外学者对自恋型领导的研究成果,归纳总结自恋型领导的内涵、自恋型领导的测量方法,分析其产生的正面效应和负面效应,并提出进一步研究的建议。第十二章,领导的下属信任、风险知觉及权力距离对授权行为的影响；企业的发展有赖于员工积极性和主动性的发挥，而员工积极性和主动性的奉献受到企业领导信任的影响，授权可以在其中扮演一个非常重要的角色。本研究试图通过情境实验的方法，探讨在不同风险情境中，领导对于下属的信任和授权行为之间的关系，以及领导的权力距离感在其中的影响作用。

第七部分，从企业管理措施视角分析员工行为的有效管理思路。其中，第十三章，家庭友好人力资源实践的问题与应对策略；互联网技术的发展改变了"朝九晚五"或"八小时工作"制度，工作和家庭之间开始相互渗透，员工已经难以在工作和家庭生活之间划下明确的物理和心理边界。这些现象使得工作——家庭冲突已经成为职场人面临的突出问题。家庭友好人力资源实践在一定程度上可以降低工作和家庭要求之间的冲突，减少旷工、离职等行为，改善员工对工作的态度和行为。第十四章，工作与家庭边界模糊化下的人力资源管理及其启示；信息技术的发展使得现代人在工作与家庭的分界上日趋模糊。为了适应这一变化，许多企业采取将员工的工作和家庭边界模糊化的管理对策，如远程办公、弹性工作制等等。本研究探讨了企业人力资源管理在这种特殊的环境下，面对上述问题与危机，如何应对新形势的变化，提升企业人力资源管理的实效性问题。第十五章，领导风格对团队有效性的影响机制及其管理启示；在职场中，领导风格是影响企业发展和企业文化的重要因素，本章的主要目的在于探讨不同类型领导影响团队有效性的路径与方式，以期初步揭示团队领导风格对团队有效性的作用机制。第十六章，团队边界工作研究及其管理启迪；科学技术的发展以及企业与外界的广泛联系，使组织的无边界化得到了迅速的发展。本研究从系统观视角分析，结合团队边界研究的内部观和外部观，指出团队边界工作包括外部导向和内部导向两个维度共三种不同类型，结合团队边界工作的影响效应及其中可能存在的背景影响因素的分析，提出了团队边界工作影响效应的综合权变模型。

第八部分，以领导为代理人的企业行为的深层影响因素及其作用机制。其中，第十七章，基于组织身份领地维护与拓展的企业竞争行为研究。组织身份是组织多数成员对"作为一个组织的我们是谁"的一致理解。本研究在梳理组织身份与身份领地概念的基础上，分析了组织身份领地对企业竞争行为的影响，最后结合组织身份领地维护与拓展的权衡视角，剖析创新环境下的企业竞争行为选择，期望通过这一研究促进对企业竞争行为的更深入理解。

　　综上，职场的行为及管理问题是一个比较传统的研究课题，但是在网络环境下，职场行为又有了新的特点，工作和非工作之间的渗透更加明显，管理者如何根据新的变化及时进行应对，以提升管理的针对性和实效性是一个值得探讨的现实问题。尤其是随着"90后"、甚至是"00后"相继进入职场以后，他们带来了一股新的行为模式。本书针对这些变化作出了一些回应，但是这些研究仅仅是一个初步探讨，我们也期望得到更多的同行的批评和帮助。

目 录
CONTENTS

1 导　言

　　职场是人生的重要场所，也是一个人安身立命的根本。职业发展的状况直接影响到个体的幸福感和身心健康。它包括员工的个体行为和组织行为。员工个体行为是作为独立的个人在生产、科研、管理、销售活动中的言行。他们对企业目标持何种态度，执行制度、规程、守则的情况，不仅具有内在的影响力，还具有很强的外向传播性，成为外部公众对企业行为识别的一个重要方面。作为个体来说，如何更好地适应职场规律，以获得更好的发展，必须充分考虑到影响职业发展的各种因素；作为企业和组织来说，要尊重市场规律，以人为本，为员工创造环境和条件让他们发挥自己的聪明才智、更加积极主动地为企业服务。从管理的角度来说，必须要遵守一定的原则：①一致性原则：员工行为规范要与企业理念保持高度一致并充分反映企业理念；行为规范要与企业已有的各项规章制度保持一致，对员工行为的具体要求不能与企业制度相抵触；行为规范自身的各项要求应该和谐一致，不要自相矛盾。坚持一致性是员工行为规范存在价值的根本体现，这样的规范性要求容易被员工认同和自觉遵守，有利于形成企业文化合力，塑造和谐统一的企业形象。②针对性原则：员工行为规范的各项内容及其要求的程度要从企业实际，特别是从员工的行为实际出发，以便能够对良好的行为习惯产生激励和正强化作用，对不良的行为习惯产生约束作用和进行负强化，使得执行员工行为规范的结果能够达到企业预期的引导员工行为习惯的目的。③合理性原则：员工行为规范的每一条款都必须符合国家法律、社会公德，即其存在既要合情，也要合理。在一些企业的员工行为规范中，常常可以发现个别条款或要求显得非常牵强，很难想象企业为什么会对员工提出这样不合理的要求。坚持合理性原则，就是要对规范的内容进行认真审度，尽量避免那些看起来很重要但不合常理的要求。④普遍性原则：管理的要求是普遍适用于企业内的所有的人，上至董事长、总经理，下至一线工人，无一例外都是企业的员工。因此，员工行为规范的适用对象不但包括普通员工，而且包括企业各级干部，当然也包括企业最高领导，其适用范围应该具有最大的普遍性。⑤可操作性原则：行为规范要便于全体员工遵守和对照执行，其规定应力求详细具体，这就是所谓的可操作性原则。如果不注意坚持这一原则，规范要求中含有不少空洞的、泛泛的提倡或原则，甚至是口号，不仅无法遵照执行或者在执行过程中走样，而且也会影响整个规范的严肃性，最终导致整个规范成为一纸空文。

　　但是，职场也是一个随着社会发展不断变化的地方。随着社会生活的不断变迁，人们观念的不断改变，职业成为了更具可塑性的名词。职场中的人也在不断调整自己的习惯和固有的观念以适应社会发展的需要。本研究从不同的角度对职场中的各种现象进行了探讨。如，企业中的建言行为，怎样才能让员工知无不言、言无不尽，畅所欲言。在中国组织情境中，无论个体的人际交往还是组织的经营活动都带有明显的"关系"导向特征，下属也倾向于和上级建立良好的私人关系，如通过私下拜访、沟通问候等。当上下级关系形成后，这种具有强烈"私人情感"色彩的关系也会影响和渗透到正常的组织活动中，从而影响员工的态度和行为。值得注意的是，尽管中国文化背景下的上下级关系与西方的领导—成员交换关系都强调关系质量，但由于两者的形成机制不同，因而产生的互惠规则也不同。在中国企业中，上下级之间的角色义务不相对等，与上级关系较好的员工更倾向于将建言看作自己的义务和责任，并将其作为对上级的回报或感恩，而在西方组织中这种互惠规则则是建立在平等的关系基础之上。因此，中国文化背景下的 SSG 更能有效解释组织中员工的建言行为。

　　组织如何对待和处理员工的家庭工作关系，直接影响到员工工作的积极性和主动性，间接影响到员工对企业的忠诚度，进而影响到企业的工作效率和绩效，这是职场管理行为的一个典型代表。如家庭友好人力资源实践问题，它是企业设计用以帮助员工管理工作和私人生活需求的政策和项目，也称之为家庭友好雇用实践、家庭友好支持、家庭友好项目等名称。家庭友好人力资源实践的内容通常包括灵活工作时间、远程办公或在家办公、休假政策、老人或儿童护理以及生活咨询服务等。工作倦怠、工作压力已经成为职场人不得不面对的问题，职场人的亚健康状态已非常普遍。"家庭是每个人心灵的避风港"，保持工作—家庭平衡是员工复原力的一个重要来源。但现实情况是，职场人的工作—生活冲突问题日益突出，由于工作和家庭生活之间的冲突带来了许多负面的影响，包括个人的身体和心理健康问题，父母角色职责不能很好履行，由于缺席、怠工等带来的工作绩效下降、离职等。正是在这样的背景下，企业不再当员工的"私人生活仅仅是他自己的事"，而是开始关注员工家庭生活与工作之间的紧密联系。家庭友好人力资源实践的提出就是企业应对这一发展趋势的反应。家庭友好人力资源实践在一定程度上可以降低工作和家庭要求之间的冲突，减少旷工、病假、离职等行为，可以改善员工对于工作的态度和行为，如提高工作动机、组织承诺、工作满意度以及工作绩效等。对于这样的问题处理的结果对企业和员工两方面都具有重要的意义。

从职场管理的更宏观角度来说，企业如何针对自己的经营领域——身份领地进行有效的维护和拓展，直接影响到企业的生死存亡。组织身份是组织多数成员对"作为一个组织的我们是谁"的一致理解。组织身份的形成源自于对组织作为一个整体的主要的、独特的和持久特征的认识。值得注意的是，组织身份的形成有时候可能只是基于组织中的某一方面的特色，而不一定是组织的所有方面。组织身份作为组织的一种存在必将影响组织的行为。就组织内部而言，王成城和刘洪等的研究指出，组织身份影响组织内员工的行为。而就组织层次而言，组织身份也将影响企业对外的竞争行为与反应。因为身份界定提供了一个实体的具体意义，对组织身份的评价将特别突出组织的核心特征。但是，长期以来，组织身份的研究更多是基于组织内部视角，即关注组织身份对于员工的影响。而从组织层次探讨组织身份对组织外部行为的影响研究相对较少。

基于此，我们从个体和组织两个层面对职场的管理行为进行了较为深入的探讨，试图揭示职场行为及其管理背后的规律性的内容，为管理实践提供一些有益的探索。

2　基于SSG视角的员工建言行为实证研究

2.1 引　言①

知识经济时代，员工的价值正逐步由体力劳动向脑力劳动发生转变，其合理化的建议对企业的生存和发展至关重要（梁建，2014）。许多企业已将员工的建言行为纳入到日常管理中，例如沃尔玛通过定期进行基层意见调查，IBM 通过建立"speak up"等渠道鼓励基层员工积极建言。然而在很多情况下，员工明知企业中存有问题，但却由于种种原因选择沉默，致使企业出现不可挽回的严重后果，如安然公司的破产等。因此，有必要对员工建言行为的发生机制进行深入剖析。

以往大量研究表明，领导—成员交换关系（leader-member exchange，LMX）是影响员工建言行为的有效预测变量（Burris et al.，2008）。尽管已有学者证实了 LMX 对员工建言行为的预测作用（Botero et al.，2009），但鲜有研究中国本土文化的上下级关系（supervisor-subordinate guanxi，SSG）对员工建言行为的影响机制（Farh et al.，1998）。考虑到"关系"导向的中国文化背景下的 SSG 比起西方的 LMX 更为敏感，对组织成员行为的影响效应也更明显（郭晓薇，2011），因此，本研究将关注中国组织情境中 SSG 对于员工建言行为的影响机制（李锐等，2012）。此外，从个体和情境交互影响的角度来看，组织中 SSG 对建言行为的影响还可能受到个体特质的影响（周建涛、廖建桥，2012）。组织自尊反映了个体在组织中对自我价值的认知程度（Piercec et al.，1989），极有可能调节 SSG 对员工建言行为的影响效应。因此，本章还将进一步探讨员工组织自尊在 SSG 与员工建言行为之间的调节作用。

---

① 部分参见：赵杰，潘清泉. 基于 SSG 视角的员工建言行为实证研究［J］. 广西科技大学学报，2015，26（4）。

2.2　理论基础与研究假设

2.2.1　SSG 与建言行为

与西方的领导—成员交换关系（LMX）不同，华人组织中的上下级关系（SSG）是指组织中上下级之间在工作之外通过非工作相关的活动而建立的私人关系（Law et al.，2000）。这种关系超越了上下级在工作中建立的交换关系，而更多地表现在工作之外的私人活动以及与工作无关的社会交换活动等方面（Cheung et al.，2009）。建言行为是指个体主动向组织表达与工作相关的意见的行为，其本质上是一种自愿的组织公民行为（Dyne et al.，2003）。Liang 等（2008）在此基础上将建言行为划分为促进性建言和抑制性建言，前者是指个体提出改善组织运作的相关建议，后者是指个体大胆指出组织存在的问题或缺陷。鉴于两者的本质区别，本研究将分别探讨 SSG 对员工促进性建言和抑制性建言的影响。

在高质量的 SSG 中，员工会得到上级较多的信任和支持。当他们向上级建言时，上级不但会欣然接受而且会更加欣赏和信任他们，这会进一步增强员工对建言的信心和勇气（Detert et al.，2007）；相反，在低质量的 SSG 中，员工或因担心建言的风险而保持沉默，即便提出意见也不会被重视，反而可能遭受"排斥"、"边缘化"等厄运（Hui et al.，2004）。此外，根据社会交换理论，得到上级支持和信任的员工会产生报恩的义务感，从而激发其积极建言献策以回报上级的恩惠（Morrison et al.，2011）。相关实证研究也表明 SSG 正向影响员工的建言行为。基于此，本研究提出如下假设：

假设 1a：SSG 与员工的促进性建言显著正相关。

假设 1b：SSG 与员工的抑制性建言显著正相关。

2.2.2　组织自尊的调节作用

组织自尊（organization-based self-esteem）是指个体对自己作为组织成员

能否胜任的自我评价，反映了个体多大程度上相信自己是有价值的、有能力的。通常情况下，个体的组织自尊水平会受到其所在环境、周围人物评价等多方面的影响（Pierce et al.，2004）。在高质量的 SSG 中，组织自尊较高的员工不仅具有较高的自我认知，相信自己有能力为组织作出贡献，并且拥有较强的被上级信任和支持的自我概念（Gardner et al.，2004）。根据自我一致性理论（self-consistency），员工期望自己的行为与积极的自我概念相一致，因而激发其积极向上级建言以强化这一概念（Gardner et al.，2001）。而组织自尊水平较低的员工具有较低的自我价值感，往往怀疑自己的能力，担心自己的建言对组织来说没有价值或不被上级认可，这种消极的自我概念会抑制其向上级建言（Rank et al.，2009），即便是 SSG 质量较高，低水平的组织自尊也会弱化员工建言的积极性。基于此，本研究提出如下假设：

假设 2a：组织自尊在 SSG 与促进性建言之间起正向调节作用。当员工组织自尊水平较高时，SSG 与促进性建言之间的关系较强；反之，SSG 与促进性建言之间的关系较弱。

假设 2b：组织自尊在 SSG 与抑制性建言之间起正向调节作用。当员工组织自尊水平较高时，SSG 与抑制性建言之间的关系较强；反之，SSG 与抑制性建言之间的关系较弱。

综合所述，本研究提出如下理论模型（见图 2-1）。

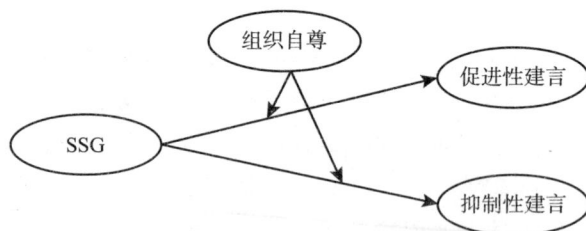

图 2-1　本研究理论假设模型

2.3 研 究 方 法

2.3.1 研究样本

本研究采用问卷调查的方式，调查样本来自广东、广西、海南等地的多家企业。为了避免同源偏差，本研究选择主管—员工的配对样本进行调查。调查问卷包括主管问卷（问卷Ⅰ）和员工问卷（问卷Ⅱ），问卷Ⅰ由主管对SSG和建言行为进行评价，问卷Ⅱ由员工对组织自尊进行自评。在调查前，研究人员均向被试告知调查目的，并承诺对调查结果绝对保密。调查时，先由研究人员与企业人力资源部门负责人确定参与调查的基层主管，再随机选择3~5名直接下属参与调查，研究人员在企业研究助手的协助下当场发放问卷，填写完毕后将问卷密封并集中交回给研究人员。

对回收的数据采用SPSS21.0和AMOS21.0软件进行处理。总的来说，本研究共发放主管问卷和员工问卷各450份，删除了无效的问卷后，最终得到了374份有效的配对问卷，有效回收率为83.11%。有效样本基本情况如表2-1所示。

表 2 - 1   样本基本情况统计

属性	组别	主管		员工	
		样本数	百分比（%）	样本数	百分比（%）
性别	男	55	66.3	175	46.8
	女	28	33.7	199	53.2
年龄	30 岁以下	21	25.3	103	27.5
	30~40 岁	22	26.5	155	41.4
	40 岁以上	40	48.2	116	31.1

属性	组别	主管		员工	
		样本数	百分比（％）	样本数	百分比（％）
教育程度	大专及以下	36	43.4	117	31.3
	本科	38	45.8	204	54.5
	硕士及以上	9	10.8	53	14.2
工作年限	1～5 年	20	24.1	102	27.2
	6～10 年	15	18.1	93	24.9
	10 年以上	48	57.8	179	47.9

　　本研究的结构方程模型是建立在方差协方差矩阵分析的基础之上，运用 AMOS21.0 软件对观测变量的方差协方差模型中的参数进行估计，以尽量缩小样本的方差协方差与模型估计的方差协方差之间的差异，参数估计的方法采用极大似然估计，数据如表 2－2 所示，由表 2－2 可知，各观测变量的关联程度较高。

表 2－2　　　　　　　　　　方差—协方差矩阵

	S1	S2	S3	S4	S5	S6	V1	V2	V3	V4	V5	V6	V7	V8	V9	V10	V11
S1	0.83																
S2	0.64	0.91															
S3	0.58	0.69	0.98														
S4	0.53	0.60	0.56	0.94													
S5	0.48	0.45	0.57	0.47	0.84												
S6	0.49	0.62	0.49	0.51	0.32	1.16											
V1	0.21	0.36	0.46	0.45	0.28	0.37	0.81										
V2	0.27	0.28	0.32	0.46	0.41	0.24	0.52	0.74									
V3	0.21	0.20	0.39	0.38	0.35	0.37	0.42	0.45	0.61								
V4	0.22	0.27	0.33	0.26	0.22	0.35	0.43	0.44	0.45	0.76							
V5	0.23	0.28	0.24	0.26	0.30	0.32	0.29	0.42	0.46	0.42	0.83						

续表

	S1	S2	S3	S4	S5	S6	V1	V2	V3	V4	V5	V6	V7	V8	V9	V10	V11
V6	0.24	0.20	0.18	0.46	0.26	0.27	0.23	0.20	0.25	0.30	0.23	0.57					
V7	0.29	0.36	0.44	0.39	0.48	0.35	0.25	0.29	0.36	0.31	0.30	0.26	0.63				
V8	0.25	0.27	0.31	0.33	0.25	0.31	0.25	0.26	0.30	0.40	0.28	0.25	0.25	0.61			
V9	0.26	0.32	0.23	0.25	0.26	0.38	0.24	0.24	0.26	0.30	0.29	0.22	0.28	0.27	0.60		
V10	0.27	0.23	0.23	0.30	0.20	0.38	0.21	0.24	0.31	0.29	0.34	0.23	0.34	0.35	0.35	0.62	
V11	0.25	0.34	0.39	0.45	0.39	0.41	0.23	0.29	0.26	0.25	0.26	0.27	0.30	0.25	0.32	0.76

注：S1 ~ S6 表示 SSG 的观测变量，V1 ~ V11 表示建言行为的观测变量。

2.3.2　测量工具

为保证各变量测量工具的信效度，本研究均选用了国内外现有的成熟量表，并采用"翻译－回译"的办法对各量表进行了修正。问卷中所有量表均采用李克特5点计分，1表示"非常不同意"，5表示"非常同意"。

其中，SSG 的测量采用 Law 等（2000）开发的 6 个条目的量表，样题如"逢年过节，该下属会来看我"。在本研究中，该量表的 Cronbach α 系数为 0.88。组织自尊采用 Pierce 等（1989）开发的 10 个条目的量表，样题如"我感觉我在单位是有价值的"。在本研究中，该量表的 Cronbach α 系数为 0.87。建言行为的测量采用 Liang 等（2008）开发的 11 个条目的量表，包括 5 个促进性建言和 6 个抑制性建言。样题如"该员工就改善企业工作运作积极地提出了建议"。在本研究中，促进性建言和抑制性建言的 Cronbach α 系数分别为 0.86 和 0.82。在以往的研究中，员工的性别、年龄、教育程度以及工作年限等都会对建言行为产生影响，因此本研究将上述人口统计学变量作为控制变量。

2.4　数据分析与结果

2.4.1　验证性因子分析

为了检验本研究中各变量间的区分效度，采用 AMOS 21.0 软件对 SSG、组织自尊、促进性建言和抑制性建言进行了验证性因子分析（CFA）。比较了一个四因子模型（见图2-2）、两个三因子模型、一个二因子模型和一个单因子模型。结果表明（见表2-3），与其他四个模型相比，四因子模型的拟合度最佳（$\Delta\chi^2 = 1390.14$，$\Delta df = 16$，$p < 0.001$），满足模型适配条件，表明各变量具有良好的区分效度。

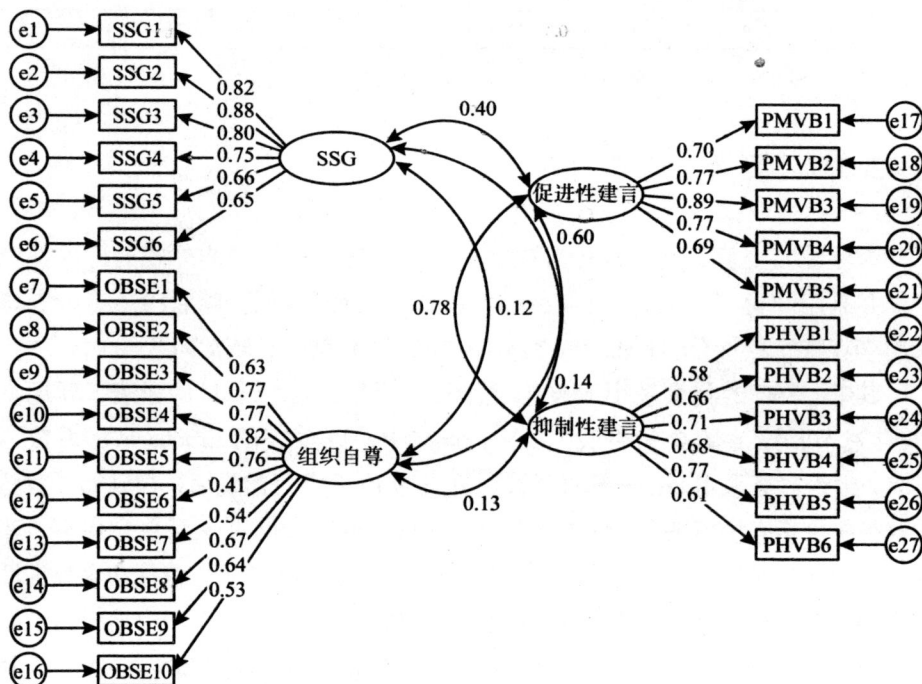

图2-2　四因子模型验证性因子分析

表2-3　　　　　　　　　　验证性因子分析结果

模型	χ^2	df	χ^2/df	RMR	GFI	CFI	RMSEA	$\Delta\chi^2$（Δdf）	P
四因子：SSG、OBSE、PMVB、PHVB	835.38	546	1.53	0.04	0.92	0.91	0.05	1390.14（16）	0.00
三因子：SSG + OBSE、PMVB、PHVB	1183.42	553	2.14	0.06	0.89	0.88	0.08	1042.1（9）	0.00

续表

模型	χ^2	df	χ^2/df	RMR	GFI	CFI	RMSEA	$\Delta\chi^2$ （Δdf）	P
三因子：SSG、OBSE + PMVB、PHVB	1498.63	553	2.71	0.07	0.83	0.85	0.09	729.89 （9）	0.00
二因子：SSG + OBSE、PMVB + PHVB	1970.51	557	3.43	0.10	0.77	0.81	0.10	255.01 （5）	0.00
单因子：SSG + OBSE + PMVB + PHVB	2225.52	562	3.96	0.12	0.74	0.79	0.12		

注：上下级关系 SSG、组织自尊 OBSE、促进性建言 PMVB、抑制性建言 PHVB；"+"代表因子合并。

2.4.2 描述性统计分析

表 2-4 给出了各变量的均值、标准差以及相关系数。由表可知 SSG 与促进性建言显著正相关（$r = 0.401$，$p < 0.001$），组织自尊与促进性建言显著正相关（$r = 0.128$，$p < 0.001$），SSG 与抑制性建言显著正相关（$r = 0.546$，$p < 0.001$），组织自尊与抑制性建言显著正相关（$r = 0.144$，$p < 0.001$）。这些结果为本研究的相关假设提供了初步支持。

表 2-4 　　　　　　　　　　本研究变量的描述性统计

变量	M	SD	1	2	3	4	5	6	7
1. 性别	1.53	0.50							
2. 年龄	2.03	0.76	-0.07						
3. 教育程度	1.83	0.65	-0.156**	-0.149**					
4. 工作年限	3.14	0.96	-0.083	0.721**	-0.085				
5. SSG	3.28	0.77	-0.239**	-0.129*	0.128*	-0.006			
6. 组织自尊	3.78	0.63	-0.213**	0.159**	0.016	0.259**	0.112*		
7. 促进性建言	2.93	0.71	-0.134**	-0.01	0.215**	0.071	0.401***	0.128***	
8. 抑制性建言	3.12	0.58	-0.042	0.01	0.172**	0.128*	0.546***	0.144***	0.674***

注：$* p < 0.05$，$** p < 0.01$，$*** p < 0.001$。

2.4.3 假设检验

为了验证 SSG 与促进性建言、抑制性建言之间的关系，采用 AMOS 21.0 软件建立结构方程模型并进行潜变量路径分析，结果见图 2 - 3，残差矩阵如表 2 - 5 所示。该模型各项拟合指标均达到要求（$\chi^2 = 544.67$，df $= 217$，$\chi^2/$df $= 2.51$，GFI $= 0.94$，CFI $= 0.93$，NFI $= 0.95$，RMSEA $= 0.06$，RMR $= 0.04$），且残差矩阵各个元素的数值均接近 0，表明模型对数据的拟合良好。路径分析结果表明，SSG 与促进性建言之间的标准化路径系数达到了 0.44（$P < 0.001$），SSG 与抑制性建言之间的标准化路径系数达到了 0.63（$P < 0.001$），表明 SSG 对促进性建言、抑制性建言均具有显著的正向影响，因此，假设 1a 和假设 1b 均得到了支持。

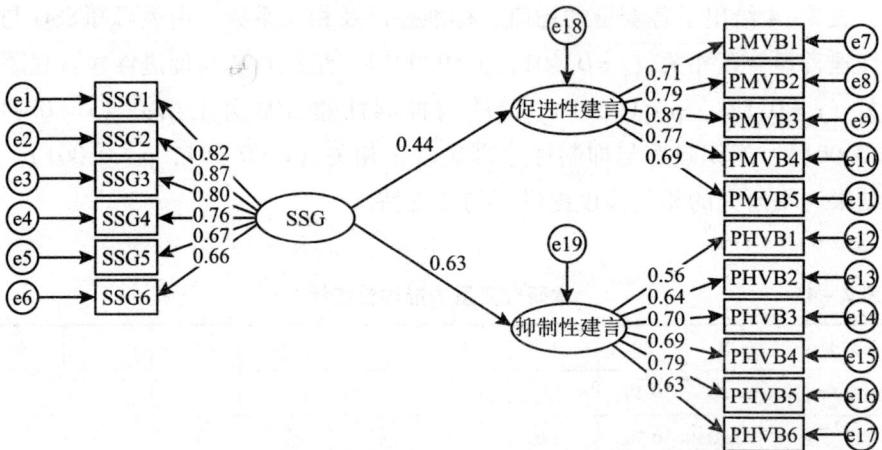

图 2 - 3　SSG 与促进性建言、抑制性建言的关系模型

表 2 - 5　　　　　　　　　　　　　　残差矩阵

	S1	S2	S3	S4	S5	S6	V1	V2	V3	V4	V5	V6	V7	V8	V9	V10	V11
S1	0.00																
S2	0.02	0.00															

续表

	S1	S2	S3	S4	S5	S6	V1	V2	V3	V4	V5	V6	V7	V8	V9	V10	V11
S3	0.01	0.02	0.00														
S4	0.01	0.01	0.01	0.00													
S5	0.03	0.04	0.05	0.02	0.00												
S6	0.03	0.09	0.08	0.10	0.04	0.00											
V1	0.01	0.07	0.06	0.05	0.09	0.17	0.00										
V2	0.05	0.10	0.11	0.06	0.07	0.02	0.08	0.00									
V3	0.15	0.04	0.05	0.04	0.03	0.15	0.01	0.01	0.00								
V4	0.01	0.02	0.09	0.04	0.03	0.14	0.01	0.00	0.00	0.00							
V5	0.02	0.05	0.02	0.05	0.12	0.11	0.10	0.01	0.03	0.01	0.00						
V6	0.05	0.01	0.03	0.03	0.04	0.01	0.15	0.11	0.03	0.21	0.15	0.00					
V7	0.04	0.10	0.14	0.04	0.11	0.12	0.16	0.19	0.17	0.18	0.21	0.04	0.00				
V8	0.01	0.01	0.03	0.08	0.03	0.06	0.15	0.15	0.16	0.17	0.18	0.01	0.02	0.00			
V9	0.01	0.04	0.03	0.01	0.14	0.20	0.16	0.20	0.01	0.01	0.20	0.01	0.01	0.02	0.00		
V10	0.02	0.23	0.08	0.01	0.04	0.10	0.09	0.12	0.11	0.20	0.22	0.02	0.02	0.01	0.01	0.00	
V11	0.01	0.05	0.11	0.19	0.02	0.17	0.13	0.08	0.15	0.14	0.16	0.02	0.01	0.01	0.03	0.02	0.00

注：S1 ~ S6 表示 SSG 的观测变量，V1 ~ V11 表示建言行为的观测变量。

在验证组织自尊在 SSG 与促进性建言、抑制性建言之间的调节效应时，利用层级回归法进行检验。采用 Baron 和 Kenny （1986）的程序：在控制人口统计学变量之后，依次加入自变量和交互项，以预测结果变量。为减少多重共线性问题的影响，根据 Aiken 和 West （1991）的建议，将自变量和调节变量先做中心化处理再相乘得到交互项。由表 2 – 6 可知，SSG 与组织自尊的交互项及促进性建言显著正相关（M3，β = 0.173，p < 0.01），表明组织自尊在 SSG 与促进性建言之间的调节作用达到显著水平；SSG 和组织自尊的交互项与抑制性建言之间的关系不显著（M6，β = 0.078，ns），因此，假设 2b 未得到支持。为了进一步确认组织自尊在 SSG 与促进性建言之间的正向调节作用，参考 Aiken 和 West （1991）的做法，分别取 SSG 和组织自尊的平均数加减一个标准差的值代入回归模型中，并进行绘图，结果如图 2 – 4 所示。与假

设 2a 预期相一致，当组织自尊较高时，SSG 与促进性建言之间的正向关系较强，当组织自尊较低时，SSG 与促进性建言之间的正向关系较弱，假设 2a 得到支持。

表 2 - 6   层级回归分析结果

变量		促进性建言			抑制性建言		
		M1	M2	M3	M4	M5	M6
控制变量	性别	- 0.097	0.002	0.020	- 0.005	0.138	0.146
	年龄	- 0.093	0.005	- 0.004	- 0.140	0.004	0.00
	教育程度	0.198 **	0.173 **	0.202 **	0.170 **	0.133 *	0.146 *
	工作年限	0.147 *	0.068	0.076	0.243 *	0.132	0.136
自变量	SSG		0.372 ***	0.366 ***		0.556 ***	0.553 ***
	组织自尊		0.066	0.060		0.074	0.071
交互项	SSG×组织自尊			0.173 **			0.078
F 值		6.6 ***	15.201 ***	15.411 ***	5.794 ***	12.65 ***	18.64 ***
R^2		0.067	0.186	0.213	0.059	0.337	0.342
ΔR^2		0.067	0.004	0.029	0.059	0.005	0.006

注：* $p < 0.05$，** $p < 0.01$，*** $p < 0.001$。

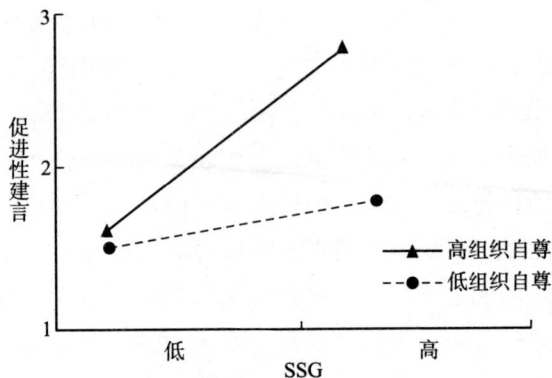

图 2 - 4　组织自尊的调节效应

2.5　讨论与分析

2.5.1　讨论

本研究结论证实了中国组织情境中 SSG 能够正向影响员工的建言行为，包括促进性建言和抑制性建言，这与汪林等（2010）、李锐等人（2012）的研究结论是相一致的。这一结论和中国社会背景相契合，在中国组织情境中，无论个体的人际交往还是组织的经营活动都带有明显的"关系"导向特征，下属也倾向于和上级建立良好的私人关系，如通过私下拜访、沟通问候等。当上下级关系形成后，这种具有强烈"私人情感"色彩的关系也会影响和渗透到正常的组织活动中，从而影响员工的态度和行为。值得注意的是，尽管中国文化背景下的上下级关系（SSG）与西方的领导—成员交换关系（LMX）都强调关系质量，但由于两者的形成机制不同，因而产生的互惠规则也不同。在中国企业中，上下级之间的角色义务不相对等，与上级关系较好的员工更倾向于将建言看作自己的义务和责任，并将其作为对上级的回报或感恩，而在西方组织中这种互惠规则则是建立在平等的关系基础之上。因此，中国文化背景下的 SSG 更能有效解释组织中员工的建言行为。

其次，本研究还发现员工的组织自尊在 SSG 和促进性建言之间起显著的正向调节作用，而在 SSG 与抑制性建言之间的调节作用不显著。其原因可能是，促进性建言主要是员工为了改善组织的运作而提出的意见或建议，而抑制性建言则是员工对组织中的问题或缺陷大胆提出质疑，相对于促进性建言而言，抑制性建言需要员工付出更多的认知努力和对组织的牺牲精神，伴随着较大的风险性，因而员工可能为了维护组织的和谐或与上级之间的良好关系而避免提出抑制性建言。同时，该结论也表明个体的态度和行为是个体自我认知和情境因素交互作用的结果，高组织自尊的员工认为他（她）们在组织中是重要的、有能力的，并且是受领导欣赏和信任的，这种积极的自我认知对 SSG 的影响效应起到锦上添花的作用，从而激发员工作出更多的促进性建言行为。

2.5.2　实践启示

本研究的结论还有一定的现实意义。根据本研究的结论：首先，由于SSG 对员工的促进性建言、抑制性建言均具有正向影响，因此，企业的领导者不仅要与员工建立良好的工作关系，同时也要与员工建立高质量的私人关系，比如邀请员工参加自己的生日聚会或馈赠小礼物等，以此激发员工做出更多的建言行为。其次，本研究发现员工的组织自尊能够正向调节 SSG 对员工促进性建言的影响，因此，在企业管理实践中，领导者可以通过培养员工的组织自尊来激发员工的促进性建言，比如给予员工更多的支持、尊重和信任等，使员工感知到较高的价值感，以此来提高员工的组织自尊水平，同时组织也应该营造能够使员工产生高组织自尊的积极氛围，从而激励员工产生较强的动机去表达自己的观点和想法。

2.5.3　研究局限与展望

本研究还存在一定的局限性需要未来研究加以关注。首先，本研究采用横截面的研究设计，虽然已经证实 SSG 对促进性建言和抑制性建言均具有正向影响，但这一影响作用包含了一定的时间效应，因此，未来的研究应使用纵向研究以使研究结果更具说服力。其次，本研究仅探讨了组织自尊对于SSG 与促进性建言和抑制性建言之间的调节效应，而对于两者的内在作用机制未能深入探索，且本研究发现促进性建言和抑制性建言属于两个不同的维度，可能具有不同的动因和作用机制，因此未来的研究应同时加入中介变量和调节变量进行更为系统、深入的分析。

3 员工政治技能对建言行为的影响机制研究

当前，中国经济正处在转型升级的关键阶段，激烈的竞争环境迫切要求企业必须不断提高自身的竞争优势。特别是党的十八届三中全会以来，我国新一届中央政府更是提出了全面深化改革的战略，在这一经济发展的新常态下，单靠管理层的智慧已经难以保持企业的持续竞争力，而员工自下而上的想法和建议更有利于企业进行有效决策，推动企业持续健康发展。相关研究表明，个体的政治技能对其建言行为具有较强的预测力，而在中国文化背景下对两者之间作用机制的研究还相对匮乏。因此，本章将探讨中国情境下员工政治技能对其建言行为的影响机制，并引入了上下级关系（SSG）作为中介变量以及传统性作为调节变量。

3.1　引　　言

当前，随着经济全球化的快速发展以及企业外部环境的动态变化，使得企业面临着瞬息万变的市场竞争，而保持企业的灵活性、适应性和创新性就成为企业生存和致胜的关键所在。这不仅需要企业高层领导者的战略眼光和正确决策，更需要基层管理者乃至与生产或市场有着直接接触的一线员工的意见和建议。他们更加接近市场，更加了解客户需求，因而其合理的意见和建议将有助于提高企业决策质量和工作绩效。因此，在企业管理实践中，越来越多的管理者开始鼓励员工表达建议，例如沃尔玛通过定期进行基层意见调查，IBM 通过设置"speak up"，摩托罗拉通过设置"open door"等渠道鼓励基层员工的建言行为。其实，中国自古以来就非常重视下属的进谏，如"邹忌讽齐王纳谏"，唐代丞相魏征对唐太宗的进谏等，都被广为传颂。尽管建言行为的重要性已基本取得企业界和学术界的一致共识，但现实中员工"知而不言"的现象却屡见不鲜，例如能源巨擘安然公司的破产，实际上公司破产之前许多员工已经意识到公司在金融方面存在的危险，然而由于种种原因员工却采取了沉默的方式保留意见，最终致使公司出现不可挽回的严重后果。

虽然建言行为属于角色外行为的范畴，但是由于自身的风险性决定了它与一般的组织公民行为有着本质的区别。特别是在"关系"取向和高权力距离取向的中国文化背景下，员工不愿建言的现象更为突出。原因在于受中国传统文化的影响，员工倾向于认为"人际和谐"是组织的生存之道，担心提出意见很可能被领导和同事视为破坏组织和谐或对领导权威的挑衅。例如，"枪打出头鸟""沉默是金"等都说明了中国文化历来强调建言的谨慎性，而并非是简单的组织公民行为。因此结合中国文化背景对建言行为的影响因素进行深入研究具有重要的理论价值和现实意义。

在中国组织情境中探讨建言行为的影响机制应考虑中国文化特有的"关系"现象。一方面，中国是权力距离较大的国家，在组织中，领导和下属往往具有清晰的上下级关系，而且领导掌握着下属的任务分派、薪酬和晋升等各方面的权力。同时，由于与领导关系的亲疏程度存在差异，只有和领导关系亲密的下属才能进入领导的圈子，进而获得领导的偏爱与欣赏。另一方面，中国组织中的"办公室政治"现象比起西方更为突出，如何在"办公室政治"氛围中处理好上下级关系将会影响员工关于建言行为的态度和决策。而政治技能作为个体应对"办公室政治"的必备能力，对其在组织中人际关系的建立和社交网络的形成具有重要的促进作用。因此，员工的政治技能不仅可能影响到上下级关系，而且还有可能影响员工的建言行为。

以往跨文化学者研究发现中西方文化存在一个明显的区别，即华人具有高权力距离取向、低不确定性规避以及高集体主义等特征，尽管我国已经经历剧烈的社会变迁，但是这些传统文化的影响依然根深蒂固。基于传统性较高的员工，对上级权威的服从性较高，更加重视上下级关系的和谐，这种特征会进而影响其在职场中面临问题的看法和处理态度。由于员工的传统性倾向会影响上下级关系作用的发挥，因此员工的传统性很有可能影响上下级关系与员工建言行为的关系。

基于上述原因，本研究将从中国文化背景下政治技能和关系的视角出发，以上下级关系（supervisor-subordinate guanxi，SSG）为中介变量，探究员工政治技能对建言行为的影响机制，并进一步分析员工传统性在上下级关系与员工建言行为之间的调节作用。以期明晰中国组织情境中员工的政治技能对其建言行为影响的内在机理，为改善员工政治技能、促进员工积极建言提供新的视角和理论依据。

本研究的理论贡献在于：由于中国文化背景下政治技能的研究还较少，

考虑到中国特有的文化传统以及独有的职场特征，有必要进一步深化和丰富政治技能的理论体系。尽管现有研究已经证明了员工政治技能对建言行为的积极影响，但少有研究结合中国本土文化来探究员工政治技能对建言行为影响的作用机制。本研究以政治技能为自变量，以建言行为为因变量，以上下级关系（SSG）为中介变量，探讨员工政治技能对其建言行为的影响机理，同时也将中国人的传统性纳入研究框架，不仅丰富了政治技能的相关研究，同时也拓展了建言行为影响因素的研究领域，促进了建言行为的本土化研究，为进一步研究建言行为提供借鉴和参考。另外，本研究的实践意义主要在于：通过对本研究的分析，能够为当前企业管理实践提供一定的指导作用，有助于企业人才招聘、技能培训等方面的管理工作，帮助企业选拔政治技能较高的员工，同时也为企业对员工政治技能的培训提供了可能，政治技能可以预测个体的人际交往，有助于建立良好的上下级关系，不仅能够增强领导的有效性，还可以有效促进员工产生更多的建言行为，这将为激发员工的建言行为提供新途径和新思路。此外，考虑到员工的传统性可能影响上下级关系对员工建言行为的影响，在企业管理实践中，管理者可以考虑通过改进领导方式、改善组织氛围等措施减少其可能存在的不利影响。

3.2　理论基础与模型构建

3.2.1　政治技能

在组织科学领域，政治技能是一个比较新兴的研究议题。Pfeffer（1981）倡导应该从政治视角对组织行为进行研究，并首次提出了"政治技能"的概念，认为政治技能是个体在组织中生存和职业发展的重要能力。Mintzberg（1983）指出政治技能是指个体通过劝说、感化和控制等人际策略来影响他人行为和态度的能力。在组织中，具备高政治技能的个体往往能避开正式组织结构的束缚，以非正式社交的方式为自己获取有限资源，从而成功驾驭组织。现有研究大多采用 Ferris 等（2005）对政治技能的定义，即"个体在工作中有效的理解他人，并运用知识影响他人以实现个人和组织目标的能力"。政治技能较高的个体往往同时具备人际互动能力和社交敏锐性等技能，使得个体在面对不同的社会情境下能够灵活地调整自己的行为，以真诚的态度取得他人的信任和支持，从而达到有效影响和控制他人的目的，并且在整个过程中能够很好地隐藏自我服务的动机。

Ferris 等（1999）开发了一个单维度包含 6 个题项的政治技能量表，该量表的局限是仅包含了对政治技能社会机敏性和人际影响部分的测量，并不能准确、全面地衡量政治技能。随着研究的进一步发展，Ferris 和 Treadway 等（2005）又开发了包含四个维度、18 个题项的政治技能量表，该量表具有良好的信效度。其中政治技能四个维度包含网络能力（networking ability）、人际影响（interpersonal influence）、社会机敏性（social astuteness）及外显真诚（apparent sincerity）。网络能力是指"个体识别和发展多种人际关系和网络的能力"；人际影响是指"个体具备令人信服的、能够对周围的人产生强大影响的个人互动风格"；社会机敏性是指"个体能够敏锐地洞察各种社会交往活动，并准确解释他人的行为"；外显真诚是指"个体在他人面前表现出高度的真诚"。

此外，柳恒超、金盛华和赵开强（2008）在前人研究的基础上，以中国文化为背景构建了一个五维度、22 题项的政治技能量表，其维度包括处世圆通、关系经营、人际敏锐、表现真诚和面子和谐。纵观国内外有关政治技能的研究，学者们对于政治技能的测量倾向于采用 Ferris 等（2005）的四维度划分和 18 项测量量表，本研究也采用 Ferris 等的维度划分及其测量量表。

3.2.2 建言行为

最早研究建言行为的学者是 Hirschman（1970），他构建了"EVL 模型"，认为员工在对组织感到不满时会做出退出（exit）或建言（voice）两种行为，而做出建言行为的员工往往具有较高的忠诚度（loyalty）。后来 Rusbult 和 Farrell（1985）在此基础上提出了"EVLN 模型"，该模型指出，当员工对组织不满时，会做出退出（exit）、建言（voice）、忠诚（loyalty）和忽视（neg-lect）等行为。在后续的研究中，LePine 和 VanDyne（2001）将建言行为定义为以变革为导向，致力于改善组织现状的建设性的、挑战性的主动行为，并将其划归为"挑战—提升"型组织公民行为。Van Dyne 等（2003）将建言行为定义为基于合作的目的，表达与工作有关的意见、建议和观点的行为。此后，Liang 和 Farh（2008）从心理学相关视角进行深入探讨，提出了一个二维建言模型：促进性建言（promotive voice behavior）和抑制性建言（prohibitive voice behavior），促进性建言是指个体主动提出改善组织运营的方法或建议；抑制性建言是指员工针对他们所关注的不利于组织发展的问题提出批评意见。Takeuchi 等（2012）在研究不确定环境下的员工建言行为时将其定义为：个体为了提高组织或工作团队运转效能，自愿向组织提供想法和建议的行为。

在已有的研究中学者们采取了不同的方法对建言行为进行测量，最早的具有代表性的建言行为量表是 Van Dyne 和 LePine（1998）编制的 6 题项量表，该量表也是近年来学者们使用较为广泛的测量量表。在此基础上，Liang 和 Farh（2012）基于中国文化背景将建言行为划分为"促进性建言"和"抑制性建言"两个维度，并构建了 11 个题项的测量量表，该量表具有稳定的二维结构和良好的信效度。Liu 等（2010）基于建言的对象将建言行为划分为两个维度：向上建言（speak up）和水平建言（speak out），并开发了 15 个题项的测量工具。段锦云等（2011）探讨了中国文化背景下的建言行为结构，将建言划分为"顾全大局式"和"自我冒进式"。邓今朝等（2013）从成就动机的视角出发，将建言行为划分为"规避性建言"和"趋向性建言"两个维度。本研究借鉴 Liang 和 Farh 对建言行为的概念界定及维度划分，即将建言行为划分为促进性建言和抑制性建言两个维度，并采用其开发的量表进行测量。

3.2.3　上下级关系（SSG）

在中国组织情境中，无论组织的经营管理活动还是个体的人际交往都具有明显的关系导向特征。Tsui 和 Farh（1997）根据关系基础将关系划分为三种类型：亲人（有血缘关系的人）、熟人（同学、朋友等）和陌生人，并且明确了这三种关系的地位：亲人关系质量最优，熟人关系质量次之，陌生人关系质量最差，但也有研究发现在中国社会某些情况下家庭纽带关系的强度正在削弱，表现为有些熟人关系质量高于亲属关系质量。Farh 等（1998）将关系划分成了八种类型：亲人、同姓、同宗、同学、师生、邻居、同事以及上下级。

在组织管理领域，随着对基于中国本土文化的领导和员工关系研究的新取向，上下级关系（supervisor-subordinate guanxi，SSG）得到了较多学者的关注。Law 等（2000）从关系的质量出发将上下级关系定义为上下级在工作时间之外通过非工作相关的行为活动而建立的私人关系的质量，而 Wong 等（2003）基于建立关系的目的性将其定义为上下级之间基于共同利益而建立的社会联系。值得注意的是，中国文化背景下的上下级关系（SSG）与西方的领导—成员交换关系（Leader-member exchange，LMX）具有一定的相似性，但更具特殊性。西方的 LMX 理论强调领导与下属在工作中建立的交换关系，其本质在于基于互惠关系的社会交换，而中国组织情境下的上下级关系不仅包括领导与下属在工作中的交流互动，而且还拓展到工作之外的私人活动以及与工作无关的交换等。因此，在华人组织中，领导往往根据与自己私人关系的亲疏将员工划分为"圈内人"和"圈外人"，基于此，本研究也将采用 Law 等（2000）对上下级关系的界定，将上下级关系限定在领导和员工之间的私人关系上。

对于上下级关系（SSG）的测量，Law 等（2000）开发了一个单维量表测量主管与下属关系的质量，包含"我会邀请该下属一起吃饭"、"该下属会打电话或上门拜访"、"逢年过节，该下属会来看我"、"该下属会主动找我谈心，将其想法、问题或感受告诉我"、"该下属很了解和关心我个人的情况"和"当有不同意见时，该下属会站在我这一边"六个题项。该量表强调上下级之间在非工作环境中社交互动的频率，考虑到了关系的动态性和可变性，成为目前实证研究中应用最为广泛的测量量表。Cheung 等（2009）开发了一个 3 维度、12 个题项的测量量表，3 个维度为：情感联系、个人生活卷入度和对主管的服从，样题如"我的主管经常和我谈心，分享工作和生活中的想法和感受"、"我总是无条件服从我的主管"，该量表也具有良好的信效度，但在近几年的实证研究中应用较少。综合而言，本研究将采用 Law 等（2000）开发的 6 题项的测量量表。

3. 2. 4 传统性

在中国文化背景下研究员工建言行为的影响机制应充分考虑员工文化价值取向的影响作用，这也是跨文化学者所呼吁的研究议题之一。在以往的研究中，中国人的传统性（Chinese traditionality）被视为是最能体现中国人性格和价值观的概念之一。中国人传统性是指个体遵守中国传统文化价值观的程度，杨国枢等（1989）将其划分为五个维度：①遵从权威：指遵守和顺从各种社会角色；②孝亲敬祖：强调孝敬父母与尊重祖先，以孝敬父母为重，尊重父母意见、不做有损父母名誉之事；③安分守成：强调自守本分、不做非分之想；④宿命自保：强调少管闲事，保护自己与家庭等；⑤男性优越：强调男性优于女性的态度，遵守"男主外，女主内"的原则。个体的传统性越高，对以上价值观的接受程度也越高（杨国枢，2004）。杨国枢等（2008）指出，尽管中国社会已经经历了现代化的社会变迁，某些传统性观念有可能被相应的现代性观念所代替，如两性平等观的观念已逐渐深入人心，然而某些传统性观念，如遵从权威、孝亲敬祖等观念可能被削弱，但无法被取代。因此，华人组织中的员工往往具有不同程度的传统性价值观。

目前关于员工传统性的测量，应用最广泛的是 Farh 等（1997）开发的 5 个题项的量表，包含"政府首长是大家长，一切国事都应听从他的决定""要避免发生错误，最好的办法是听从长者的话""女人婚前接受父亲的管教，出嫁后则应顺从丈夫""如果因事争执不下，应请辈分最高的人主持公道""父母所尊敬的人，子女也应尊重"。该量表具有良好的信度和效度，得到后续研究的广泛检验，本研究也采用该量表进行测量。

3. 2. 5 政治技能对建言行为的影响

建言行为是一种自发的组织公民行为，员工如果希望通过其建言行为获得积极的上级评价，需要一定的勇气和政治技能。根据社会影响理论，个体通过社会影响来达到自己所期望的目标，在组织情境中即通过影响他人来获得赏识、尊重、地位等。具有高水平政治技能的员工往往拥有良好的理解他人和洞察环境的能力，使其在人际交往中更容易获得他人积极的评价与肯定。对于员工来说，通过向上级建言可能是其获得影响力的重要手段，高政治技能的员工认为其建言行为会得到上级领导的积极评价和肯定，从而更倾向于向组织积极建言。此外，印象管理理论也是解释个体动机与行为的重要理论，心理学家 Goffman（1959）指出印象管理是指个体试图通过向他人展示与社会情境相符合的形象，以此控制他人对自己做出正面的评价。高政治技能的员工能够使用一定的影响策略对他人产生人际影响，并且能够根据不同的对象和情境适当调节自己的行为，使得对方表现出自己期望的反应，从而达到自己的目的，并且在整个过程中通过外显真诚很好地隐藏自己的内在服务动机。在组织中，高政治技能的员工识别线索和情绪的准确度较高，因而会选择适时适当的方式向上级建言，并且在整个建言过程中表现得十分真诚，给上级以关心组织发展的良好印象，从而获得上级的偏爱。Harris 等（2007）研究发现高政治技能的员工在使用印象管理策略中更成功，冯明和李聪（2010）的研究也表明使用印象管理的员工更受上级偏爱，从而更容易获得职业生涯的成功。我国学者王永跃和段锦云（2015）的研究也证实了员工的政治技能对建言行为具有一定的正向预测力。

结合上述分析，本研究认为高政治技能的员工因其具备较高的社会机敏性和人际影响等特质，使其在工作中倾向于向上级提出改善组织效能的建议（促进性建言）和指出对组织发展有害的问题（抑制性建议），并且在建言的过程中很好地隐藏自己内在服务的动机。基于此，本研究提出如下假设：

H1：员工政治技能与促进性建言行为显著正相关。

H1a：员工社会机敏性与促进性建言行为显著正相关；

H1b：员工人际影响与促进性建言行为显著正相关；

H1c：员工网络能力与促进性建言行为显著正相关；

H1d：员工外显真诚与促进性建言行为显著正相关。

H2：员工政治技能与抑制性建言行为显著正相关。

H2a：员工社会机敏性与抑制性建言行为显著正相关；

H2b：员工人际影响与抑制性建言行为显著正相关；

H2c：员工网络能力与抑制性建言行为显著正相关；

H2d：员工外显真诚与抑制性建言行为显著正相关。

3.2.6　政治技能对 SSG 的影响

众所周知，在中国组织情境下，员工和领导之间的私人关系对其资源分
配和职业发展具有重要的影响作用，良好的上下级关系能使下属获得更多的
资源和竞争优势。高政治技能的员工往往能意识到与上级建立良好私人关系
的重要性，因而会利用自己的政治技能建立与领导在工作之外的私人关系。
在与领导的互动中，高政治技能的员工因其具备较强的社会机敏性和良好的
人际沟通能力，他们能准确定位领导的风格和爱好，并且能够根据不同的情
境灵活的开展各种人际互动，从而积极主动的与领导建立良好的私人关系。
而且，具有高政治技能的员工拥有较强的建立关系网络和社会资本的能力，
他们能够获得更多的与上级接触和沟通的机会，这将进一步增进与上级之间
的私人关系。此外，刘军等（2008）认为高政治技能员工的外显真诚使其在
与领导的交往中表现得非常诚恳，更容易获得领导的信任，拉近与领导之间
的心理距离，从而有助于加深与领导之间的私人情谊。所有这些特征均有助
于员工与领导之间建立高质量的上下级关系。因此，政治技能高的员工能够
凭借自己的社交敏锐性、人际影响力、关系网络能力和外显真诚与领导建立
和维系良好的私人关系，并顺理成章成为领导的"圈内人"。基于此，本研
究提出如下假设：

H3：员工政治技能与上下级关系（SSG）显著正相关。

H3a：员工社会机敏性与上下级关系（SSG）显著正相关；

H3b：员工人际影响与上下级关系（SSG）显著正相关；

H3c：员工网络能力与上下级关系（SSG）显著正相关；

H3d：员工外显真诚与上下级关系（SSG）显著正相关。

3.2.7　SSG 的中介作用

根据差序格局理论，中国文化背景下组织中的领导者会根据与自己的亲
疏关系将员工划分为"圈内人"和"圈外人"，只有和领导拥有良好私人关
系的员工才能进入领导的圈子，进而获得领导的偏爱和欣赏。并且中国组织

情境下的员工更多地表现为严格服从上级领导的命令，因此在这种情况下，良好的私人关系则为上下级之间的沟通交流提供了一个特殊渠道。相比其他员工，与领导私人关系较好的员工会与领导有更多的交流并提出对工作的建议和意见等。据此本研究认为与领导关系的亲疏将影响员工是否建言的决策。首先，在沟通方面，与领导关系亲近的员工会在私下里与领导有更多的接触和交流，从而更容易掌握领导的价值取向、偏好、个人想法等，因此无论在正式场合或非正式场合，他们能够"投其所好"，积极提出自己的想法和观点，而领导也乐于接受他们的想法或建议；相反，与领导关系疏远的员工或因担心建言不当的风险从而情愿保持沉默。其次，在华人组织中，由于上下级关系涉及领导与员工之间的社会连带和情感深浅，因此领导对于不同亲疏关系员工的建言也会持不同态度。当与自己关系亲近的员工建言时，领导会认为这是下属忠诚的表现，不仅会接受下属的意见，而且更加欣赏和信任下属；相反，对于那些与领导关系疏远的员工，他们的建言则不会被领导重视，特别是对于提出抑制性建言的员工，领导会视为这是对自己权威的挑衅。此外，在权力距离较大的华人组织中，上级领导往往掌握着组织内资源分配、员工晋升等方面的决策权，因此下属要获得这些资源必须与上级建立良好的私人关系。相关研究发现领导倾向于给予与自己关系较好的员工以更多的晋升和职业发展的机会。而根据社会交换理论及互惠原则，得到领导赏识和恩惠的员工往往会做出更多积极回报领导的角色外行为（如建言献策等）。Hui等（2004）研究发现，在注重人情与关系的中国社会，上下级之间的亲近关系将会诱发员工的互惠动机，因此较高水平的上下级关系将会激发员工的互惠信念和报恩意识，从而激励员工做出更多的建言行为。在实证研究方面，刘军等（2008）的研究表明，上下级关系在员工政治技能与其职业发展之间起中介作用，员工的政治技能有助于促成其与领导之间关系（Guanxi）的形成，进而通过该关系间接影响其在组织中的职业发展。因此，本研究认为员工的政治技能有助于形成良好的上下级关系，而良好的上下级关系又能促进员工的建言行为。基于此，本研究提出如下假设：

H4：上下级关系（SSG）与员工建言行为显著正相关。

H4a：上下级关系（SSG）与员工促进性建言行为显著正相关；

H4b：上下级关系（SSG）与员工抑制性建言行为显著正相关。

H5：SSG 在员工政治技能和促进性建言行为之间起中介作用。

H5a：SSG 在员工社会机敏性和促进性建言行为之间起中介作用；

H5b：SSG 在员工人际影响和促进性建言行为之间起中介作用；

H5c：SSG 在员工网络能力和促进性建言行为之间起中介作用；

H5d：SSG 在员工外显真诚和促进性建言行为之间起中介作用。

H6：SSG 在员工政治技能和抑制性建言行为之间起中介作用。

H6a：SSG 在员工社会机敏性和抑制性建言行为之间起中介作用；

H6b：SSG 在员工人际影响和抑制性建言行为之间起中介作用；

H6c：SSG 在员工网络能力和抑制性建言行为之间起中介作用；

H6d：SSG 在员工外显真诚和抑制性建言行为之间起中介作用。

3.2.8　传统性的调节作用

中国传统文化历来注重等级制度，中国人的传统性体现在组织中上下级之间的"上尊下卑"的角色关系中，上下级之间角色义务不相对等，上级可以不受角色规范约束向下属施加影响，而下属却只能无条件地尊重、服从领导。在组织情境中，高传统性的员工遵从权威的观念较强，往往更遵守"上尊下卑"的角色等级制度，倾向于自觉服从上级领导的安排，因而不会轻易向上级建言；而低传统性的员工对于上下级权力分配的差异则不够敏感，遵从权威的观念较弱，因而当发现组织出现问题时更愿意表达自己的意见。此外，传统性较高的员工更注重维护组织的和谐关系，由于担心向上级建言可能导致对上级权威挑战的严重后果，因而会选择减少建言或是不建言；相对而言，低传统性的员工则不会像高传统性员工那样顾虑重重，能够大胆的表达自己的意见或建议。在实证研究方面，Hui 等（2004）的研究发现中国组织中员工的传统性在领导—成员交换关系（LMX）与组织公民行为之间起调节作用，具体而言，对于传统性较低的员工，两者之间关系较强，反之则两者之间关系较弱。Farh 等（2007）的研究也证实了中国人传统性在组织支持感与情感承诺之间起调节作用。因此本研究认为，在进行建言与否的决策时，对于高传统性的员工来说，遵从权威的社会角色定位会抑制其向上级建言，而低传统性的员工则更倾向于向上级建言。基于此，本研究提出如下假设：

H7：员工传统性在 SSG 与建言行为之间起负向调节作用。

H7a：员工传统性在 SSG 与促进性建言之间起负向调节作用。当员工传统性较高时，SSG 与促进性建言行为之间关系较弱，反之两者关系较强。

H7b：员工传统性在 SSG 与抑制性建言之间起负向调节作用。当员工传统性较高时，SSG 与抑制性建言行为之间关系较弱，反之两者关系较强。

根据前文的相关理论研究综述和研究假设，本研究构建相应的理论模型，政治技能及其各维度与建言行为及其各维度显著正相关，且 SSG 在两者之间起中介作用，传统性在 SSG 与建言行为及其各维度之间起负向调节作用。理论模型如图 3 - 1 所示。

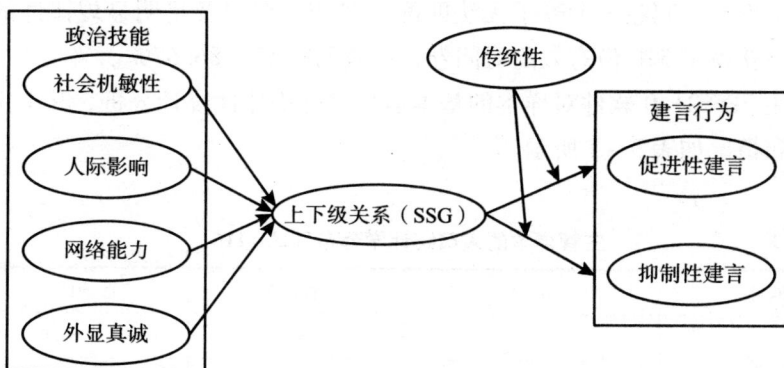

图 3 - 1　理论模型

3.3　研 究 方 法

3.3.1　研究对象与程序

本研究的样本来源于山西、山东、陕西、广西以及海南等地区的多家企业，涉及化工、IT、房地产、食品等行业。为了减少同源偏差（common method bias）的影响，本研究通过不同来源获取数据，即采用"主管—员工"的二元对偶研究设计。调查对象为企业的基层员工及其直接主管。调查问卷包括员工问卷（问卷 A）和主管问卷（问卷 B），问卷 A 由员工对政治技能、传统性进行评价，问卷 B 由主管对上下级关系（SSG）和建言行为进行评价。

在调查前，研究人员均向被试告知本研究所收集到的数据仅用于科学研究，对数据严格保密，不会泄露任何个人信息。正式调查时，首先，研究人员与企业人力资源部门负责人确定基层主管及其直接下属的名单，采取方便抽样的原则确定参与调查的主管，再通过随机方式各选择 3~5 名直接下属参与调查。其次，研究人员在企业研究助手的协助下发放员工问卷，等员工填写完成后，单独收回问卷并标注相应的编号和姓名，并交由主管填写对应问卷。最后，所有问卷填写完毕后集中交回研究人员并进行密封。

本次调查共发放主管问卷 150 份和员工问卷 600 份，收回 125 份主管问卷和 542 份员工问卷，删除了无法匹配、多处空白以及呈明显规律性的问卷后，最终获得了 520 份有效配对问卷，有效回收率达 86.67%。

采用 SPSS21.0 软件对样本的基本信息进行描述性统计分析，其中主管的基本分布情况如表 3-1 所示。

表 3-1　　　　　　　主管样本的人口统计学分布（N = 116）

属性	组别	样本数	百分比（%）
性别	男	80	69.0
	女	36	31.0
年龄	30 岁以下	30	25.9
	30~40 岁	28	24.1
	40 岁以上	58	50.0
教育程度	大专及以下	44	38.0
	本科	53	45.7
	硕士及以上	19	16.3
任职年限	1 年以下	12	10.3
	1~5 年	44	37.9
	6~10 年	22	19.0
	10 年以上	38	32.8

续表

属性	组别	样本数	百分比（%）
工作年限	1 年以下	4	3.4
	1～5 年	21	18.1
	6～10 年	19	16.4
	10 年以上	71	62.1

由表 3 - 1 可知，在主管样本中，从性别来看，男性占 69.0%，女性占 31.0%；从年龄方面来看，30 岁以下占 25.9%，30～40 岁占 24.1%，40 岁以上占 50.0%；从受教育程度来看，大专及以下占 38.0%，本科占 45.7%，硕士及以上占 16.3%；从任职年限来看，1 年以下占 10.3%，1～5 年占 37.9%，6～10 年占 19.0%，10 年以上占 32.8%；从工作年限来看，1 年以下占 3.4%，1～5 年占 18.1%，6～10 年占 16.4%，10 年以上占 62.1%。

员工的基本分布情况如表 3 - 2 所示。

表 3 - 2　　　　　员工样本的人口统计学分布（N = 520）

属性	组别	样本数	百分比（%）
性别	男	259	49.8
	女	261	50.2
年龄	30 岁以下	26	26.0
	30～40 岁	232	44.6
	40 岁以上	153	29.4
教育程度	大专及以下	159	30.6
	本科	298	57.3
	硕士及以上	63	12.1
任职年限	1 年以下	39	7.5
	1～5 年	177	34.0
	6～10 年	160	30.8
	10 年以上	144	27.7

续表

属性	组别	样本数	百分比（%）
工作年限	1 年以下	24	4.6
	1~5 年	101	19.4
	6~10 年	144	27.7
	10 年以上	251	48.3
工作性质	生产	124	23.8
	业务	115	22.1
	工程	74	14.2
	管理	95	18.3
	后勤	84	16.1
	其他	28	5.5

由表 3-2 可知，在员工样本中，从性别来看，男性占 49.8%，女性占 50.2%，男女比例基本持平；从年龄方面来看，30 岁以下占 26.0%，30~40 岁占 44.6%，40 岁以上占 29.4%；从受教育程度来看，大专及以下占 30.6%，本科占 57.3%，硕士及以上占 12.1%，总体来看员工学历普遍较高；从任职年限来看，1 年以下占 7.5%，1~5 年占 34.0%，6~10 年占 30.8%，10 年以上占 27.7%；从工作年限来看，1 年以下占 4.6%，1~5 年占 19.4%，6~10 年占 27.7%，10 年以上占 48.3%；从工作性质来看，生产占 23.8%，业务占 22.1%，工程占 14.2%，管理占 18.3%，后勤占 16.1%，其他占 5.5%。总体而言，本研究的数据具有良好的代表性，样本结构也比较合理，能够较好地反映调查对象在人口统计变量上的基本特征。

3.3.2　测量工具

本研究所要测量的变量为：政治技能、建言行为、上下级关系以及传统性。为保证各变量测量工具的信效度，本研究均采用国内外现有的成熟量表进行测量，并采用"翻译 - 回译"的办法对各量表进行修正，最终形成适合中国组织情境下的测量问卷。问卷中所有量表均采用李克特 5 点计分，即存在 1 至 5 点评价刻度，要求被试对相关描述作出评价，其中在建言行为的评价刻度中，1 表示"从不"，5 表示"非常频繁"，在其他量表的评价刻度中 1 表示"非常不同意"，5 表示"非常同意"。

（1）政治技能。政治技能采用 Ferris 等（2005）的 18 个条目的政治技能量表，包含四个维度，该量表具有良好的信效度，是目前学术界最为常用的测量政治技能的量表，如刘军等（2008）的研究表明其在中国背景下也具有较高的信效度，举例条目如"我在工作中构建关系来影响他人的能力很强"。

（2）建言行为。建言行为采用 Liang 和 Farh（2012）开发的 11 个条目的本土化二维建言测量量表，其中包括 5 个促进性建言题目和 6 个抑制性建言题目，由管理者对其下属进行评价。该量表是基于中国本土文化进行编制而成，并且经过大量研究证实具有良好的信效度。举例条目如"该下属就改善单位工作程序积极地提出了建言"、"就可能造成单位严重损失的问题，该下属会实话实说"。

（3）上下级关系（SSG）。上下级关系（SSG）采用 Law 等（2000）开发的 6 个条目的量表，此量表已经被广泛运用于中国情境下领导与员工关系的研究，并显示出良好的信效度。举例条目如"逢年过节，该下属会来看我"。

（4）传统性。传统性采用 Farh 等（1997）开发的 5 个条目的量表，该量表也广泛用于华人组织中员工传统性的研究。举例条目如"政府首脑是大家长，一切国事都应听从他的决定"。

（5）控制变量。在以往的研究中，员工的性别、年龄、教育程度及工作年限等变量都会影响建言行为，因此在本研究中，将这些变量作为控制变量。在数据分析过程中，对性别进行虚拟变量处理，男性为"1"，女性为"2"；年龄分为 3 个等级：30 岁以下、31～40 岁、40 岁以上；教育程度也分为 3 个等级：大专及以下、大学本科、硕士及以上；工作年限分为 4 个等级：1 年以下、1～5 年、6～10 年、10 年以上；单位性质分为 4 个等级：国有企业、民营企业、政府机关/事业单位、其他；工作岗位性质分为 6 个等级：生产、业务（含销售、策划）、工程（含研发、品管）、管理（含人事、财务）、后勤（含物料、采购等）、其他。

3.4 研究结果

3.4.1 量表的信度与效度检验

量表的信效度反映了测量工具的质量，只有信度和效度都达标的数据，才能保证获得有意义的研究结论。本研究采用的各测量工具均为国内外的成熟量表，已被多项研究证实具有良好的信效度，但为了确保样本数据在中国文化背景下的可靠性和有效性，因此有必要重新检验各量表的信效度。

（1）量表的信度检验。

信度（reliability）是指测量结果的一致性或稳定性，一般使用Cronbach's α 系数进行检验，α 值越高代表其信度越好，一般认为 α 系数值大于 0.7 具有良好的信度，符合研究需求。本研究采用 SPSS21.0 软件对各样本数据的 Cronbach's α 系数进行测量。

政治技能量表及其各维度的 Cronbach's α 系数测量结果如表 3-3 所示。由表 3-3 可知，政治技能量表的 Cronbach's α 系数为 0.917，其四个维度社会机敏性、人际影响、网络能力、外显真诚的 Cronbach's α 系数分别为 0.795、0.804、0.909、0.831，测量结果均大于 0.7，表明中国情境下政治技能的问卷具有良好的内部一致性。

表 3-3 政治技能的信度分析

变量	维度	项数	Cronbach's α	
政治技能	社会机敏性	5	0.795	0.917
	人际影响	4	0.804	
	网络能力	6	0.909	
	外显真诚	3	0.831	

建言行为量表及其各维度的 Cronbach's α 系数测量结果如表 3-4 所示。

由表 3 – 4 可知，建言行为的 Cronbach's α 系数为 0.902，其两个维度促进性建言和抑制性建言的 Alpha 系数分别为 0.876、0.844，测量结果均大于 0.7，而且建言行为问卷的各维度的 α 系数均低于总量表的 α 系数，表明测量问卷的同构性较高。因此，建言行为的问卷具有良好的内部一致性。

表 3 – 4　　　　　　　　　建言行为的信度分析

变量	维度	项数	Cronbach's α	
建言行为	促进性建言	5	0.876	0.902
	抑制性建言	6	0.844	

上下级关系（SSG）的 Cronbach's α 系数测量结果如表 3 – 5 所示。由表 3 – 5 可知，上下级关系（SSG）的 Cronbach's α 系数为 0.876，测量结果大于 0.7，表明该量表具有较好的内部一致性，信度较高，符合研究要求。

表 3 – 5　　　　　　　上下级关系（SSG）的信度分析

变量	维度	项数	Cronbach's α
上下级关系（SSG）	单维度	6	0.876

传统性的 Cronbach's α 系数测量结果如表 3 – 6 所示。由表 3 – 6 可知，传统性的 Cronbach's α 系数为 0.805，测量结果大于 0.7，表明该量表具有较好的内部一致性，信度较高，符合研究要求。

表 3 – 6　　　　　　　　　传统性的信度分析

变量	维度	项数	Cronbach's α
传统性	单维度	5	0.805

（2）量表的效度检验。

本研究采用 AMOS21.0 软件对各样本数据进行验证性因子分析（Confirmatory factor analysis，CFA），以检验各变量的构念区分效度。本研究选取 χ^2/df、

RMR、RMSEA、GFI、CFI、IFI 来衡量模型的拟合优度，按照侯杰泰等（2004）对各项拟合指数的评价标准，当 χ^2/df 处于 1 ~ 3 之间，RMR < 0.04，RMSEA < 0.08，GFI、CFI、IFI 均 > 0.90 时，表示假设模型与实际数据越适配。

对政治技能量表进行验证性因子分析，分析模型如图 3 - 2 所示，分析结果

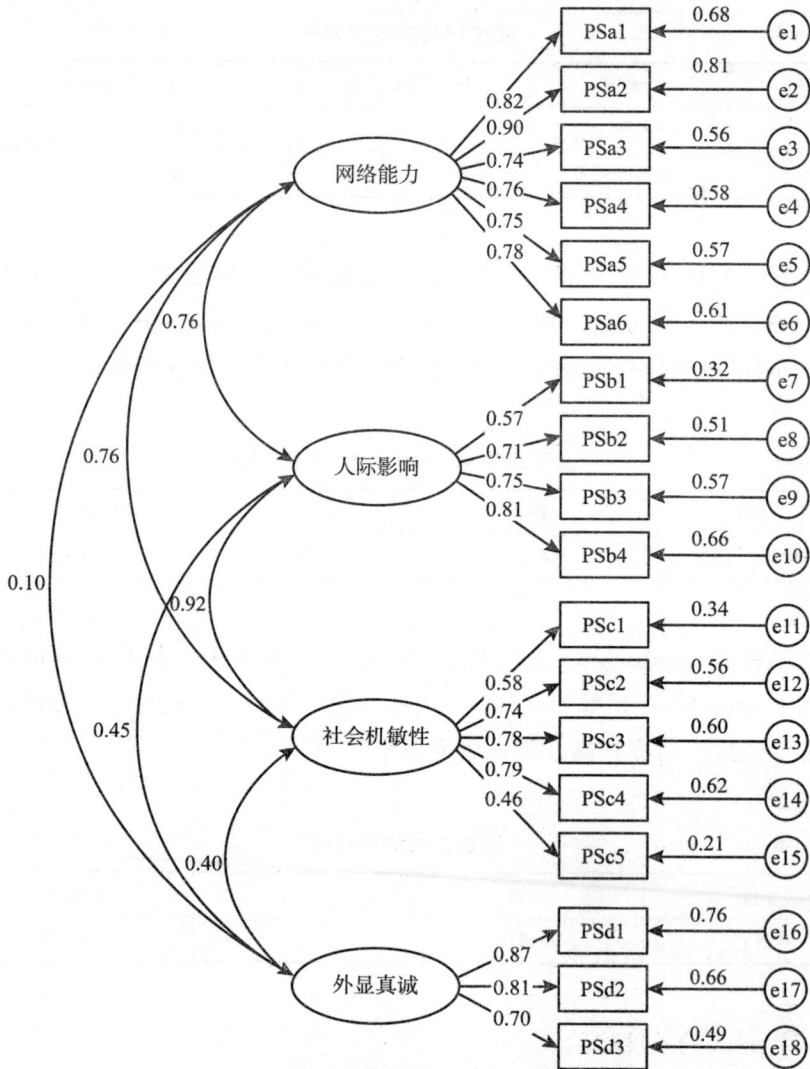

图 3 - 2　政治技能量表的验证性因子分析

如表3-7所示。由图3-2和表3-7可知，在验证性因子分析中，所有题项的标准化因子符合系数均大于0.5，模型的各项拟合优度指标都达到了较佳的标准（$\chi^2/df=2.053$、$RMR=0.034$、$RMSEA=0.056$、$GFI=0.912$、$CFI=0.927$、$IFI=0.927$），这表明政治技能测量模型的拟合度较好。

表3-7 政治技能结构模型拟合指数

评价指标	χ^2	Df	χ^2/df	RMR	GFI	CFI	IFI	RMSEA
四因素	1336.914	651	2.053	0.034	0.912	0.927	0.927	0.056
单因素	3607.344	846	4.264	0.056	0.714	0.732	0.747	0.097

对建言行为量表进行验证性因子分析，分析模型如图3-3所示，分析结

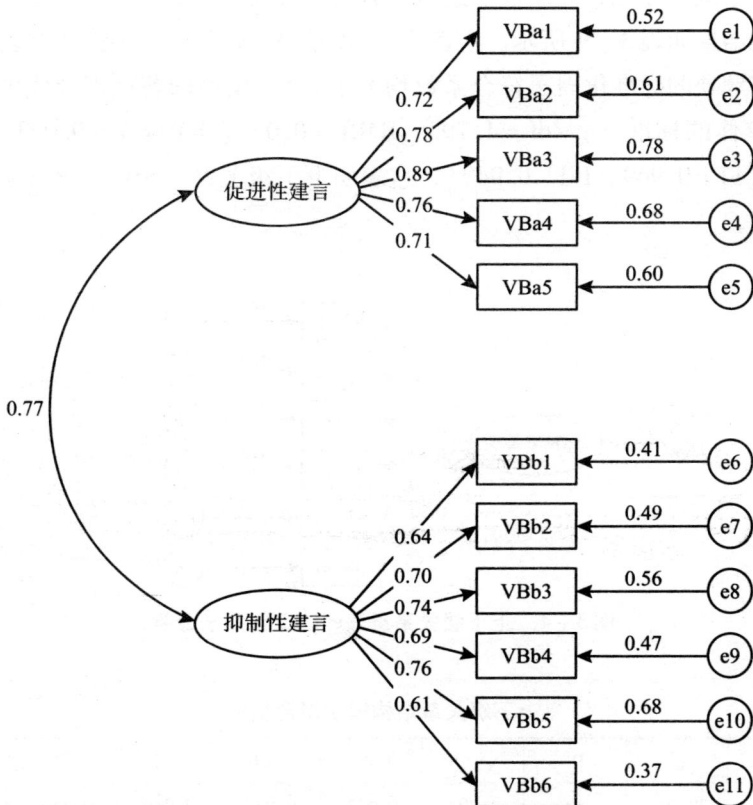

图3-3 建言行为量表的验证性因子分析

果如表 3 - 8 所示。由图 3 - 3 和表 3 - 8 可知,在验证性因子分析中,所有题项的标准化因子符合系数均大于 0.5,模型的各项拟合优度指标都达到了较佳的标准 ($\chi^2/df = 2.143$、RMR = 0.039、RMSEA = 0.062、GFI = 0.918、CFI = 0.924、IFI = 0.923),这表明建言行为测量模型的拟合度较好。

表 3 - 8 建言行为结构模型拟合指数

评价指标	χ^2	Df	χ^2/df	RMR	GFI	CFI	IFI	RMSEA
二因素	364.386	170	2.143	0.039	0.918	0.924	0.923	0.062
单因素	617.112	216	2.857	0.043	0.893	0.897	0.903	0.074

对上下级关系(SSG)量表进行验证性因子分析,分析模型如图 3 - 4 所示,分析结果如表 3 - 9 所示。由图 3 - 4 和表 3 - 9 可知,在验证性因子分析中,所有题项的标准化因子符合系数均大于 0.5,模型的各项拟合优度指标都达到了较佳的标准 ($\chi^2/df = 1.797$、RMR = 0.037、RMSEA = 0.053、GFI = 0.947、CFI = 0.949、IFI = 0.949),这表明上下级关系(SSG)测量模型的拟合度较好。

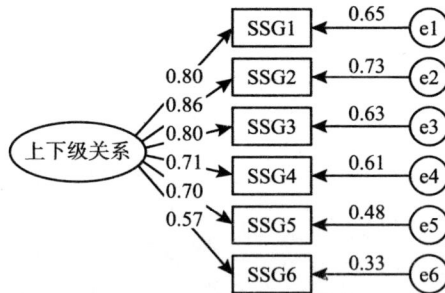

图 3 - 4 上下级关系量表的验证性因子分析

表 3 - 9 上下级关系结构模型拟合指数

评价指标	χ^2	Df	χ^2/df	RMR	GFI	CFI	IFI	RMSEA
模型指标	88.084	49	1.797	0.037	0.947	0.949	0.949	0.053

对传统性量表进行验证性因子分析，分析模型如图3-5所示，分析结果如表3-10所示。由图3-5和表3-10可知，所有题项的标准化因子符合系数均大于0.5，模型的各项拟合优度指标都达到了较佳的标准（χ^2/df = 1.755、RMR = 0.034、RMSEA = 0.057、GFI = 0.953、CFI = 0.938、IFI = 0.938），这表明传统性测量模型的拟合度较好。

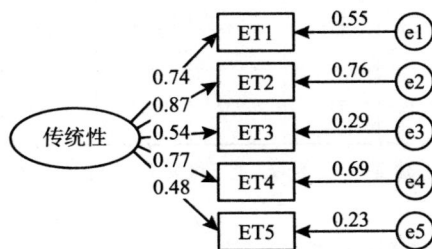

图3-5 传统性量表的验证性因子分析

表3-10 传统性结构模型拟合指数

评价指标	χ^2	Df	χ^2/df	RMR	GFI	CFI	IFI	RMSEA
模型指标	63.182	36	1.755	0.034	0.953	0.938	0.938	0.057

为了检验本研究中各变量之间的区分效度，首先对政治技能、建言行为、上下级关系（SSG）和传统性进行了验证性因子分析（CFA）。比较了一个四因子模型、两个三因子模型、两个二因子模型和一个单因子模型，CFA分析结果表明，与另外五个模型相比，四因子模型的各项拟合度指数均达到标准，并且与其他五个因子模型相比，四因子模型对实际数据拟合度最为理想（χ^2/df = 2.376、RMR = 0.036、RMSEA = 0.075、GFI = 0.919、CFI = 0.908、IFI = 0.907），即表明各变量之间的区分效度良好，的确代表了四个不同的构念。验证性因子分析结果如表3-11所示。

表3-11 验证性因子分析结果

模型	χ^2	df	χ^2/df	RMR	GFI	CFI	IFI	RMSEA
四因子：PS、VB、SSG、ET	1546.776	651	2.376	0.036	0.919	0.908	0.907	0.075
三因子：PS、VB + SSG、ET	1908.536	692	2.758	0.039	0.897	0.887	0.886	0.081

续表

模型	χ^2	df	χ^2/df	RMR	GFI	CFI	IFI	RMSEA
三因子：PS、VB、SSG + ET	2139.664	692	3.092	0.041	0.861	0.843	0.843	0.087
两因子：PS + VB、SSG + ET	2769.759	731	3.789	0.056	0.814	0.806	0.805	0.092
两因子：PS + SSG、VB + ET	3023.416	731	4.136	0.068	0.787	0.745	0.745	0.103
单因子：PS + VB + SSG + ET	4270.340	745	5.732	0.076	0.717	0.678	0.677	0.110

注：PS：政治技能、VB：建言行为、SSG：上下级关系、ET：传统性；"+"代表因子合并。

3.4.2　描述性统计分析

本研究对政治技能及其各维度（社会机敏性、人际影响、网络能力、外显真诚）、建言行为及其各维度（促进性建言、抑制性建言）、上下级关系（SSG）以及传统性的描述性统计分析如表3-12所示。其中包括各变量的均值和标准差。

表3-12　　　　　　　　　各变量描述统计分析结果

变量	均值	标准差
政治技能	3.696	0.586
社会机敏性	3.684	0.657
人际影响	3.802	0.691
网络能力	3.407	0.818
外显真诚	4.155	0.721
建言行为	2.996	0.603
促进性建言	3.082	0.614
抑制性建言	2.893	0.722
SSG	2.483	0.768
传统性	2.959	0.890

由表 3 - 12 可知，政治技能的平均值为 3.696，其中，社会机敏性、人际影响、网络能力、外显真诚分别为 3.684、3.802、3.407、4.155，表明在中国组织情境下被测试样本具有较高水平的政治技能；建言行为的总平均值为 2.996，其中，促进性建言的均值为 3.082，抑制性建言的均值为 2.893，表明企业员工更愿意提出促进组织有效发展的建议和意见；上下级关系（SSG）的平均值为 2.483；传统性的平均值为 2.959，表明被测样本中员工的传统性较高。

3.4.3 相关性分析

为了研究政治技能、建言行为、上下级关系（SSG）以及传统性之间的关系，本研究对各变量及其各维度进行 Pearson 相关分析，分析结果如表 3 - 13 所示。

表 3 - 13 各变量相关性分析

变量	1	2	3	4	5	6	7	8	9
PS									
PSa	0.882 ***								
PSb	0.872 ***	0.735 ***							
PSc	0.847 ***	0.616 ***	0.638 ***						
PSd	0.507 ***	0.450 ***	0.417 ***	0.114 ***					
VB	0.299 ***	0.305 ***	0.184 ***	0.273 ***	0.143 **				
VBa	0.292 ***	0.296 ***	0.215 ***	0.262 ***	0.105 *	0.912 ***			
VBb	0.253 ***	0.259 ***	0.119 ***	0.235 ***	0.156 ***	0.908 ***	0.657 ***		
SSG	0.276 ***	0.287 ***	0.169 ***	0.299 ***	0.114 **	0.509 ***	0.504 ***	0.422 ***	
ET	0.217 ***	0.174 ***	0.174 ***	0.352 ***	- 0.228 ***	0.276 ***	0.325 ***	0.176 ***	0.363 ***

注：PS：政治技能、PSa：社会机敏性、PSb：人际影响、PSc：网络能力、PSd：外显真诚、VB：建言行为、VBa：促进性建言、VBb：抑制性建言、SSG：上下级关系、ET：传统性；* $p < 0.05$，** $p < 0.01$，*** $p < 0.001$。

由表 3 - 13 可知，政治技能与建言行为显著正相关（r = 0.299，p <

0.001），政治技能各维度与建言行为各维度显著正相关（$r = 0.292$，$p < 0.001$；$r = 0.296$，$p < 0.001$；$r = 0.215$，$p < 0.001$；$r = 0.262$，$p < 0.001$；$r = 0.105$，$p < 0.05$；$r = 0.253$，$p < 0.001$；$r = 0.259$，$p < 0.001$；$r = 0.119$，$p < 0.001$；$r = 0.235$，$p < 0.001$；$r = 0.156$，$p < 0.001$），政治技能及其各维度与上下级关系显著正相关（$r = 0.276$，$p < 0.01$；$r = 0.287$，$p < 0.001$；$r = 0.169$，$p < 0.001$；$r = 0.299$，$p < 0.001$；$r = 0.114$，$p < 0.01$），上下级关系与建言行为及其各维度显著正相关（$r = 0.509$，$p < 0.001$；$r = 0.504$，$p < 0.001$；$r = 0.422$，$p < 0.001$），传统性与建言行为及其各维度显著正相关（$r = 0.526$，$p < 0.01$；$r = 0.302$，$p < 0.01$；$r = 0.302$，$p < 0.01$）。这些结果为本研究的相关假设提供了初步支持。

3.4.4 回归分析

（1）政治技能对建言行为的影响。

本节探究员工政治技能对建言行为的影响。首先，引入员工人口统计学变量作为控制变量，以控制各人口统计学变量对员工建言行为的影响；其次，以政治技能及其各维度作为自变量，以促进性建言和抑制性建言作为因变量分别进行层级回归分析，回归分析结果如表 3 – 14 和表 3 – 15 所示。

表 3 – 14　　　　促进性建言对政治技能及其各维度的回归分析结果

变量		促进性建言					
		M1	M2	M3	M4	M5	M6
控制变量	性别	0.111	0.150	0.123	0.114	0.186	0.110
	年龄	−0.097	−0.075	−0.098	−0.101	−0.017	−0.114
	教育程度	0.147**	0.085	0.080	0.128	0.096	0.133
	工作年限	0.198**	0.161**	0.180**	0.174**	0.157**	0.193**
自变量	政治技能		0.285***				
	社会机敏性			0.280***			
	人际影响				0.195***		
	网络能力					0.293***	
	外显真诚						0.080

续表

变量	促进性建言					
	M1	M2	M3	M4	M5	M6
F 值	6.404 ***	14.193 ***	14.095 ***	9.485 ***	13.849 ***	5.779 ***
R^2	0.047	0.121	0.120	0.084	0.119	0.053
ΔR^2	0.047	0.074	0.073	0.037	0.071	0.006

注：* $p < 0.05$，** $p < 0.01$，*** $p < 0.001$。

由表 3-14 可知，在模型 1 中，当加入控制变量时，仅有工作年限和教育程度对促进性建言有显著影响（$p < 0.01$），模型 1 的解释力仅为 4.7%；当在模型 1 的基础上加入政治技能时，促进性建言对政治技能的回归系数达到显著水平（M2，$\beta = 0.285$，$p < 0.001$），模型 2 的解释力变为 12.1%，表明政治技能对促进性建言具有显著正向影响，假设 H1 得到支持；同理，模型 3 至模型 6 分别在模型 1 的基础上加入政治技能的四个维度，结果显示促进性建言对社会机敏性、人际影响、网络能力的回归系数均显著（M3，$\beta = 0.28$，$p < 0.001$；M4，$\beta = 0.195$，$p < 0.001$；M5，$\beta = 0.293$，$p < 0.001$），且各模型的解释力分别为 12.0%、8.4%、11.9%，表明社会机敏性、人际影响、网络能力对促进性建言均具有显著正向影响，假设 H1a、H1b、H1c 均得到支持，而促进性建言对外显真诚的回归系数不显著（M6，$\beta = 0.08$，ns），假设 H1d 未得到支持。

表 3-15　　　　抑制性建言对政治技能及其各维度的回归分析结果

变量		抑制性建言					
		M1	M2	M3	M4	M5	M6
控制变量	性别	-0.020	0.011	-0.011	-0.018	0.036	-0.021
	年龄	-0.003	0.014	-0.004	-0.005	0.056	-0.034
	教育程度	0.193 **	0.145 **	0.139 **	0.183 **	0.155 **	0.168 **
	工作年限	0.004	-0.25	-0.010	-0.008	-0.026	-0.06

变量		抑制性建言					
		M1	M2	M3	M4	M5	M6
自变量	政治技能		0.221***				
	社会机敏性			0.225***			
	人际影响				0.102**		
	网络能力					0.215***	
	外显真诚						0.141**
F值		5.257***	9.388***	9.723***	5.343***	8.675***	6.265***
R^2		0.039	0.084	0.086	0.049	0.078	0.057
ΔR^2		0.039	0.044	0.047	0.010	0.039	0.018

注：* $p<0.05$，** $p<0.01$，*** $p<0.001$。

由表 3-15 可知，在模型 1 中，当加入控制变量时，仅有教育程度对抑制性建言有显著影响（$p<0.01$），模型 1 的解释力仅为 3.9%；当在模型 1 的基础上加入政治技能时，抑制性建言对政治技能的回归系数达到显著水平（M2，$\beta=0.211$，$p<0.001$），模型 2 的解释力变为 8.4%，表明政治技能对抑制性建言具有显著正向影响，假设 H2 得到支持；同理，模型 3 至模型 6 分别在模型 1 的基础上加入政治技能的四个维度，结果显示抑制性建言对社会机敏性、人际影响、网络能力、外显真诚的回归系数均显著（M3，$\beta=0.225$，$p<0.001$；M4，$\beta=0.102$，$p<0.01$；M5，$\beta=0.215$，$p<0.001$；M6，$\beta=0.141$，$p<0.01$），且各模型的解释力分别为 8.6%、4.9%、7.8%、5.7%，表明政治技能的四个维度即社会机敏性、人际影响、网络能力、外显真诚对抑制性建言均具有显著正向影响，假设 H2a、H2b、H2c、H2d 均得到支持。

（2）政治技能对 SSG 的影响。

本节探究员工政治技能对上下级关系（SSG）的影响。首先，引入员工人口统计学变量作为控制变量，以控制各人口统计学变量对上下级关系（SSG）的影响；其次，以政治技能及其各维度作为自变量，以上下级关系（SSG）作为因变量进行回归分析，回归分析结果如表 3-16 所示。

表 3 – 16　　　　　　　　SSG 对政治技能及其各维度的回归分析结果

变量		SSG					
		M1	M2	M3	M4	M5	M6
控制变量	性别	− 0.188	− 0.154	− 0.176	− 0.185	− 0.125	− 0.188
	年龄	0.168 **	0.149 *	0.170 *	0.172 *	0.101 *	0.177 *
	教育程度	0.038	− 0.017	− 0.030	0.020	− 0.005	0.031
	工作年限	0.012	− 0.021	− 0.006	− 0.010	− 0.022	0.009
自变量	政治技能		0.251 ***				
	社会机敏性			0.280 ***			
	人际影响				0.175 ***		
	网络能力					0.244 ***	
	外显真诚						0.042
F 值		8.747 ***	14.137 ***	16.31 ***	10.585 ***	13.136 ***	7.169 ***
R^2		0.064	0.121	0.137	0.093	0.113	0.065
ΔR^2		0.064	0.057	0.073	0.030	0.050	0.002

注：* $p < 0.05$，** $p < 0.01$，*** $p < 0.001$。

由表 3 – 16 可知，在模型 1 中，当加入控制变量时，仅有年龄对上下级关系（SSG）有显著影响（$p < 0.05$），模型 1 的解释力仅为 6.4%；当在模型 1 的基础上加入政治技能时，上下级关系对政治技能的回归系数达到显著水平（M2，$\beta = 0.251$，$p < 0.001$），模型 2 的解释力变为 12.1%，表明政治技能对上下级关系具有显著正向影响，假设 H3 得到支持；同理，模型 3 至模型 6 分别在模型 1 的基础上加入政治技能的四个维度，结果显示 SSG 对社会机敏性、人际影响、网络能力的回归系数均达到显著水平（M3，$\beta = 0.28$，$p < 0.001$；M4，$\beta = 0.175$，$p < 0.001$；M5，$\beta = 0.244$，$p < 0.001$），且各模型的解释力分别为 13.7%、9.3%、11.3%，表明社会机敏性、人际影响、网络能力对上下级关系均具有显著正向影响，假设 H3a、H3b、H3c 均得到支持；而上下级关系对外显真诚的回归系数不显著（M6，$\beta = 0.042$，ns），假设 H3d 未得到支持。

（3）SSG 对建言行为的影响。

本节探究上下级关系（SSG）对员工建言行为的影响。首先，引入员工人口统计学变量作为控制变量，以控制各人口统计学变量对员工建言行为的影响；其次，上下级关系（SSG）作为自变量，以建言行为、促进性建言和抑制性建言作为因变量分别进行回归分析，回归分析结果如表3-17、表3-18和表3-19所示。

表 3-17　　　　　　　建言行为对 SSG 的回归分析结果

变量		建言行为	
		M1	M2
控制变量	性别	0.051	0.151
	年龄	-0.055	0.035
	教育程度	0.187*	0.167**
	工作年限	0.112	0.106
自变量	SSG		0.535***
—	F 值	5.430***	45.908***
	R^2	0.040	0.309
	ΔR^2	0.040	0.268

注：$*p<0.05$，$**p<0.01$，$***p<0.001$。

由表3-17可知，在模型1中，当加入控制变量时，仅有教育程度对建言行为有显著影响（$p<0.05$），模型1的解释力仅为4.0%；当在模型1的基础上加入上下级关系（SSG）时，建言行为对上下级关系的回归系数达到显著水平（M2，$\beta=0.535$，$p<0.001$），模型2的解释力变为30.9%，表明上下级关系（SSG）对建言行为具有显著正向影响，假设H4得到支持。

表 3-18　　　　　　　促进性建言对 SSG 的回归分析结果

变量		促进性建言	
		M1	M2
控制变量	性别	0.111	0.214
	年龄	-0.097	-0.005
	教育程度	0.147	0.127
	工作年限	0.198*	0.192*

续表

变量		促进性建言	
		M1	M2
自变量	SSG		0.547***
F 值		6.404***	50.153***
R²		0.047	0.328
ΔR²		0.047	0.281

注：* p < 0.05，** p < 0.01，*** p < 0.001。

由表 3 – 18 可知，在模型 1 中，当加入控制变量时，仅有工作年限对促进性建言有显著影响（p < 0.05），模型 1 的解释力仅为 4.7%；当在模型 1 的基础上加入上下级关系（SSG）时，促进性建言对上下级关系的回归系数达到显著水平（M2，β = 0.547，p < 0.001），模型 2 的解释力变为 32.8%，表明上下级关系（SSG）对促进性建言具有显著正向影响，假设 H4a 得到支持。

表 3 – 19　　　　　抑制性建言对 SSG 的回归分析结果

变量		抑制性建言	
		M1	M2
控制变量	性别	– 0.020	0.060
	年龄	– 0.003	0.069
	教育程度	0.193**	0.177**
	工作年限	0.004	– 0.01
自变量	SSG		0.426***
F 值		5.257***	27.159***
R²		0.039	0.209
ΔR²		0.039	0.170

注：* p < 0.05，** p < 0.01，*** p < 0.001。

由表 3 - 19 可知，在模型 1 中，当加入控制变量时，仅有教育程度对抑制性建言有显著影响（p < 0.01），模型 1 的解释力仅为 3.9%；当在模型 1 的基础上加入上下级关系（SSG）时，抑制性建言对上下级关系（SSG）的回归系数达到显著水平（M2，β = 0.426，p < 0.001），模型 2 的解释力变为 20.9%，表明上下级关系（SSG）对抑制性建言具有显著正向影响，且影响效应小于对促进性建言的影响，假设 H4b 得到支持。

（4）SSG 在政治技能与建言行为之间的中介效应检验。

基于上述各变量相关假设的检验结果，进一步探究上下级关系（SSG）在员工政治技能与建言行为之间的中介效应。

Baron 和 Kenny（1986）提出中介效应检验的程序为：首先，中介变量对自变量进行回归且回归系数显著。其次，因变量对自变量进行回归且回归系数显著；再次，因变量对中介变量进行回归且回归系数显著。最后，同时将自变量和中介变量代入回归方程，若自变量对因变量的影响减弱到不显著水平，则说明中介变量起到完全中介作用；若自变量对因变量的影响减弱但仍然达到显著水平，说明中介变量起部分中介作用。本研究将按此步骤对上下级关系（SSG）在员工政治技能及其各维度与促进性建言、抑制性建言之间的中介效应分别进行检验。

根据上述检验的步骤，首先检验上下级关系（SSG）在员工政治技能及其各维度与促进性建言之间的中介效应。第一步在模型 1 中加入员工的人口统计学变量作为控制变量，同时加入政治技能作为自变量，以 SSG 作为因变量，检验 SSG 对政治技能的回归；第二步在模型 2 中同时加入控制变量和自变量政治技能，以促进性建言为因变量，检验促进性建言对政治技能的回归；第三步在模型 3 中同时加入控制变量和中介变量 SSG，以促进性建言为因变量，检验促进性建言对 SSG 的回归；第四步在模型 4 中同时加入控制变量、自变量政治技能和中介变量 SSG，以促进性建言为因变量，检验促进性建言对政治技能和 SSG 的回归。同理，按照上述步骤检验 SSG 在政治技能各维度与促进性建言之间的中介效应。层级回归分析的结果如表 3 - 20、表 3 - 21（a）和表 3 - 21（b）所示。

表 3 – 20　　　　　SSG 在政治技能与促进性建言之间的中介效应检验

变量 SSG		促进性建言			
		M1	M2	M3	M4
控制变量	性别	− 0.154	0.150	0.214	0.228
	年龄	0.149 *	− 0.075	− 0.005	0.001
	教育程度	− 0.017	0.085	0.127 *	0.094
	工作年限	− 0.021	0.161 **	0.192	0.172 *
自变量	政治技能	0.251 ***	0.285 ***		0.157 ***
中介变量	SSG			0.547 ***	0.509 ***
F 值		14.137 ***	14.193 ***	50.153 ***	45.846 ***
R²		0.121	0.121	0.328	0.349
ΔR²		0.057	0.074	0.281	0.228

注：* p < 0.05，** p < 0.01，*** p < 0.001。

表 3 – 21（a）　　　　SSG 在政治技能各维度与促进性建言之间的中介效应检验

变量		SSG	促进性建言			SSG	促进性建言	
		M1	M2	M3	M4	M5	M6	M7
控制变量	性别	− 0.176	0.123	0.214	0.213	0.185	0.114	0.212
	年龄	− 0.170	− 0.098	− 0.005	− 0.012	− 0.172	− 0.101	− 0.010
	教育程度	− 0.030	0.080	0.127	0.095	0.020	0.128	0.117
	工作年限	− 0.006	0.180 *	0.192 *	0.183	− 0.010	0.174 *	0.179
自变量	社会机敏性	0.280 ***	0.281 ***		0.137 ***			
	人际影响					0.175 ***	0.195 ***	0.103 **
中介变量	SSG			0.547 ***	0.509 ***			0.529 ***
F 值		16.310 ***	14.095 ***	50.153 ***	44.863 ***	10.585 ***	9.485 ***	43.627 ***
R²		0.137	0.121	0.328	0.344	0.093	0.084	0.338
ΔR²		0.073	0.073	0.281	0.224	0.030	0.037	0.253

注：* p < 0.05，** p < 0.01，*** p < 0.001。

表 3 – 21（b）　　　　SSG 在政治技能各维度与促进性建言之间的中介效应检验

变量		SSG	促进性建言			SSG	促进性建言	
		M1	M2	M3	M4	M5	M6	M7
控制变量	性别	− 0. 125	0. 186	0. 214	0. 250	0. 188	0. 110	0. 213
	年龄	− 0. 101	− 0. 017	− 0. 005	0. 035	− 0. 177	− 0. 114	− 0. 018
	教育程度	− 0. 005	0. 096	0. 127	0. 098	0. 031	0. 133	0. 117
	工作年限	− 0. 022	0. 157 *	0. 192 *	0. 169	0. 009	0. 193	0. 189
自变量	网络能力	0. 244 ***	0. 293 ***		0. 168 ***			
	外显真诚					0. 042	0. 080	0. 057
中介变量	SSG			0. 547 ***	0. 511 ***			0. 545 ***
F 值		13. 136 ***	13. 849 ***	50. 153 ***	46. 065 ***	7. 169 ***	5. 779 ***	42. 283 ***
R^2		0. 113	0. 119	0. 328	0. 350	0. 065	0. 053	0. 331
ΔR^2		0. 050	0. 071	0. 281	0. 231	0. 002	0. 006	0. 278

注：$* p < 0.05$，$** p < 0.01$，$*** p < 0.001$。

由表 3 – 20 可知，在模型 1 中，上下级关系（SSG）对政治技能的回归系数显著（M1，$\beta = 0.251$，$p < 0.001$），模型 1 的解释力为 12.1%；在模型 2 中，促进性建言对政治技能的回归系数显著（M2，$\beta = 0.285$，$p < 0.001$），模型 2 的解释力为 12.1%；在模型 3 中，促进性建言对 SSG 的回归系数显著（M3，$\beta = 0.547$，$p < 0.001$），模型 3 的解释力为 32.8%；在模型 4 中，当同时加入自变量政治技能和中介变量 SSG 时，促进性建言对政治技能和 SSG 的回归系数均显著（M4，$\beta = 0.157$，$p < 0.001$；M4，$\beta = 0.509$，$p < 0.001$），与模型 2 相比，模型 4 中促进性建言对政治技能的回归系数降低，但是仍然达到显著水平，根据中介效应检验的条件，上下级关系（SSG）在政治技能与促进性建言之间起部分中介作用，假设 H5 得到支持。

由表 3 – 21（a）可知，在模型 1 和模型 5 中，上下级关系（SSG）对社会机敏性和人际影响的回归系数均显著（M1，$\beta = 0.280$，$p < 0.001$；M5，$\beta = 0.175$，$p < 0.001$），模型 1 和模型 5 的解释力分别为 13.7%、9.3%；在模型 2 和模型 6 中，促进性建言对社会机敏性和人际影响的回归系数均显著（M2，$\beta = 0.281$，$p < 0.001$；M6，$\beta = 0.195$，$p < 0.001$），模型 2 和模型 6

的解释力分别为 12.1%、8.4%；在模型 3 中，促进性建言对 SSG 的回归系数显著（M3，β=0.547，p<0.001），模型 3 的解释力为 32.8%；在模型 4 中，当同时加入自变量社会机敏性和中介变量 SSG 时，促进性建言对社会机敏性和 SSG 的回归系数均显著（M4，β=0.137，p<0.001；M4，β=0.509，p<0.001），与模型 2 相比，模型 4 中促进性建言对社会机敏性的回归系数降低，但是仍然达到显著水平，表明 SSG 在社会机敏性与促进性建言之间起部分中介作用，假设 H5a 得到支持；在模型 7 中，当同时加入自变量人际影响和中介变量 SSG 时，促进性建言对人际影响和 SSG 的回归系数均显著（M7，β=0.103，p<0.01；M7，β=0.529，p<0.001），与模型 6 相比，模型 7 中促进性建言对人际影响的回归系数降低，但是仍然达到显著水平，表明 SSG 在人际影响与促进性建言之间起部分中介作用，假设 H5b 得到支持。

由表 3-21（b）可知，在模型 1 中，上下级关系（SSG）对网络能力的回归系数达到显著水平（M1，β=0.244，p<0.001），模型 1 的解释力为 11.3%；在模型 2 中，促进性建言对网络能力的回归系数达到显著水平（M2，β=0.293，p<0.001），模型 2 的解释力为 11.9%；在模型 3 中，促进性建言对 SSG 的回归系数达到显著水平（M3，β=0.547，p<0.001），模型 3 的解释力为 32.8%；在模型 4 中，当同时加入自变量网络能力和中介变量 SSG 时，促进性建言对网络能力和 SSG 的回归系数均显著（M4，β=0.168，p<0.001；M4，β=0.511，p<0.001），与模型 2 相比，模型 4 中促进性建言对网络能力的回归系数降低，但是仍然达到显著水平，表明 SSG 在网络能力与促进性建言之间起部分中介作用，假设 H5c 得到支持。而在模型 5 中，上下级关系（SSG）对外显真诚的回归系数不显著（M5，β=0.042，ns），在模型 6 中，促进性建言对外显真诚的回归系数也不显著（M6，β=0.08，ns），不满足中介效应检验的前提条件，因此假设 H5d 未得到支持。

其次检验上下级关系（SSG）在员工政治技能及其各维度与抑制性建言之间的中介效应。第一步在模型 1 中加入员工的人口统计学变量作为控制变量，同时加入政治技能作为自变量，以 SSG 作为因变量，检验 SSG 对政治技能的回归；第二步在模型 2 中同时加入控制变量和自变量政治技能，以抑制性建言为因变量，检验抑制性建言对政治技能的回归；第三步在模型 3 中同时加入控制变量和中介变量 SSG，以抑制性建言为因变量，检验抑制性建言对 SSG 的回归；第四步在模型 4 中同时加入控制变量、自变量政治技能和中介变量 SSG，以抑制性建言为因变量，检验抑制性建言对政治技能和 SSG 的回归。同理，按照上述步骤检验 SSG 在政治技能各维度与抑制性建言之间的中介效应。层级回归分析的结果如表 3 – 22、表 3 – 23（a）和表 3 – 23（b）所示。

表 3 – 22　　　　　　SSG 在政治技能与抑制性建言之间的中介效应检验

变量 SSG		抑制性建言			
		M1	M2	M3	M4
控制变量	性别	− 0. 154	0. 011	0. 060	0. 072
	年龄	0. 149 *	0. 014	0. 069	0. 073
	教育程度	− 0. 017	0. 145	0. 177 *	0. 151
	工作年限	− 0. 021	− 0. 025	− 0. 001	− 0. 016
自变量	政治技能	0. 251 ***	0. 221 ***		0. 122 **
中介变量	SSG			0. 426 ***	0. 396 ***
F 值		14. 137 ***	9. 388 ***	50. 153 ***	24. 344 ***
R^2		0. 121	0. 084	0. 328	0. 222
ΔR^2		0. 057	0. 044	0. 281	0. 138

注：* $p < 0.05$，** $p < 0.01$，*** $p < 0.001$。

表 3 – 23（a）　　　　SSG 在政治技能各维度与抑制性建言之间的中介效应检验

变量		SSG	抑制性建言			SSG	抑制性建言	
		M1	M2	M3	M4	M5	M6	M7
控制变量	性别	− 0. 176	− 0. 010	0. 060	0. 060	− 0. 185	− 0. 0186	0. 060
	年龄	− 0. 170	− 0. 04	0. 069	0. 063	− 0. 172	− 0. 005	0. 067
	教育程度	0. 030	0. 139 *	0. 177 *	0. 151	0. 020	0. 183	0. 174
	工作年限	− 0. 006	− 0. 010	− 0. 001	− 0. 008	− 0. 010	− 0. 008	− 0. 004

续表

变量		SSG	抑制性建言			SSG	抑制性建言	
		M1	M2	M3	M4	M5	M6	M7
自变量	社会机敏性	0.280 ***	0.225 ***		0.114 **			
	人际影响					0.175 ***	0.102 *	0.029
中介变量	SSG			0.426 ***	0.394 ***			0.421 ***
F 值		16.310 ***	9.723 ***	27.159 ***	24.151 ***	10.585 ***	5.343 ***	22.695 ***
R²		0.137	0.086	0.209	0.220	0.093	0.049	0.210
ΔR²		0.073	0.47	0.170	0.134	0.030	0.010	0.160

注：* $p < 0.05$，** $p < 0.01$，*** $p < 0.001$。

表 3 - 23（b）　　　SSG 在政治技能各维度与抑制性建言之间的中介效应检验

变量		SSG	抑制性建言			SSG	抑制性建言	
		M1	M2	M3	M4	M5	M6	M7
控制变量	性别	-0.125	0.036	0.060	0.086	-0.188	-0.021	0.059
	年龄	-0.101	0.056	0.069	0.096	-0.177	-0.034	0.041
	教育程度	-0.005	0.155	0.177 *	0.157	0.031	0.168 **	0.156
	工作年限	-0.022	-0.026	-0.001	-0.017	0.009	-0.006	-0.009
自变量	网络能力	0.244 ***	0.215 ***		0.117 **			
	外显真诚					0.042	0.141 **	0.124 **
中介变量	SSG			0.426 ***	0.400 ***			0.421 ***
F 值		13.136 ***	8.675 ***	27.159 ***	24.097 ***	7.169 ***	6.265 ***	24.531 ***
R²		0.113	0.078	0.212	0.220	0.065	0.057	0.223
ΔR²		0.050	0.039	0.142	0.134	0.002	0.018	0.166

注：* $p < 0.05$，** $p < 0.01$，*** $p < 0.001$。

由表 3 - 22 可知，在模型 1 中，上下级关系（SSG）对政治技能的回归系数显著（M1，$\beta = 0.251$，$p < 0.001$），模型 1 的解释力为 12.1%；在模型 2 中，抑制性建言对政治技能的回归系数显著（M2，$\beta = 0.221$，$p < 0.001$），模型 2 的解释力为 8.4%；在模型 3 中，抑制性建言对 SSG 的回归系数显著

（M3，β=0.426，p<0.01），模型 3 的解释力为 32.8%；在模型 4 中，当同时加入自变量政治技能和中介变量 SSG 时，抑制性建言对政治技能和 SSG 的回归系数均显著（M4，β=0.122，p<0.01；M4，β=0.396，p<0.001），与模型 2 相比，模型 4 中抑制性建言对政治技能的回归系数降低，但是仍然达到显著水平，表明 SSG 在政治技能与抑制性建言之间起部分中介作用，假设 H6 得到支持。

由表 3-23（a）可知，在模型 1 中，上下级关系（SSG）对社会机敏性的回归系数达到显著水平（M1，β=0.28，p<0.001），模型 1 的解释力为 13.7%；在模型 2 中，抑制性建言对社会机敏性的回归系数达到显著水平（M2，β=0.225，p<0.001），模型 2 的解释力为 8.6%；在模型 3 中，抑制性建言对 SSG 的回归系数达到显著水平（M3，β=0.426，p<0.001），模型 3 的解释力为 20.9%；在模型 4 中，当同时加入自变量社会机敏性和中介变量 SSG 时，抑制性建言对社会机敏性和 SSG 的回归系数均显著（M4，β=0.114，p<0.01；M4，β=0.394，p<0.001），与模型 2 相比，模型 4 中抑制性建言对社会机敏性的回归系数降低，但是仍然达到显著水平，表明 SSG 在社会机敏性与抑制性建言之间起部分中介作用，假设 H6a 得到支持。在模型 5 中，上下级关系（SSG）对人际影响的回归系数达到显著水平（M5，β=0.175，p<0.001），模型 5 的解释力为 9.3%；在模型 6 中，抑制性建言对人际影响的回归系数也达到显著水平（M6，β=0.102，p<0.05），模型 6 的解释力为 4.9%；在模型 7 中，当同时加入自变量人际影响和中介变量 SSG 时，抑制性建言对人际影响的回归系数不显著（M7，β=0.029，ns），根据中介效应检验的条件可知，SSG 在人际影响与抑制性建言之间起完全中介作用，假设 H6b 得到支持。

由表 3-23（b）可知，在模型 1 中，上下级关系（SSG）对网络能力的回归系数达到显著水平（M1，β=0.244，p<0.001），模型 1 的解释力为 11.3%；在模型 2 中，抑制性建言对网络能力的回归系数达到显著水平（M2，β=0.215，p<0.001），模型 2 的解释力为 7.8%；在模型 3 中，抑制性建言对 SSG 的回归系数达到显著水平（M3，β=0.426，p<0.001），模型 3 的解释力为 21.2%；在模型 4 中，当同时加入自变量网络能力和中介变量 SSG 时，抑制性建言对网络能力和 SSG 的回归系数均显著（M4，β=0.117，

$p < 0.01$；M4，$\beta = 0.4$，$p < 0.001$），与模型 2 相比，模型 4 中抑制性建言对网络能力的回归系数降低，但是仍然达到显著水平，表明 SSG 在网络能力与抑制性建言之间起部分中介作用，假设 H6c 得到支持。而在模型 5 中，上下级关系（SSG）对外显真诚的回归系数未达到显著水平（M5，$\beta = 0.042$，ns），不满足中介效应检验的前提条件，因此 SSG 在外显真诚与抑制性建言之间起未起到中介作用，假设 H6d 未得到支持。

（5）传统性在 SSG 与建言行为之间的调节效应检验。

在验证员工传统性在上下级关系（SSG）与建言行为及其各维度之间的调节效应时，采取了 Baron 和 Kenny（1986）的程序：首先，将人口统计学变量作为控制变量置入回归模型，其次，将自变量和调节变量置入回归模型；最后，将自变量和调节变量的交互项置入回归模型。为减少多重共线性问题的影响，根据 Aiken 和 West（1991）的建议，将自变量和调节变量先做中心化处理再相乘得到交互项。

根据上述检验的步骤，首先检验员工传统性在上下级关系（SSG）与建言行为之间的调节效应。第一步在模型 1 中加入员工的人口统计学变量作为控制变量；第二步在模型 2 中同时加入自变量 SSG 和调节变量传统性；第三步在模型 3 中加入自变量 SSG 和调节变量传统性的交互项。同理，按照上述步骤分别检验员工传统性在 SSG 与促进性建言、抑制性建言之间的调节效应。层级回归分析的结果如表 3 - 24、表 3 - 25 和表 3 - 26 所示。

表 3 - 24　　　　　　传统性在 SSG 与建言行为之间的调节效应检验

变量		建言行为		
		M1	M2	M3
控制变量	性别	0.051	0.158	0.152 *
	年龄	- 0.055	0.032	0.014
	教育程度	0.187 **	0.182 **	0.183 **
	工作年限	0.112	0.107	0.114 *
自变量	SSG		0.487 ***	0.513 ***
调节变量	传统性		0.131 **	0.135 **
交互项	SSG × 传统性			- 0.133 **

变量	建言行为		
	M1	M2	M3
F 值	5.43 ***	40.841 ***	36.329 ***
R^2	0.040	0.213	0.332
ΔR^2	0.040	0.173	0.119

注：* $p<0.05$，** $p<0.01$，*** $p<0.001$。

由表 3-24 可知，在模型 3 中，自变量 SSG 和调节变量传统性的交互项的回归系数负向显著（M3，$\beta = -0.133$，$p<0.01$），表明传统性在上下级关系（SSG）与建言行为之间具有显著负向调节作用，即当员工传统性越高时，上下级关系（SSG）与员工建言行为之间的关系越弱，因此，假设 H7 得到支持。

表 3-25　　　　传统性在 SSG 与促进性建言之间的调节效应检验

变量		促进性建言		
		M1	M2	M3
控制变量	性别	0.111	0.123	0.119
	年龄	-0.097	-0.008	-0.021
	教育程度	0.147 **	0.149 **	0.150 **
	工作年限	0.098	0.094	0.099
自变量	SSG		0.479 ***	0.497 ***
调节变量	传统性		0.187 ***	0.190 ***
交互项	SSG × 传统性			-0.087 *
F 值		6.404 ***	47.6 ***	41.475 ***
R^2		0.047	0.258	0.362
ΔR^2		0.047	0.211	0.104

注：* $p<0.05$，** $p<0.01$，*** $p<0.001$。

由表 3-25 可知，在模型 3 中，自变量 SSG 和调节变量传统性的交互项的回归系数负向显著（M3，$\beta = -0.087$，$p<0.05$），表明传统性在上下级关

系（SSG）与促进性建言行为之间具有显著负向调节作用，即当员工传统性越高时，上下级关系（SSG）与员工促进性建言之间的关系越弱，因此，假设 H7a 得到支持。

表 3－26　　　　传统性在 SSG 与抑制性建言之间的调节效应检验

变量		抑制性建言		
		M1	M2	M3
控制变量	性别	−0.020	0.063	0.057
	年龄	−0.003	−0.068	0.047
	教育程度	0.193 **	0.183 **	0.184 **
	工作年限	0.004	0.007	0.008
自变量	SSG		0.408 ***	0.436 ***
调节变量	传统性		0.05	0.054
交互项	SSG × 传统性			−0.111 **
	F 值	5.257 ***	22.877 ***	20.863 ***
	R^2	0.039	0.141	0.324
	ΔR^2	0.039	0.102	0.183

注：* $p<0.05$，** $p<0.01$，*** $p<0.001$。

由表 3－26 可知，在模型 3 中，自变量 SSG 和调节变量传统性的交互项的回归系数负向显著（M3，$\beta = −0.111$，$p<0.01$），表明传统性在上下级关系（SSG）与抑制性建言行为之间具有显著负向调节作用，即当员工传统性越高时，上下级关系（SSG）与员工抑制性建言之间的关系越弱，因此，假设 H7b 得到支持。

3.5　结论与展望

3.5.1　研究结论

本研究在国内外相关研究的基础上，探讨了中国文化背景下员工政治技能对其建言行为的影响机制，特别是上下级关系（SSG）的中介作用以及员工传统性的调节作用。通过对相关文献的综述提出了本研究的研究假设和理论模型，采用国内外成熟量表构成本研究的调查问卷，通过"主管—员工"的二元对偶方式获取样本数据，并运用层级回归分析对各假设进行了实证检验。本研究得出的主要结论有：

首先，由前文实证分析可知，员工政治技能及其各维度（外显真诚除外）分别与其促进性建言、抑制性建言显著正相关，这一结论与国内学者的研究结论基本一致。政治技能水平较高的员工在社会机敏性、人际影响、网络能力等方面表现较强，他们能够凭借自己较强的社会机敏性、人际影响和网络能力建立良好的人际联盟和关系网络，并通过使用一定的策略（比如向上级建言献策等）获得上级的积极评价与肯定；而且政治技能较高的员工识别线索和情绪的准确度较高，他们会选择适时适当的方式向上级建言，并且在整个建言过程中很好地掩饰自己内在服务的动机，给上级以关心组织发展的良好印象，从而获得上级的偏好。因而，员工的政治技能水平越高，其越倾向于向上级建言，包括促进性建言和抑制性建言。

其次，本研究结果表明，对于中国组织情境中的员工而言，上下级关系（SSG）在员工政治技能及其各维度（外显真诚除外）与其建言行为之间起部分中介作用，即高政治技能的员工通过与其上级领导之间建立良好的上下级关系（SSG），进而通过这种私人关系间接地影响其建言行为。这一结论不仅证实了上下级关系（SSG）是中国文化背景下对员工行为具有显著预测力的变量，而且也进一步加深了人们对员工政治技能与其建言行为之间内在作用机制的理解。众所周知，关系是华人社会中普遍存在的社会现象，与西方的领导—成员交换关系（LMX）不同，中国文化背景下的上下级关系（SSG）更多的包含了工作之外的私人交往和情感互动等，比如私下拜访、沟通问候等。华人组织中，与领导关系亲近的员工往往会获得更多的职业发展机会，高政治技能的员工更能透彻地理解这一点，并在职场与生活中捕捉各种机会与领导建立良好的私人关系。当上下级关系形成后，这种具有强烈"私人情感"色彩的关系也会影响和渗透到正常的组织活动中。这种现象在本研究中也得到体现，即高政治技能的员工更善于与领导发展良好的私人关系，同时也更敢于并倾向于向领导建言。一方面，领导愿意接受与自己有良好关系的下属，这对员工的建言行为起着强化作用；另一方面，员工的建言增加了领导的认可，也进一步促进了政治技能经由 SSG 发展至建言行为的关系主线。

此外，本研究结果还表明，员工传统性在上下级关系（SSG）与建言行为及其各维度之间起负向调节作用。在组织管理研究领域，学者们一致认为在组织行为研究中应当将组织情境和文化脉络等因素考虑在内，因此本研究将中国人的传统性纳入研究框架。这一研究结论与我国的社会文化背景相契合，中国传统文化对国人的影响根深蒂固，在组织情境中体现为上下级之间"上尊下卑"的角色关系，在这种上下级不对等的社会角色中，高传统性的员工更倾向于恪守"卑"者身份，对上级领导无条件的尊重、信任和服从，尽管对组织有意见也通常会选择沉默；而低传统性的员工倾向于接受较低的权利距离，比较关注与上级之间的平等交换，并期望承担更多的角色外行为，如建言献策等。因此，传统性不同的员工因其遵从权威的价值取向不同，使得上下级关系（SSG）对其建言行为的影响也不同，相对于高传统性员工来说，低传统性员工更倾向于向上级建言。本研究在上下级关系（SSG）影响员工建言行为的过程中引入员工传统性这一调节变量，表明上下级关系（SSG）对员工建言行为的影响效果因员工价值取向不同而有所差异，这对于深化中国文化背景下员工建言行为的研究具有积极的贡献。

3.5.2 管理启示

由于员工的建言行为对组织的生存和发展来说至关重要，因此企业应鼓励员工积极向组织建言献策，本研究的结论对中国组织情境下的企业管理实践也具有一定的指导意义。根据研究结论，本研究提出以下管理建议：

（1）组织层面。首先，由于员工的政治技能、上下级关系（SSG）对于员工建言行为来说具有显著的正向预测力，因此组织应通过培训和指导以提高员工的政治技能，同时上级领导也应该支持、尊重和信任员工，关心员工的工作和生活，与员工建立良好的工作和私人关系，以此激发员工做出更多的建言行为。其次，虽然上下级关系（SSG）对员工的促进性建言和抑制性建言均具有积极的影响，但是其作用机制有所不同，因此，组织对于员工不同类型的建言行为应加以区分对待。例如，组织可以通过形成鼓励员工建言的氛围，如定期对收到的建议进行建设性的反馈，对有价值的建议进行奖励，来激发员工的促进性建言；而对于员工的抑制性建言，组织应给予员工更多的信任和授权，对抑制性建言者进行及时的公正的评价，让员工感觉自己在组织中有更高的地位，对组织有更强的责任感，以此来增强员工的抑制性建言。此外，由于员工传统性在上下级关系和员工建言行为之间起负向调节作用，即相对于高传统性员工来讲，低传统性的员工更倾向于建言，说明对于不同权威价值取向的员工而言，上下级关系对其建言行为的影响程度是有差异的。高传统性的员工因其更加遵从权威，因此组织的领导者在与高传统性员工互动的过程中应避免过于强调个人权威，同时组织应通过各种测量手段定期明晰员工的传统性倾向，并通过宣传、培训等方式弱化高传统性员工的传统性倾向，以此激发员工做出更多的建言行为。

（2）员工层面。在中国这样一个讲人情、重关系的文化背景下，员工与领导之间的私人关系往往比工作关系本身更重要，而且良好的上下级关系（SSG）很大程度上决定着员工是否建言的决策，因此员工不但要与上级领导形成良好的工作关系，更要与其建立高质量的私人关系。同时，由于员工的政治技能对上下级关系具有重要的促进作用，因此员工也应在工作和生活中树立提升自己政治技能的观念，通过有意识的学习和模仿不断提高自己的政治技能，努力发展和维护与上级领导之间的私人关系，进而与之建立高水平的上下级关系，从而促进其向组织建言献策的积极性。

3.5.3　研究不足与未来研究展望

本研究初步探讨了员工政治技能及其各维度对建言行为的影响机制，有利于加深对中国组织情境中员工建言行为的驱动机制的理解。但不可否认，本研究还存在一些不足之处需要未来研究加以关注。具体来讲：

首先，本研究中的数据为同一时间点取得的横断面研究，难以准确地反映出各变量间的因果关系。鉴于此，今后的研究可以采取时间跨度较大的纵向研究设计，以进一步探索各变量间的因果关系，这会使相关变量之间更具说服力。

其次，本研究的测量工具存在着一定的局限性，比如对员工政治技能的测量仍采用的是西方学者开发的测量量表，虽然该量表已被证明在中国文化背景下仍然具有较高的信效度和较强的稳定结构，但是它可能还没有全面展现中国文化背景下特有的内容，未来的研究应开发相应的本土化的测量工具。

最后，本研究的样本选择也具有一定的局限性，虽然本研究的样本来源于全国不同省份的各类型企业，但是数据的代表性在行业、地点和时间上仍存在一定的局限性，而且由于一些调查内容比较敏感，所以调查数据的真实性也可能存在一定的偏差，有可能对研究结果造成一定的影响。因此，未来应扩大样本的覆盖范围，进一步检验研究结论的有效性。

3.6 小　　结

本研究主要探讨三个内容：①探究员工政治技能对其建言行为的影响。本研究拟将员工的建言行为分为促进性建言行为和抑制性建言行为两个维度，分别探究政治技能及其各维度对促进性建言行为、抑制性建言行为的影响。②探究员工政治技能对建言行为影响的作用机制。本研究认为在中国组织情境下，员工政治技能是通过上下级关系（SSG）这一中介影响其建言行为。本研究提出假设，上下级关系（SSG）在政治技能与建言行为之间起中介作用，通过建立模型并运用层级回归分析对模型进行实证检验。③进一步探究上下级关系和建言行为之间关系的边界条件。本研究提出假设，员工传统性在上下级关系（SSG）与员工建言行为之间起负向调节作用，通过建立模型并运用层级回归分析对模型进行实证检验。

在对已有文献进行深入分析的基础上提出了本研究的研究假设和理论模型。在借鉴国内外成熟量表的情况下编制调查问卷，以陕西、山西、山东、广西、广东及海南等地的企业主管和员工为调查对象，采用"主管—员工"的二元对偶方式进行调查，运用 SPSS 21.0 和 AMOS 21.0 对最终确定的 520 份有效配对问卷进行信效度检验、描述性统计分析、相关分析和回归分析，得出以下研究结论：①员工政治技能及其各维度对员工促进性建言和抑制性建言均具有显著的正向影响；②员工政治技能对上下级关系（SSG）具有显著的正向影响；③上下级关系（SSG）对员工促进性建言和抑制性建言均具有显著的正向影响；④上下级关系（SSG）在员工政治技能与员工促进性建言、抑制性建言之间均起到部分中介作用；⑤员工传统性在上下级关系（SSG）与员工促进性建言、抑制性建言之间均起到负向调节作用，即当员工传统性较高时，上下级关系（SSG）与员工促进性建言、抑制性建言关系较弱，反之则关系较强。

本研究的主要创新点有：①建言行为作为一种角色外行为受到诸多因素的影响，但是对其在关系导向、高权力距离和传统性的中国文化背景下的研究还比较少见。本研究将探讨中国文化背景下个体政治技能对其建言行为的影响机制，将两者在各自细分维度上进行深入研究，并从关系视角出发，探究上下级关系（SSG）在员工政治技能与建言行为之间的中介作用机制；②考察了上下级关系（SSG）对员工建言行为影响的作用边界，引入中国人传统性作为调节变量，以探究员工传统性在上下级关系（SSG）与员工建言行为之间的调节作用。有助于更好地理解中国组织情境中员工建言行为的影响差异，从而为企业管理者有效促进员工的建言行为提供有针对性的指导。

总之，本研究有助于理解中国文化背景下员工政治技能对建言行为的影响机理，进一步拓展了政治技能的研究领域，促进了建言行为的本土化研究。同时，本研究对于企业管理实践也有所启示。根据以上研究结论，在企业管理实践中，要想促使员工积极向企业建言献策，企业应当通过培训和指导等方式以提高员工的政治技能，同时，上级领导也应该主动与员工建立良好的工作和私人关系。此外，企业还应深入了解员工的传统性倾向，对于传统性倾向较高的员工，企业应采取有效措施弱化其传统性倾向，以此激发员工做出更多的建言行为。

4 知识型员工目标取向对创新行为的影响机制研究

在知识经济时代，激烈的竞争、快速的技术革新、全球化以及顾客日益提升的期望值导致各行各业面临前所未有的挑战，这就要求企业不断创新。随着对创新研究的不断深入，学者们认为员工的创新行为是组织创新的源泉和起点，是推动组织不断发展的核心力量。因此，如何推进个体创新，仍是目前研究的重点。本章以知识型员工为对象，细化研究目标取向三维度对创新行为的影响，并探讨创新自我效能感及知识治理对两者关系的调节作用。最后根据研究结果进行讨论并提出不足与展望，为企业提高创新水平提供指导和借鉴。

4.1　引　　言

知识型员工不同于传统员工，其是具备知识分享、利用、创造以及增值能力的高素质员工。知识型员工受教育程度高，以知识资本为核心生产要素，主要从事知识劳动，具有高生产率和创新能力，日益成为企业创新的主力军（朱雪春、陈万明，2014）。同时，作为员工特质的目标取向，近几年研究发现是影响员工创新的重要影响因素，其为企业提高员工创新行为提供了一个新视角。因此，本章以知识型员工为对象，研究目标取向对创新行为的影响。

目标取向具有学习目标取向、证明绩效目标取向、回避绩效目标取向三种类型（VandeWalle，1997），其中学习目标取向倾向于发展竞争力，证明绩效目标取向倾向于获取积极评价，回避绩效目标取向倾向于避免消极评价。三种类型目标取向不断纳入到创新研究中，对员工创新行为具有不同的影响。在管理实践中，企业不断追求具有学习目标取向的员工，例如世界500强的多数企业在招聘时要求员工乐于接受挑战性、具有问题解决能力等；而证明绩效目标取向与回避绩效目标取向更具有中国自身特色，例如国内企业的员工较为保守，不喜欢挑战、安于现状，爱脸面，比较关注别人对自己的看法等（王建明，2013；姜彩芬，2009；杨国枢，1993）。因此，同时研究学习目标取向、证明绩效目标取向及回避绩效目标取向这三种知识型员工目标取向对创新行为的影响更具有现实意义。

众多国内外的学者研究表明，学习目标取向的个体对创新行为有积极影响，回避绩效目标取向的个体对创新行为有消极影响，但证明绩效目标取向的个体对创新行为的影响还不明确，学者们的研究结论不尽相同。有些学者认为证明绩效目标取向对员工创新行为有负向影响（黄家齐、黄荷婷，2006），有些认为不产生影响（张文勤、王瑛，2011；Payne et al.，2007），也有些认为产生正向影响（毕小青、王晶，2014；王艳子、罗瑾琏，2011）。目前对目标取向与员工创新行为的机制研究多从创新氛围、团队反思、官僚主义管理等（张文勤等，2010；张文勤、孙锐，2014；Hirst et al.，2011）企业环境进行研究，较少从员工个体因素研究其对目标取向与创新行为关系的影响作用，同时研究个体因素与企业环境的边界作用的更少之又少。因此，本章在前人研究的基础上，试图以知识型员工为对象，考察目标取向对创新行为的影响作用，同时考虑个体层面创新自我效能感这一自我概念，以及组织层面知识治理这一企业环境对两者关系产生的影响作用。

本研究的理论意义主要在于：首先，目标取向的研究有助于目标取向理论的发展。目标取向最初是源自教育心理学领域（Dweck，1986，1988），近几年逐渐受到组织领域研究者的重视。对知识型员工的目标取向与创新行为的研究还不是很多，如张文勤、孙锐（2014）研究知识型员工目标取向对知识活动的影响，本研究选取知识型员工为对象，研究目标取向对创新行为的影响，同时考虑边界条件，其有利于丰富目标取向的理论发展。其次，丰富目标取向与创新行为关系研究的边界条件。现有对于边界条件的研究多从创新氛围、团队反思、官僚主义管理等（张文勤等，2010；张文勤、孙锐，2014；Hirst et al.，2011）企业环境进行研究，忽视了员工个体因素研究其对目标取向与创新行为关系的影响作用，同时较少针对知识型员工选取组织环境因素。因此，选取个体因素创新自我效能感及针对知识型员工的组织环境因素知识治理研究对两者关系影响的作用，可以丰富目标取向与创新行为关系研究的边界条件。最后，丰富目标取向的实证研究。本研究是以知识型员工为对象，目标取向为前因变量，以创新行为为结果变量，创新自我效能感、知识治理为调节变量，这不仅拓展了目标取向的影响机制的研究范围，同时丰富了目标取向的实证研究。另外，本研究具有一定的现实意义，对企业提高员工创新具有一定的指导意义。本章研究知识型员工的不同目标取向，通过对学习目标取向、证明绩效目标取向、回避绩效目标取向的知识型员工对创新行为的影响的研究，可以让企业针对不同类型的员工采取不同的措施以提高员工的创新行为；同时，通过创新自我效能感调节作用研究，揭示员工个体层面因素对目标取向与其创新行为关系的影响作用，让企业可以考虑从创新自我效能感视角出发，通过提高知识型员工的创新自我效能感，提高创新活动中的自信，从而促进目标取向进行创新行为。此外，通过对知识治理的关注，提高员工对企业知识治理的感知认识，营造知识分享的氛围，提高创新行为，为提高企业创新、增加企业核心竞争力提供另一途径；同时，研究结果可以为企业进行创新型人才的选拔营造良好的组织环境提出建议，从而帮助企业提高创新，具有重要的实际意义。

4.2　文献基础与研究假设

4.2.1　目标取向

　　目标取向作为员工的一种特质，最早由 Dweck 等（1988）提出，其发现小学生在面临失败时会采取不同的反应模式，通过分析发现这是由于"目标取向"所决定的。Dweck 等（1988）在此基础上提出了目标取向，并将其定义为"个体进行某项活动、作业时所采取的动机取向"。此外，Spinath 和 Stiensmeie（2003）将目标取向定义为"个体对成功的反应偏好"。目前，学术界普遍认为目标取向就是个体在工作、活动中追求不同的目标所采取的动机偏好。目标取向不仅体现在个体感知的引导上，还体现在对环境信息的理解上。其根据自身的动机偏好，选择与个体能力相符的行为。即面对挑战，不同的目标取向会对个体的行为和绩效产生截然不同的影响，进而以不同的处理方式构建与他人信息交换的认知框架。

　　目标取向的维度主要从单维度到多维度，目前较多使用的是将目标取向划分为三维度。其中单维度最早由 Dweck 提出，其认为目标取向模型是一个单因素模型，学习目标取向和绩效目标取向是一个连续体上的两个相对独立的变量。随着众多学者的研究，发现了目标取向的二因素模型，他们认为学习目标和绩效目标取向不是一个连续体上的变量，其是两个独立的维度。但近来许多研究表明，绩效目标取向存在两种显著差异：有的出现回避反应，也有的表现为证明取向反应的。因此 Elliot 等（1996）提出了三因素模型，即学习型目标取向、证明绩效目标取向和回避绩效目标取向。目前这一模型得到了越来越多研究的支持：如张咏梅（2001）发现这 3 个目标组在认知和行为表现上存在显著差异。

关于目标取向的测量，目前大多采用 Vande Walle（1997）的量表，该量表具有学习目标取向、证明绩效目标取向以及回避绩效目标取向三种维度。其中，学习目标导向，即通过学习新技能及熟悉新环境来提高自己能力的偏好；回避绩效目标取向通过避免不利的评价来展示、证明自己的能力的偏好，证明绩效目标取向意在通过寻求有利评价来展示、证明自己的能力的偏好。该量表具有很好的信效度，各个维度也具有良好的区分效度，被广泛使用。

4.2.2 创新行为

在知识经济时代，激烈的竞争、快速的技术革新、全球化以及顾客日益提升的期望值导致各行各业面临前所未有的挑战，这就要求企业不断创新（Scott et al.，1994）。随着对创新研究的不断深入，学者们认为员工的创新行为是组织创新的源泉和起点，是推动组织不断发展的核心力量（Shalley & Zhou，2008）。学者们主要从过程角度定义个体创新行为。Scott 和 Bruce（1994）将个人创新行为定义为确认问题或产生解决方法，然后为自己创新想法寻求支持，最终将自己的创新构想实施，完成其创新构想的行为。Zhou 和 George（2001）也认为个体创新行为既包括创新想法还包括创新想法的产生、推广到实施过程。Kleysen 和 Street（2001）通过大量文献的回顾与总结，将创新行为定义为"寻找创新机会、产生创新想法、形成调查、支持以及创新应用这一系列过程，该过程涉及组织各个层次"。国内学者黄致凯（2004）、卢小君和张国梁（2007）陆续对 Kleysen 和 Street（2001）的创新观点进行了检验，发现在中国情景下，个体创新行为是产生创新构想的行为和执行创新构想的行为。这也是目前研究个体创新行为普遍接受的观点。本研究也选取黄致凯等（2004）、卢小君和张国梁（2007）的观点，认为员工创新行为是员工在工作过程中，产生创新构想、解决问题的方案，并为之努力将其付诸行动的行为。

个体创新行为的维度也是随着创新行为概念变化而变化的。最初 Scott 和 Bruce（1994）指出个体创新行为具有三个维度，即问题的确认、创新构想的产生以及创新的支持三个维度，并开发了相应的量表，包括 6 个题项，采用李克特 5 点测量，其得分越高表示个体的创新行为越高。但随着后续研究，学者们发现个体创新行为为单维度概念（Scott et al.，1994）。随后，Jassen（2000）将创新行为分为创意产生、创意促进与创新实现三个维度，并编制 9 题项量表，采用李克特 7 点量表测量。而 Kleysen 和 Street（2001）在以往研究基础上，根据创新行为的五个过程分为五个维度，分别为机会探求、产生构想、调查、支持及应用，编制 14 个题项的量表，其具有较高的信效度。但随着创新行为的不断深入研究，学者们指出 Kleysen 和 Street（2001）的量表存在构念效度不佳的缺点。因此，Zhou 和 George（2007）研究了适合企业员工创新行为的量表，共有 23 个题项，具有较好的构念效度。国内学者黄致凯（2004）在 Kleysen 和 Street（2001）的量表基础上，根据我国自身特点，将个体创新行为分为创新构想产生和创新构想执行两个维度，并将 Kleysen 和 Street（2001）进行修订，使其更符合本土特色。

尽学者们对于个人创新行为的维度有不同的看法，但大都遵循创新构想从产生到执行的过程。本文认为员工创新行为具有一个维度，采用应用较多的 Scott 和 Bruce（1994）编制的量表，并进行相应的修订。

4.2.3　创新自我效能感

创新自我效能感最早由 Tierney 和 Farmer（2002）将自我效能理论与创造力研究结合起来提出，指的是员工对表现创新行为成功的信念（Tierney & Farmer，2002；杨晶照等，2011）。员工创新自我效能感是员工参与创新时表现出的特殊自我效能感，是员工对自己创造力实现的信念表现（杨晶照等，2011）。员工创新自我效能感作为创造自我概念的一个部分，会为创新不断做出努力（Mathisena & Bronnick，2009）。员工的创新自我效能越高，对自己从事创造力相关活动的能力就越自信，会以更积极的方式应对创造性活动中遇

到的困难、挫折以及结果的不确定性和风险性，从而有更高的创新表现
（Tierney & Farmer，2002，2004；Beghetto，2006；Jaussi，Randel & Dionne，
2007；顾远东、彭纪生，2010）。所以创新自我效能感不仅包括对获取创新成
果的信念，还包括对工作过程中采取创造性方法的信念。

自"创新自我效能感"这一概念提出后，学者们不断深入讨论和研究，
并开发了创新自我效能感测量量表。其中被广泛使用的是由 Tierney 和 Farmer
（2002）开发的创新自我效能感量表，其主要有四个题项，"我通常善于提出
一些新颖的观点""我对自己创造性解决问题的能力充满自信""我可以在他
人观点的基础上做进一步地扩展""我总是善于找到创造性地解决问题的方
法"。该问卷采用李克特 7 点量表或 5 点量表测量。国内对创新自我效能感问
卷多采用 Tierney 和 Farmer（2002）编制的量表，此外国内对于创新自我效能
感的研究多处在教育领域，针对学生的测量，因此也开发出自己的量表，例
如，阳莉华（2007）就大学生为研究对象开发出的 4 维度创新自我效能感
量表。

因此，目前国内对员工创新自我效能感地测量还不够深入，多采用国外
的创新自我效能感量表，未结合中国情景因素，所以未来有待不断成熟。

4.2.4　知识治理

知识治理的概念是由 Grandori（1997）首次提出。在其给出的定义中，
认为知识治理是对企业内或企业间，包含知识的交换、转移、共享等知识活
动在内的治理，即知识治理就是对组织相关知识活动过程的治理。

现有的研究中，学者们分别从不同视角对知识治理进行了定义，如 Foss
（2003）从知识活动与组织实践联系的角度指出，知识治理是可以影响与实
现知识生产、利用过程最优化的正式和非正式的组织机制。Peltokorpi 和
Tsuyuki（2006）认为知识治理是以促进组织成员贡献知识为目的的组织机制
和非正式组织实践的集合。颜秀春（2008）指出知识治理是围绕组织、知识
之间关系的知识管理过程。李维安（2007）也提出知识治理是对管理等活动
中的行为进行激励、引导、规范和控制的组织安排。本文认为知识治理是指
知识过程，即选择合适的治理机制对知识管理过程进行治理，以最优化组织

的知识活动，最大化知识的组织活动效益。

由于知识治理是比较新的提法和概念，国内外对其研究也大多是集中于理论层面的分析。目前相关学者论述最多的两个维度为结构与机制、组织安排与设计两个一级维度，二级维度中论述最多的为组织结构及治理机制、治理结构与机制，其中实证研究常将知识治理分为正式知识治理与非正式知识治理两个维度进行研究。

目前对于知识治理的问卷都不统一，国内使用较多的是借鉴于 Srivastava 等（2005）、Foss 等（2010）和 Choi 等（2005）的量表修改编制的。如曹勇等（2013）就借鉴上述学者编制了知识治理量表，其主要将知识治理分为正式知识治理和非正式知识治理两个维度，共有 8 个题项，采用李克特 5 点量表测量。

4.2.5　知识型员工目标取向对创新行为的影响

目标取向是个体的一种特质，反映个体在工作或活动中所采取的动机取向。其具有学习目标取向、证明绩效目标取向、回避绩效目标取向三种类型（Vande Walle，1997），能很好地预测个体行为（Dweck & Leggett，1988），如创新行为。而知识型员工具备知识分享、利用、创造以及增值能力，比普通个体更具创新能力。因此本研究以知识型员工为对象，研究三种类型目标取向对创新行为的影响。

学习目标取向的个体一般具有较高的自我信念（Bandura，1997），愿意从事具有挑战性的任务，倾向于使用复杂的学习策略（Bell & Kozlowski，2002）。因此，学习目标取向的个体会乐于参与创新活动。此外，如果知识型员工具有较高的学习目标取向，其工作动机偏向于提高工作能力，愿意为此承担风险，即使面对挫折也不会轻言放弃，会继续努力以实现工作目标（Dweck & Leggett，1988；张文勤、孙锐，2014），因此他们在创新活动中为了提高自我能力，会积极进行创新行为并愿意承担创新行为所带来的风险。同时，高学习目标取向的知识型员工乐于分享，认为分享知识是一种学习（Wang & Noe，2010），因此高学习目标取向的知识型员工具备知识共享的意愿和能力，易促进新颖想法的产生，有助于激发员工的创新行为。基于此，本研究假设：

假设1a：知识型员工学习目标取向与创新行为显著正相关。

证明绩效目标取向的个体倾向于通过努力工作向他人证明自己的能力，其注重领导及同事的看法，希望在领导和同事面前有较好的工作表现（Vande Walle，1997），因此为了获得领导、同事的积极评价，会激发证明绩效目标取向的知识型员工进行创新行为的内部动机。另外，已有研究表明当创新行为具有展现自己能力的时候会驱使证明绩效取向的个体增加创新行为，以证明自己的能力（Hirst et al.，2011），而知识型员工关注自身价值的实现，注重企业和社会的认可（Horibe，2000），因此证明绩效目标取向的知识型员工会积极进行创新行为。同时，考虑到受传统文化的影响，中国情境下证明绩效目标取向的知识型员工更会关注别人对自己的看法，会努力提高自身技能水平，在工作中会进行创新行为，使工作有良好表现（王艳子和罗瑾琏，2011）。为此，本研究假设：

假设1b：知识型员工证明绩效目标取向与创新行为显著正相关。

回避绩效取向关注是否避免犯错和消极评价，厌恶不确定性因素（Gong et al.，2013），害怕不确定因素带来的风险。由于创新行为具有诸多不确定性，因此回避绩效目标取向的个体一般不愿意进行创新。其次，知识型员工的工作难以评价（Horibe，2000），容易带来诸多不确定性，在进行创新时会带来如创新成果难以评价等风险。因此回避绩效目标取向的知识型员工倾向于回避创新，必然减少创新行为。此外，回避绩效目标取向的个体关心他们的相对能力（Anne et al.，2013），容易感到其他同事的威胁；回避绩效目标取向越高，越会努力避免暴露不足，远离有挑战性的任务，依靠以往习惯为学习和发展提供机会（LePine，2005）。由于知识型员工以自身知识作为自身的核心竞争力，因此回避绩效目标取向的知识型员工为了保留自我竞争力，减少威胁感，会更加减少沟通交流，最终会降低其创新行为。为此，提出假设：

假设1c：知识型员工回避绩效目标取向与创新行为显著负相关。

4.2.6　创新自我效能感的调节作用

个体的自我概念——个体在自身经验和内外环境交互作用下对自己的认

识和评价，对个体如何感知、思考和行为具有至关重要的作用（Leary &
Baumeister，2000）。因此，创新自我效能感作为一种自我概念，其必然对个
体行为至关重要。创新自我效能感是员工创新活动中表现出的一种特殊自我
效能感，是对自己创新实现的信念表现，可以影响行为选择、动机性努力、
认知过程以及情感过程四个方面（Robert et al.，1989）。因此，我们推断创
新自我效能感会调节知识型员工目标取向对创新行为的影响效果。

资源保存理论认为，个体特质是一种内在的认知资源（Hobfoll，2001），
创新自我效能感越高，越具有丰富的内在的认知资源，成就动机需要更强，
从而表现出高的创新行为（杨付、张丽华，2012；顾远东、彭纪生，2011）。
由于学习目标取向的员工会寻求各种新知识、新技能，关注自我能力的发展，
各种学习行为多出于内部动机（Klein et al.，2006）。因此在高创新自我效能
感下，学习目标取向的知识型员工会增加成就动机需要，为自己设置高创新
活动目标，表现出更高的创新行为。但创新自我效能感较低的员工对从事创
新活动的能力缺乏自信，导致其缺乏进行创新行为的兴趣，更多地选择和保
留习惯（周浩、龙立荣，2011）；在低创新自我效能感时，其会怀疑自己的
努力是否能够带来对组织有价值的新颖的想法，而且在创新过程中遇到阻力
时这种消极认知更明显（曲如杰和康海琴，2014）。因此，在低创新自我效
能感下，会影响学习目标取向的知识型员工的认知，质疑自我创新能力，影
响创新行为。为此，提出假设：

假设2a：创新自我效能感调节知识型员工学习目标取向与创新行为之间
的关系。

证明绩效目标取向既会产生有利结果也会产生不利的结果。具有证明绩
效目标取向的个体主要倾向于证明自己的能力、获取积极评价，其遭遇到挫
折时容易影响后期工作，是一种有价值而又具有脆弱性的目标取向模式（El-
liot et al.，2003）。创新自我效能感越高，会产生强大的内在支持力量，对自
己的能力有信心，在面临困难、挫折、失败时不会轻言放弃（杨付等，2012；
杨晶照等，2011）。因此在高创新自我效能感下，证明绩效目标取向的知识型
员工会获得内在支持感和信心，从而敢于进行创新行为，即使在遇到挫折时
也不易放弃。同时，创新自我效能感越高，越具有丰富的内在的认知资源
（杨付、张丽华，2012），容易让证明绩效目标取向的知识型员工改变对创新

风险性认知，更加注重创新活动所带来的价值，从而提高创新行为。但是在低创新自我效能感下，证明绩效目标取向的知识型员工对创新行为的积极影响可能会改变。根据行为塑造理论（Brockner，1988），低自我效能感的个体对社会环境的影响更为敏感，证明绩效目标取向的知识型员工在低创新自我效能感下对创新的危险性更敏感，在遭受挫折时更容易表现出消极情绪和行为，损害后期的工作动机和表现。此外，创新自我效能感低，个体的认知资源匮乏。在低创新自我效能感下，证明绩效目标取向的知识员工会对表现创新行为的信心不足，易表现出低的创新行为。为此，提出假设：

假设 2b：创新自我效能感调节知识型员工证明绩效目标取向与创新行为之间的关系。

回避绩效取向倾向于回避失败或避免负向的评价，其对自己的能力没有信心（Dweck & Elliott，1983），在遭受失败、挫折时，会"放大"负面情绪（Cron，2002）。根据社会认知理论，在高创新自我效能感下，会增加回避绩效目标的知识型员工对自我创新能力的认知，在创新过程中重拾信心，正确处理生活中各种压力、工作环境中的不确定性。此外，回避绩效目标取向会促进消极防卫，但高能力认知水平能减弱这一效应（Yngvar & Ommundse，2001；Dweck，1998）。因此，高创新自我效能感会减弱回避绩效目标取向的知识型员工对创新行为的消极影响。根据自我一致理论（Korman，1976），低自我效能感的个体通常采用与他们/她们的消极形象相一致的行为方式。因此，在低创新自我效能感下，回避绩效目标取向的知识型员工会更加缺乏信心，"放大"负面情绪，不敢创新，会继续减少创新行为。为此，提出假设：

假设 2c：创新自我效能感调节知识型员工回避绩效目标取向与创新行为之间的关系。

4.2.7　知识治理的调节作用

Woodman 等（1993）提出的组织创新交互模式认为，探讨创新行为需要考虑个人属性、群体属性以及组织属性三个因素间的交互影响。同时，促进性的环境有助于增强内在动机对创新行为的影响作用，而在抑制性的环境中，即使具有高内在动机也不一定产生高的创新行为（张文勤等，2010）。此外，大量学者也指出目标取向的个体很容易受外部环境的影响（Hirst et al.，2011；Gong et al.，2013），不同环境下目标取向的个体会产生不同的行为。知识治理作为企业重要环境因素，是指对组织内和组织间知识的共享、转移和交换等知识活动的治理和知识节点间的协调机制（Grandori，2001），其能激励和引导员工知识活动（曹勇、向阳，2014），因此知识治理可能会调节知识型员工目标取向与创新行为的关系。

知识治理影响知识的使用、分享、整合以及创造的过程（Foss et al.，2010），能提供知识共享的平台，有利于实现知识与企业及个人的融合，降低创新成本（朱雪春、陈万明，2014）。根据交易成本理论，人们自愿交往、彼此合作、达成交易都需要支付成本。企业知识治理可以为知识的共享、转移和交换提供平台，减少交易成本。因此，在高知识治理下，目标取向的知识型员工进行知识交流、沟通的成本小，会促进同事间的沟通交流，获取大量知识储备，从而提高自身创新能力；在低知识治理下，目标取向的知识型员工进行知识的共享、转移和交换的成本会变高，必然会减少交流，久而久之必然影响其创新能力，降低创新行为。

其次，企业知识治理激励和引导员工知识活动（曹勇、向阳，2014），协调组织间知识的流通，以达到知识的最优化共享、转移和创造（Foss，2003）。在高知识治理环境下，企业鼓励知识交流、创新，因此学习目标取向的知识型员工更会积极进行创新；证明绩效目标取向的知识型员工为了获得上级及同事的积极评价，也容易投身到创新活动中；而回避绩效目标取向的知识型员工由于外部压力，为了减少惩罚，会提高创新行为。另外，高知识治理环境下，能激励员工对知识活动的认知与理解，可以营造一种知识共享、创造的和谐氛围（Lindenberg，2003；曹勇、向阳，2014；朱雪春、陈万明，2014），改变目标取向的知识型员工对知识活动及创新活动的认识，有利于员工对自己的行为做出调整和优化。而在企业知识治理低的环境下，企业员工间的沟通交流会较少，群体氛围较低，对于学习目标取向的知识型员工会减少其学习能力、自我完善的机会，降低创新能力，抑制学习目标取向对创新行为的正向影响；对于证明绩效目标取向的知识型员工，由于缺少积极的人际关系，员工很少获得及时的反馈和积极的评价，因此证明绩效取向的知识型员工表现出创新行为的积极性也会减少；对于回避绩效目标的知识型员工由于缺乏必要的员工互动、人际关系，回避绩效取向的知识型员工的消极行为也不太会被发现或受到质疑（De Dreu，2002）。基于此，提出以下假设：

假设3a：知识治理调节知识型员工学习目标取向与创新行为之间的关系。

假设3b：知识治理调节知识型员工证明绩效目标取向与创新行为之间的关系。

假设3c：知识治理调节知识型员工回避绩效目标取向与创新行为之间的关系。

4.3　研究方法

4.3.1　研究对象

通过对问卷的修订后进行正式取样。因为本研究考察的对象为知识型员工，所以借鉴张振刚等（2014），选取企业内大专及同等学力以上的在职员工作为调查对象。针对企业基础员工，主要在江苏、陕西、北京等地区收集样本，企业涉及金融、制造、IT、财务、汽车、家具、房地产等不同行业，调查在自愿参与的前提下进行，并保证对其保密。发放问卷的方式主要为两种：①电子问卷，主要通过网络，如问卷星等平台在线形式，回收181份；②纸质问卷，对企业员工进行现场调查，163份，共收回344份，通过删除大专以下学历的以及填写不完整的，最终获得有效问卷共318份。如表4-1所示。

表4-1　　　　　　　　　　描述性统计（N=318）

	被试者背景	样本数	百分比	均值	标准差
1. 性别	男	131	41.2		
	女	187	58.8		

续表

	被试者背景	样本数	百分比	均值	标准差
2. 年龄	30 岁以下	274	86.2	1.16	0.50
	30~39 岁	35	11.0		
	41~50 岁	5	1.6		
	51 岁及以上	4	1.3		
3. 工作年限	1 年以下	97	30.5	2.34	1.21
	1~2 年（含 1 年）	95	29.9		
	2~5 年（含 2 年）	72	22.6		
	5~10 年（含 5 年）	34	10.8		
	10 年以上（含 10 年）	20	6.3		
4. 教育程度	大学专科	88	27.7	3.78	0.83
	大学本科	175	55.0		
	硕士及以上	48	15.3		
5. 所在部门	研发设计部门	52	16.7	3.69	1.70
	生产制造部门	36	11.3		
	销售部门	68	21.4		
	财务部门	39	12.3		
	管理部门	65	20.4		
	其他部门	57	18.1		
6. 职位	普通职员	234	73.6	1.30	0.55
	基层管理者	69	21.7		
	中高层管理者	15	4.7		

根据表 4-1 的描述性统计结果显示：①从所调研样本的性别来看，女性明显多于男性，高出了 17.6%，这与本研究调研企业的实际情况有关，金融、咨询等行业特别是行政、财务等从业人员女性明显多于男性，而其他行业从业人员男女比例相差不大，因此在本次调研中女性占有明显优势。②从所调研样本的年龄来看，大多数人都集中在 21~30 岁之间，占总样本的 86.2%，在此次调研中占有绝对优势，这与本次调研主要对象为知识型员工

有关。③从所调研样本的受教育程度来看，本科生和研究生占了大多数，其中本科生占了55.0%，研究生占了15.3%，二者占了总样本的70.3%，说明了现代化企业用人时更看重员工的素质，学历在其中占到了很重要的程度。④从加入本公司的年限来看，绝大多数人都是 5 年以内，占总样本的79.3%，这也与本次调研主要对象为知识型员工有关。⑤从所调研样本在公司内职务来看，大多数为普通职工和基层管理者，二者占总样本的95.3%，因为普通职工和基层管理者是企业创新的主体，因此，本研究在样本的选取上具有一定的针对性。

4.3.2 测量工具

为了保证测量工具的效度和信度，本研究采用已有研究中使用过的具有较高信度的成熟量表，对于国外量表均采用翻译——回译的办法，不断修改和完善，直至形成比较理想且通俗易懂的中文，确保不会因为语言表述问题而影响量表原来的信度和效度。其次，根据相关文献设计了问卷，进行预调研和深度访谈，根据反馈意见，我们对问卷措辞进行了修改，并形成最终问卷。最后根据回收的数据再一次对测量工具进行了信效度检验，以保证研究数据的可靠性，从而保证研究结果的可信性。问卷采用自我报告法，要求被试根据自己的感受和工作的真实情况对目标取向、创新行为、创新自我效能感及知识治理进行选择。

正式施测前进行知识治理量表的预测试。

由上述的研究文献综述可知，国内对知识治理测量的工具多是直接采用国外的组织结构、知识网络等的相关量表和问卷，目前 Srivastava 等（2005）量表国内应用最广。虽然国内曹勇等借鉴外国的相关量表制定了知识治理量表，但起步较晚，问卷还不成熟。因此本研究借鉴曹勇等（2013）、Srivastava 等（2005）、Foss 等（2010）和 Choi 等（2005）的量表修改编制。其中前两个题项借鉴 Srivastava 等（2005）；中间五个题项借鉴 Lawson 等（2009）和 Foss 等（2010）；最后三个借鉴 Choi 等（2005），采用五点量表，从"完全不同意"到"完全同意"记分 1 ~ 5 分，得分越高说明知识治理水平越高。

通过网络在全国范围内发放 100 份问卷，共回收 100 份问卷，有效回收率达 100%，被试的详细情况见表 4 - 2。

表 4 - 2 　　　　　　　　　预试问卷被试情况表（N = 100）

被试者背景		样本数	百分比
1. 性别	男	40	40
	女	60	60
2. 年龄	30 岁以下	85	85
	30 ~ 39 岁	11	11
	41 ~ 50 岁	2	2
	51 岁及以上	2	2
3. 工作年限	1 年以下	39	39
	1 ~ 2 年（含 1 年）	20	20
	2 ~ 5 年（含 2 年）	26	26
	5 ~ 10 年（含 5 年）	8	8
	10 年以上（含 10 年）	7	7
4. 教育程度	大学专科及以下	24	24
	大学本科	54	54
	硕士及以上	22	22
5. 所在部门	研发设计部门	17	17
	生产制造部门	12	12
	销售部门	21	21
	财务部门	12	12
	管理部门	21	21
	其他部门	17	17
6. 职位	普通职员	76	76
	基层管理者	18	18
	中高层管理者	6	6

首先对知识治理的 10 个项目的区分度进行分析。按总分高低进行排列，选取前 27% 的被试作为高分组，后 27% 的被试作为低分组，两组在每一题上

的 T 值即为每题的区分度，各题的区分详见表 4 - 3。结果显示，10 个项目都达到显著性差异标准，进行下一步的探索性因素分析。

表 4 - 3   预试问卷项目区分度（N = 100）

项目	T 值	项目	T 值
d1	10.773 ***	d6	8.174 ***
d2	11.892 ***	d7	8.744 ***
d3	7.287 ***	d8	8.418 ***
d4	7.278 ***	d9	6.899 ***
d5	10.750 ***	d10	6.474 ***

通过 KMO 值和 Bartlett's 球形检验可以看出问卷数据是否适合进行探索性因素分析。从表 4 - 4 中可以看出，预试问卷的 KMO 值达到 0.911，并且 Bartlett's 球形检验结果显著，因此适合探索性因素检验。

表 4 - 4   预试问卷 KMO 值和 Bartlett's 球形检验结果（N = 100）

取样足够度的 Kaiser - Meyer - Olkin 度量		0.911
Bartlett 的球形度检验	近似卡方	1131.548
	df	45
	Sig.	0.000

用主成分法提取因素，并采用正交旋转中的最大方差法进行因素旋转，发现题目均未出现双重负荷的情况，最终得到 10 道题目进行研究。具体见表 4 - 5。

表 4 - 5   旋转成分矩阵

题项	成分
	1
1. 我们公司组织结构有利于传达和接收信息	0.739
2. 我们公司的政策体系鼓励知识交流和共享	0.730

续表

题项	成分
	1
3. 我们公司建有知识共享平台，职工可利用电子邮件、电子公告栏、电子会议交流信息	0.759
4. 我们可以通过公司内部网络来共享各部门的信息	0.781
5. 我们共享自己的知识会获得更多奖励（比如：积分、领导的奖励、更好的工作安排等）	0.777
6. 我们的领导经常创造机会让我们沟通交流	0.755
7. 我们公司具有良好的知识共享氛围	0.827
8. 我们公司有完善的知识产权保护体系	0.799
9. 我们公司与合作者有共享的知识产权或技术	0.825
10. 我们公司的部分专利或知识产权是建立在与合作者之间相互信任的基础上的	0.800

经上一步的探索性因素分析，知识治理量表具有 10 个题项，为了进一步验证知识治理量表结构的有效性，使用 Amos21.0 对量表的结构进行验证性因素分析，结果如表 4 -6 所示：

表 4 -6　　　　　　　　　验证性因子分析

df	χ^2/df	RMSEA	CFI	IFI	NFI
35	2.260	0.098	0.846	0.848	0.832

从表 4 -6 的验证性分析结果表明：χ^2/df 为 2.260，小于 5，表示模型的拟合度比较好；残差均方根（RMSEA）为 0.098，小于 0.1，说明量表的拟合度可以接受；CFI 为 0.846、IFI 为 0.848、NFI 为 0.832，均达到可接受范围，因此该量表比较理想。

正式施测量表如下：

（1）目标取向。目标取向反映的是个体在特定情境下对成就追求的目标偏好，本研究将其分为三个维度进行研究，分别为学习目标取向、证明绩效目标取向和回避绩效目标取向。量表采用 Walle（1997）五点量表，13 个条目。具体见表4-7。

表4-7 目标取向量表

构念	量表题项
学习目标取向	我愿意选择有更多学习机会的挑战性任务
	我经常寻找机会来发展新的技能和知识
	工作中我喜欢能够学到新技能的有挑战性和难度的任务
	对于我而言，发展工作能力是重要的，愿为此承担风险
	我更喜欢需要高水平的能力和才华的工作
证明绩效目标取向	我喜欢在工作中表现的比其他同事好
	我设法弄清在工作中如何才能证明我的能力
	当同事知道我在工作中有多么出色时，我很开心
	我更加喜欢从事一些可以向其他人证明我能力的工作
回避绩效目标取向	我会尽量回避可能使我显得能力不足的新任务
	对我而言，避免展示能力不足比学习新技能更加重要
	我担心在工作任务中会暴露出我能力不足的一面
	在工作中我尽量回避可能使我表现不好的情形

（2）创新行为。本研究采用 Scott 和 Bruce（1994）的创新行为量表，本研究结合实际情况，在此基础上进行了修改，改用自评的方式，共6个项目。具体见表4-8。

表4-8 创新行为量表

构念	量表题项
创新行为	在工作中，我会主动寻求应用新技术、新程序或新方法
	我经常会产生一些有意义的点子和创新性的想法
	我会向别人沟通和推销自己的新想法
	为了实现自己的新构想或创意，我会想办法争取所需要的资源
	我会积极地为落实创新性构想制定适当的计划和规划
	整体而言，我是一个有创新和创造性的人

（3）创新自我效能感。本文所使用的测量项目来源于 Tiemey 和 Famrer（2011），共 4 个条目，五点量表。详见表 4 - 9。

表 4 - 9　　　　　　　　　　创新自我效能感量表

构念	量表题项
创新自我效能感	我通常善于提出一些新颖的观点
	我对自己创造性解决问题的能力充满自信
	我可以在他人观点的基础上做进一步地扩展
	我总是善于找到创造性地解决问题的方法

（4）知识治理。本研究所使用的测量项目来源于 Srivastava 等（2005）、Foss 等（2010）和 Choi 等（2005）的量表修改编制，共 10 个条目，五点量表。通过预测试，具有很好的信效度，详见表 4 - 10。

表 4 - 10　　　　　　　　　　知识治理量表

构念	量表题项
知识治理	我们公司的组织结构有利于传达和接收信息
	我们公司的政策体系鼓励知识交流和共享
	我们公司建有知识共享平台，职工可利用电子邮件、电子公告栏、电子会议交流信息
	我们可以通过公司内部网络来共享各部门的信息
	我们共享自己的知识会获得更多奖励（比如：积分、领导的奖励、更好的工作安排等）
	我们的领导经常创造机会让我们沟通交流
	我们公司具有良好的知识共享氛围
	我们公司有完善的知识产权保护体系
	我们公司与合作者有共享的知识产权或技术
	我们公司的部分专利或知识产权是建立在与合作者之间相互信任的基础上的

（5）控制变量。为了使研究更加严谨，因此需要控制一些影响因素，本研究对象为知识型员工，因此需要控制被试者的背景变量以及行业情况。其中调查对象的背景变量主要包括调查对象的性别、年龄、工作年限、学历、职位；行业情况，选择多为金融业、IT业以及医药等行业。

4.4　数据分析与结果

4.4.1　同源方差检验

由于问卷调查时因变量和自变量均由一人填写，可能存在共同方法偏差（common method variance，CMV）。为了检验自变量与因变量之间的共变在多大程度是由共同方法偏差引起的，本研究根据 Podsakoff 等人的建议，对所涉及的变量做了验证性因子分析（CFA），建立了两个比较模型：一是单因素模型，即将所有条目都载荷在一个公共因子上；二是四因素模型，即各个条目除了载荷在各自的对应变量上，还载荷在一个公共因子上。采用 Amos 21.0 软件分别对两个比较模型进行验证性因子分析，其结果见表 4 – 11。四因素模型的各项拟合指标都比较好；而单因素模型的各项指标都非常差，如 RMSEA 为 0.073、0.070、0.073，低于 0.08；CFI 为 0.892、0.903、0.896，IFI 为 0.893、0.904、0.897，接近 0.90。因此可以认为量表具有很好的区分效度，且受到共同方法误差的影响较小。

表 4 –11　　　　　　　　　　　　验证性因子分析结果

模型	df	χ^2/df	RMSEA	CFI	IFI
四因子模型 1	263	2.624	0.073	0.892	0.893
四因子模型 2	246	2.468	0.070	0.903	0.904
四因子模型 3	246	2.625	0.073	0.896	0.897
三因子模型	492	4.408	0.106	0.649	0.651

续表

模型	df	χ^2/df	RMSEA	CFI	IFI
二因子模型	494	5.866	0.127	0.496	0.500
单因子模型	495	7.044	0.142	0.373	0.377

注：四因子模型1：学习目标取向、创新行为、创新自我效能感、知识治理；
四因子模型2：证明绩效目标取向、创新行为、创新自我效能感、知识治理；
四因子模型3：回避绩效目标取向、创新行为、创新自我效能感、知识治理；
三因子模型：目标取向、创新行为、创新自我效能感 + 知识治理；
二因子模型：目标取向、创新行为 + 创新自我效能感 + 知识治理；
单因子模型：目标取向 + 创新行为 + 创新自我效能感 + 知识治理。

4.4.2　量表的信度检验

信度指的是测量结果的稳定性或稳定的程度，信度分析的结果反映了量表的一致性。本研究采用 Cronbach α 系数评价结果的一致性程度，该系数越大，证明量表的稳定性越好。Devellis 等在前人研究的基础上提出，量表的信度系数在 0.6 以上是可以接受的，0.7 ~ 0.8 之间比较好，0.8 以上则非常好。分析结果显示，员工目标取向的三个维度，学习目标取向、证明绩效目标取向、回避绩效目标取向的信度值分别为 0.859、0.788 和 0.817，创新自我效能感的信度值为 0.841，知识治理的信度值为 0.932，创新行为的信度值为 0.863。以上结果显示各变量信度值均大于 0.7，说明了本量表数据的信度良好。信度分析的具体结果见表 4 – 12。

表 4 – 12　　　　　　　　信度分析结果（N = 302）

变量	题项数量	Cronbach'α 信度系数	
学习目标取向	5	0.859	
证明绩效目标取向	4	0.788	
回避绩效目标取向	2	0.817	0.790
创新自我效能感	4	0.841	
知识治理	12	0.932	
创新行为	5	0.863	

本研究首先采用SPSS21.0对目标取向、创新行为、创新自我效能感及知识治理等4个变量进行信度分析的结果表明，各变量的 Cronbach'α 都大于0.7，说明调查问卷具有较好的信度。信度分析的具体结果见表4-12。

4.4.3 变量描述性统计分析

针对变量的描述性统计分析，本研究主要采用了包括均值和标准差等方法对数据的集中性和离散性进行统计说明。本研究对员工目标取向、创新绩效、组织信任和企业经营环境四个变量分别进行描述性统计分析。分析结果如表4-13所示。

表4-13　　　　　　　　　　变量描述性统计分析结果

变量	样本数	最小值	最大值	均值	标准差
学习目标取向	311	1.8	5.0	4.01	0.69
证明绩效目标取向	311	1.5	5.0	3.75	0.71
回避绩效目标取向	311	1.0	5.0	3.20	0.92
创新行为	311	2.0	5.0	3.70	0.71
创新自我效能感	311	1.0	5.0	3.46	0.86
知识治理	311	1.2	5.0	3.63	0.78

如表4-13所示，针对员工目标取向这个变量，学习目标取向、证明绩效目标取向和回避绩效目标取向三个维度的平均值分别为4.01、3.75、3.20，逐渐偏小，结果表明学习目标取向在所调研样本里占主导，而证明绩效目标取向、回避绩效目标取向也大于3，所以也不容忽视。针对创新行为这个变量，该变量平均得分超过了中等水平，达到了3.70，说明此次调研样本的创新行为比较高。创新自我效能感的平均得分为3.46，也超过了中等水平，说明本次调研的创新自我效能感水平比较好。知识治理平均得分为3.63，则说明了本次调研的企业知识治理情况都较为良好。通过对比分析可以发现各变量的最小值和最大值均有较大差异，这表明了此次调研样本的离散性比较好，基本上可以代表当前大多数企业和员工的情况。各变量的标准差均在0.69~0.92之间，标准差比较大，也说明了这一点。

4.4.4 相关性分析

各变量的 Pearson 相关系数如表 4 – 14 所示。从表 4 – 14 可以看出，学习目标取向、证明绩效目标取向与创新行为显著正相关，但回避绩效目标取向与创新行为相关不显著。

表 4 – 14 变量间的相关性分析

变量	1	2	3	4	5	6
1. 学习目标取向	1.000					
2. 证明绩效目标取向	0.563 **	1.000				
3. 回避绩效目标取向	– 0.117 *	0.179 **	1.000			
4. 创新行为	0.188 **	0.176 **	– 0.038	1.000		
5. 创新自我效能感	0.221 **	0.195 **	0.033	0.665 **	1.000	
6. 知识治理	0.276 **	0.164 **	0.032	0.153 **	0.213 **	1.000

注：** $p < 0.01$，* $p < 0.05$。

综上，在对量表进行信度和效度分析之后，利用 SPSS 21.0 对学习目标取向、证明绩效目标取向、回避绩效目标取向、创新行为、创新自我效能感和知识治理这六个变量进行了描述性统计分析与相关分析。其中描述性统计分析涉及变量的均值和标准差，以此来分析数据的离散和集中程度。相关分析是进行回归分析的前提，Pearson 系数是较为常用的相关分析系数 r，Pearson 系数反映了两定距型变量间线性相关程度的强弱。相关系数 r 在 – 1 到 1 之间，$r = 0$ 即表示变量间不存在线性相关关系；$r < 0$ 即表示变量间存在负的线性相关关系；$r > 0$ 即表示变量间存在正的线性相关关系。一般来说，当 $|r| > 0.8$ 时，变量间的线性关系较强；当 $|r| < 0.3$ 时，变量间的线性关系较弱。表 4 – 14 显示，自变量学习目标取向、证明绩效目标取向，因变量创新行为，调节变量创新自我效能感和知识治理之间均在 0.01 水平上显著相关。但是回避绩效目标取向与因变量创新行为，调节变量创新自我效能感和知识治理之间不显著相关，需要进一步分析。

4.4.5　创新行为对知识型员工目标取向的回归分析

表 4 – 15 显示了学习目标取向、证明绩效目标取向和回避绩效目标取向与员工创新行为的回归分析结果。模型 1 中学习目标取向的 R^2 值为 0.029，表示在本研究中控制变量可以解释员工创新行为的 2.9%，调整后的值为 0.009；证明进行目标取向 R^2 值为 0.029，表示在本研究中控制变量可以解释员工创新行为的 2.9%，调整后的值为 0.009；回避绩效目标取向 R^2 值为 0.029，表示在本研究中控制变量可以解释员工创新行为的 2.9%，调整后的值为 0.009；在模型 1 中学习目标取向 $F = 1.475$，未达到 0.05 水平的显著。控制变量中职位对员工创新行为有显著的正向影响，其标准回归系数 β 为 0.123，达到 0.05 水平的显著，表明职位越高表现出创新行为水平越高。

表 4 – 15　　　　　　　　　创新行为对目标取向的层级回归分析

变量		模型 1		模型 2	
		B	β	B	β
控制变量	常量	3.798		3.090	
	性别	− 0.125	− 0.092	− 0.117	− 0.086
	年龄	0.055	0.041	0.054	0.041
	工作年限	− 0.055	− 0.100	− 0.047	− 0.086
	教育程度	0.009	0.011	0.000	− 0.001
	所在部门	− 0.007	− 0.017	0.000	− 0.001
	职位	0.150	0.125 *	0.147	0.123 *
主效应	学习目标取向			0.173	0.180 **
	证明绩效目标取向			0.159	0.169 **
	回避绩效目标取向			− 0.023	− 0.030
R^2		0.029		0.061	
		0.029		0.058	
		0.029		0.030	
ΔR^2		0.009		0.038	
		0.009		0.035	
		0.009		0.007	

续表

变量	模型 1		模型 2	
	B	β	B	β
F	1.475		2.718 **	
	1.475		2.571 *	
	1.475		1.300	

注: * $p < 0.05$, ** $p < 0.01$, *** $p < 0.001$。

模型 2 中引入了学习目标取向变量时，判定系数 R^2 提高了 3.2%，达到 0.061，调整后的 R^2 值为 0.038；在模型 2 中 F 值为 2.718，达到了 0.01 水平的显著，验证了学习目标取向（$β = 0.180$，$p < 0.01$）对创新行为有显著的正向影响作用，知识型员工学习目标取向越明显，其创新行为水平就越高。假设 1a 得到了验证。

模型 2 中引入证明绩效目标取向时，判定系数 R^2 提高了 2.9%，达到 0.058，调整后的 R^2 值为 0.035；在模型 2 中 F 值为 2.571，达到了 0.05 水平的显著，验证了学习目标取向（$β = 0.169$，$p < 0.01$）对创新行为有显著的正向影响作用，知识型员工证明绩效目标取向越明显，其创新行为水平就越高。假设 1b 得到了验证。

模型 2 引入回避绩效目标取向变量时，判定系数 R^2 提高了 1%，达到 0.030，调整后的 R^2 值为 0.007；在模型 2 中 F 值为 1.300，未达到 0.05 水平的显著，虽然回避绩效目标取向对创新行为有负向影响（$β = -0.030$），但对创新行为负向影响不显著（$p > 0.05$），因此假设 1c 未得到了验证。

4.4.6　创新自我效能感的调节作用分析

在本研究中，自变量是连续变量，而调节变量是连续变量，因此，采用层次回归的方法来检验创新自我效能感、知识治理在目标取向三个维度与创新行为中的调节效应。使用 SPSS 21.0 进行分层回归分析。进行统计分析时，通过三步将各个变量进入回归方程：第一步将人口学变量以及开放性作为控制变量进入回归方程；第二步使自变量和调节变量进入回归方程；第三步将自变量和调节变量的交互效应项进入回归方程，以考察其调节效应。为避免可能存在的共线性问题，需要对相关变量进行中心化处理（郑建君、金盛华、马国义，2009）。最后，通过观察乘积项的显著性，或者 ΔR^2 的显著性来判断调节变量的调节作用。表 4 – 16 为创新自我效能感对学习目标取向与创新行为关系的调节作用，表 4 – 17 为创新自我效能感对证明绩效目标取向与创新行为关系的调节作用。

表 4 – 16   创新自我效能感对学习目标取向与创新行为关系的调节作用

变量		模型 1	模型 2	模型 3
控制变量	性别	− 0.092	− 0.086	− 0.017
	年龄	0.041	0.041	− 0.021
	工作年限	− 0.100	− 0.086	0.044
	教育程度	0.011	− 0.001	0.015
	所在部门	− 0.017	− 0.001	− 0.035
	职位	0.125 *	0.123	0.038
主效应	自变量：学习目标取向		0.180 **	− 0.367
	调节变量：创新自我效能感		0.657 ***	0.392
交互效应	学习目标取向 × 创新自我效能感			0.847 *
R²		0.029	0.061	0.453
ΔR²		0.009	0.038	0.463
F		1.475	2.718 **	26.843 ***

注：$^+ p < 0.10$，$* p < 0.05$，$** p < 0.01$，$*** p < 0.001$。

表 4 – 17   创新自我效能感对证明绩效目标取向与创新行为关系的调节作用

变量		模型 1	模型 2	模型 3
控制变量	性别	− 0.092	− 0.081	− 0.014
	年龄	0.041	0.044	− 0.022
	工作年限	− 0.100	− 0.094	0.044

续表

变量		模型 1	模型 2	模型 3
控制变量	教育程度	0.011	0.010	0.018
	所在部门	-0.017	-0.015	-0.034
	职位	0.125 *	0.125	0.034
主效应	自变量：证明绩效目标取向		0.169 **	-0.280
	调节变量：创新自我效能感		0.657 ***	0.191
交互效应	证明绩效目标取向 × 创新自我效能感			0.626 *
	R²	0.029	0.058	0.459
	ΔR²	0.009	0.035	0.442
	F	1.475	2.571 *	27.540 ***

注：$*p<0.05$，$**p<0.01$，$***p<0.001$。

由表 4-16 数据可以看出，学习目标取向和创新自我效能感对创新行为都有显著正向影响，学习目标取向与创新自我效能感的交互作用进入方程后，交互作用显著，前后两步学习目标取向对创新行为的影响系数发生了显著的变化（由 0.180 变为 -0.367，且交互项 $\beta =0.847$，$p<0.5$），这说明创新自我效能感的引入影响学习目标取向对创新行为的正向影响作用，回归结果验证了假设 H3a。为了进一步分析创新自我效能感的调节作用，画出创新自我效能感的调节效应图（见图 4-1）。

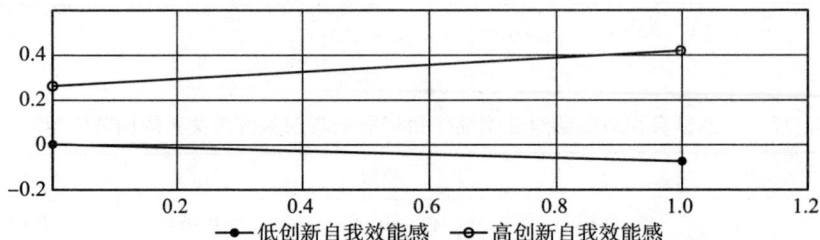

图 4-1　创新自我效能感对学习目标取向和创新行为关系的调节作用

由图 4 - 1 表明：相对于低创新自我效能感，高创新自我效能感对学习目标取向与创新行为关系的影响更强，即高创新自我效能感下，学习目标取向对创新行为的影响更大。也进一步验证了假设 H2a。

由表 4 - 17 数据可以看出，证明绩效目标取向与创新自我效能感的交互作用进入方程后，交互作用显著（由 0.169 变为 - 0.280，且交互项 $\beta = 0.626$，$p < 0.5$），这充分说明创新自我效能感的引入增强了证明绩效目标取向对创新行为的正向影响作用。回归结果验证了假设 H2b。上面的分析显示，创新自我效能感是一种重要的影响员工证明绩效目标取向发挥效能的组织内部因素，但是创新自我效能感的这种调节作用到底有多大程度？在员工创新自我效能感程度不同的情况下，证明绩效目标取向对创新行为的影响存在何种差异？为了能够更具体的验证这种调节作用，绘制调节效应图，结果见图 4 - 2。

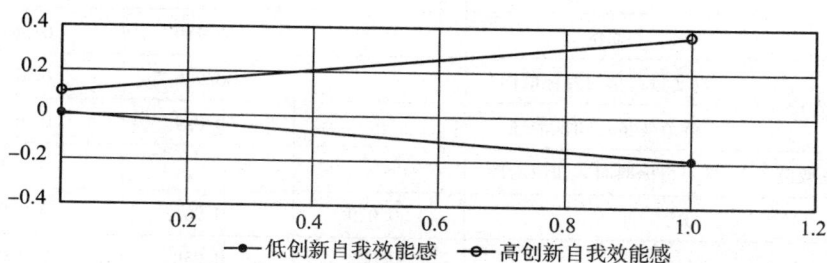

图 4 - 2 创新自我效能感对证明绩效目标取向和创新行为关系的调节作用

从图 4 - 2 中可以看到，在创新自我效能感程度不同的情况下，证明绩效目标取向与创新行为的回归方程有着显著的差异，创新自我效能感程度较低时知识型员工证明绩效目标取向对创新行为影响呈负向影响，创新自我效能感程度较高时，知识型员工证明绩效目标取向对创新行为影响更大。进一步验证了假设 H2b。

4.4.7 知识治理调节作用分析

由表 4 - 18 可以看出，学习目标取向与知识治理的交互作用进入方程后，交互作用显著（由 -0.086 变为 0.436，且交互项 β = 0.091，p < 0.5），这充分说明知识治理的引入削弱了学习目标取向对创新行为的负向影响作用。回归结果验证了假设 H3a。为了进一步分析知识治理的调节作用，画出知识治理的调节效应图（见图 4 -3）。

表 4 -18　　　　知识治理对学习目标取向与创新行为关系的调节作用

变量		模型 1	模型 2	模型 3
控制变量		-0.092	-0.086	-0.091
	性别	0.041	0.041	0.035
	年龄	-0.100	-0.086	-0.095
	工作年限	0.011	-0.001	-0.016
	教育程度	-0.017	-0.001	-0.010
	所在部门	0.125	0.123	0.130
	职位	-0.092 *	0.180 *	0.362 *
主效应	自变量：学习目标取向		0.086 **	0.436
	调节变量：知识治理		0.089 *	0.425
交互效应	学习目标取向 × 知识治理			-0.091 *
R²		0.029	0.061	0.079
ΔR²		0.009	0.038	0.050
F		1.475	2.718 **	2.765 **

注：* p < 0.05，** p < 0.01，*** p < 0.001。

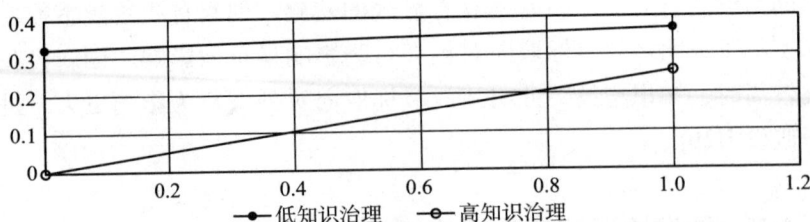

图 4 -3　　知识治理对学习目标取向和创新行为关系的调节作用

从图 4 -3 中可以看到，在知识治理程度不同的情况下，学习目标取向与创新行为的回归方程有着显著的差异，相较于高知识治理，低知识治理下学习目标取向对创新行为的影响更大，也进一步验证了假设 H2b。

由表 4 - 19 数据可以看出，证明绩效目标取向与知识治理的交互作用进入方程后，交互作用显著（由 - 0.081 变为 0.401，且交互项 β = 0.090，p < 0.5），这充分说明知识治理的引入削弱了证明绩效目标取向对创新行为的负向影响作用。回归结果验证了假设 H3b。为了进一步分析知识治理的调节作用，画出知识治理的调节效应图（见图 4 - 4）。

表 4 - 19　　知识治理对证明绩效目标取向与创新行为关系的调节作用

变量		模型 1	模型 2	模型 3
		- 0.092	- 0.081	- 0.090
控制变量	性别	0.041	0.044	0.037
	年龄	- 0.100	- 0.094	- 0.107
	工作年限	0.011	0.010	- 0.017
	教育程度	- 0.017	- 0.015	- 0.021
	所在部门	0.125	0.125	0.138
	职位	- 0.092 *	0.169 *	0.345 *
主效应	自变量：证明绩效目标取向		0.081 **	0.401
	调节变量：知识治理		0.084 ***	0.350
交互效应	证明绩效目标取向 × 知识治理			- 0.090 *
	R^2	0.029	0.058	0.080
	ΔR^2	0.009	0.035	0.052
	F	1.475	2.571 *	2.820 **

注：* $p < 0.05$，** $p < 0.01$，*** $p < 0.001$。

从图 4 - 4 中可以看到，在知识治理程度不同的情况下，证明绩效目标取向与创新行为的回归方程有着显著的差异，相较于高知识治理，低知识治理下证明绩效目标取向对创新行为的影响更大，也进一步验证了假设 H3b。

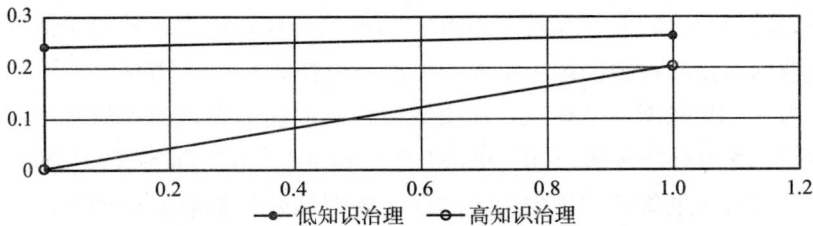

图 4 - 4　知识治理对证明绩效目标取向和创新行为关系的调节作用

4.5　讨论与管理启示

本研究在对以往相关研究成果进行回顾和小结的基础上，对知识型员工目标取向三维度与创新行为关系以及创新自我效能感与知识治理对两者关系影响的作用机制进行了研究。

4.5.1　知识型员工目标取向对创新行为的影响

在研究目标取向对员工创新行为的主效应中，本研究采用 Vande Walle (1997) 提出的目标取向模式，即学习目标取向、证明绩效目标取向和回避绩效目标取向三个维度，分别对员工创新行为的影响进行研究。通过研究发现，学习目标取向对创新行为产生积极影响，证明绩效目标取向对员工创新行为产生积极影响，其中回避绩效目标取向对员工创新行为的影响并不显著。这是由于首先知识型员工关注自身价值的实现，注重企业和社会的认可，持有学习目标取向的知识型员工，在工作或者任务中，注重知识的获取和能力的提高，为了学到更多的知识，使自己的能力变得更强，学习目标取向的个体更喜欢从事具有挑战性的复杂工作，他们或通过各种方式，运用各种资源，尽一切努力来解决工作中所遇到的挫折和困难。在解决问题的过程中，他们会不断地尝试，在尝试过程中会不断地创新，因此他们比其他人拥有更强的创新意愿，表现出更多的创新行为。证明绩效目标取向它是一种有价值而又具有脆弱性的目标取向模式，专注于展示能力，注重领导及同事的看法，希望在领导和同事面前有较好的工作表现，因此知识型员工的证明绩效目标取向为了获得领导、同事的积极评价，会激发证明绩效目标取向的知识型员工进行创新行为的内部动机。对于回避绩效目标取向，关注是否避免犯错和消极评价，因此回避绩效目标取向型知识型员工偏向依靠以往习惯为学习和发展提供机会，对创新行为的产生受其他因素影响，因此可能对创新行为存在消极影响但不显著。

已有研究发现团队目标取向影响员工创新行为（Gong et al., 2013），通过个体目标取向对员工创新行为的影响，由个体形成的团队目标取向也将影响员工及团队创新行为，所以后续可以考虑将个体层面转向组织层面研究目标取向与创新行为的关系。

4.5.2　创新自我效能感调节作用

在创新自我效能感的调节作用中，发现创新自我效能感正向调节知识型员工学习目标取向与创新行为之间的关系，创新自我效能感正向调节知识型员工证明绩效目标取向与创新行为之间的关系。这是由于创新自我效能感是员工创新活动中表现出的一种特殊自我效能感，是对自己创新实现的信念表现，可以影响行为选择、动机性努力、认知过程以及情感过程四个方面。员工具有越高的创新自我效能感，更加有创新的信心，减少了如证明进行目标取向的个体害怕挑战，尝试创新的危机感。因此，知识型员工创新自我效能感越高，员工承担风险的意愿就越强，从而会大大提高员工创新的意愿，提高创新行为。

4.5.3　知识治理调节作用

在研究知识治理调节效应中，研究发现知识治理调节目标取向与创新行为存在的关系。知识治理是非控制的，以鼓励、引导员工进行知识活动及超越知识管理的有效治理方式；选择适当的治理机制会协调各知识交流的各参与主体的"动机"和"认知"，以促进知识流动，并实现知识价值（王健友，2007）。但实际企业中让员工感知到的知识治理更具有一种强制性、官僚性，因此知识治理削弱了学习目标取向及证明绩效目标取向对创新行为的积极作

用。在实际研究中发现高知识治理下，员工的压迫性越高，低知识治理下越
有利于目标取向对创新行为的影响。知识治理的调节作用强调的是企业环境
因素，所以我们后续可以细化研究正式知识治理与非正式治理对目标取向与
创新行为的调节作用。

4.5.4 控制变量的影响

创新行为会受控制变量——员工性别、年龄、工作年限、教育程度、所
在部门及职位的影响。通过上面的实证分析发现，性别对创新行为具有影响
虽然不显著，但还是表明女性没有男性员工的创新行为多。这可能是因为女
性相对追求稳定，关注家庭，而男性更注重事业，敢于挑战。从年龄上发现
年龄大的比年龄小的具有创新行为。本研究主要年龄为 30 多岁，这可能是到
了 30 多岁，其具备的知识储备为其创新奠定了基础。另外，教育程度越高，
创新行为越多。这可能是首先知识储备多，此外是教育程度高相对追求多导
致的。除了以上不显著的影响，职位对员工创新行为影响较为显著。其中职
位越高，创新行为越高。这可能是由于职位越高，其具有的权力越多，风险
较小；其次职位越高越注重高能力发展，创新有利于公司的发展、个人的展
示等。而普通员工关注的是自己职位上的工作，没有太多的精力和实践创新，
而且普通员工给予的创新机会较少，风险较大，因此很难进行创新行为。控
制变量产生影响的具体原因，还需要在今后的研究中进一步检验。

概括而言，本研究具有的理论贡献表现在：首先，本研究揭示了知识型
员工目标取向对创新行为的影响，有利于目标取向理论的应用。目标取向最
初是源自教育心理学领域（Dweck，1986，1988），近几年逐渐受到组织领域
研究者的重视。对知识型员工的目标取向与创新行为的研究还不是很多，如
张文勤、孙锐（2014）研究了知识型员工目标取向对知识活动的影响，本研
究选取知识型员工为对象，通过实证分析再次验证了知识型员工的学习型目
标取向和证明绩效目标取向这两种类型的目标取向对创新行为有显著正向影
响，为以后研究提供了实证支持。

其次，本研究揭示了创新自我效能感对目标取向与创新行为关系的调节
作用，通过实证分析发现创新自我效能感调节学习目标取向和证明绩效目标

取向两种类型目标取向与创新行为的关系，而现有对于边界条件的研究多从创新氛围、团队反思、官僚主义管理等（张文勤等，2010；张文勤、孙锐，2014；Hirst et al.，2011）企业环境进行研究，忽视了员工个体因素研究对目标取向与创新行为关系的影响作用，因此本研究从创新自我效能感这一个体因素角度分析丰富目标取向与创新行为关系的边界研究。

另外，本研究是以知识型员工为对象，这不仅拓展了目标取向的影响机制的研究范围，同时针对知识型员工选取组织环境因素——知识治理，使目标取向对创新行为影响的实证研究更加具有针对性。通过实证分析发现知识治理对学习目标取向和证明绩效目标取向这两种目标取向类型与创新行为的关系有调节作用，为以后研究提供了基础，丰富了目标取向与创新行为关系的边界研究。

4.5.5 管理启示

本研究对企业提高员工创新具有一定的指导意义。首先，本章研究证实了知识型员工的学习目标取向和证明绩效目标取向对创新行为有正向显著影响，回避绩效目标取向对创新行为有负向影响但不显著。这可以让企业针对不同类型的员工采取不同的措施以提高员工的创新行为，例如企业在人员招聘和甄选的过程中，应选择适合自己企业及岗位的员工，以促进企业的创新，带动企业绩效。另外，通过创新自我效能感调节作用研究，发现创新自我效能感有利于知识型员工的学习目标取向、证明绩效目标取向对创新行为的积极影响，揭示员工个体层面因素对目标取向与其创新行为关系的影响作用，让企业可以考虑从创新自我效能感视角出发，通过提高知识型员工的创新自我效能感，提高创新活动中的自信，从而促进目标取向进行创新行为。此外，本研究通过对知识治理的调节作用的实证研究发现，目前企业知识治理更偏向于正式知识治理，不利于目标取向对创新行为的积极影响，因此提高企业非正式知识治理，促进员工对企业知识治理的感知认识，营造知识分享的氛围，提高创新行为，为企业提高企业创新，增加企业核心竞争力提供了另一途径。同时，本章的研究结果可以为企业进行创新型人才的选拔，营造良好的组织环境提出建议，从而帮助企业提高创新，具有重要的实际意义。

4.6 研究局限及未来研究展望

4.6.1 研究局限

由于研究所遇到的限制，每项科学研究都会有它的不足。虽然在研究过程中，本章的研究者保持了严谨求实的作风，但是由于精力和时间限制以及存在的一些不确定因素，使得本章的研究过程和研究成果存在着一定的限制，归纳起来主要包括以下两个方面：

第一，样本的局限性。本章的研究对象是知识型员工，但由于受研究时间、资金以及被试特殊性的限制，本研究所采用的样本量偏小，特别是行业层面的样本量，仅基本符合问卷调查的要求，这使得本研究在外部效度上存在一定的问题，特别在对行业层面的影响因素研究方面，本研究结果也存在一些不足。

第二，研究方法的局限性。知识治理、创新自我效能感这些因素，需要一定的实践才能较好的发挥作用，应该采用动态方法分析才更加准确，而本研究主要对横截面数据进行分析，尽管研究的结论在一定程度上能够反映问题，但也可能存一些不足。

第三，理论模型的局限性。本章研究的是知识型员工目标取向对创新行为的影响，创新自我效能感及知识治理的调节作用，而实际上目标取向、创新行为等都较为复杂，例如知识治理其可以细分为正式知识治理与非正式知识治理，其对个体因素与创新行为的关系间的影响存在差异，因此后续模型可以继续细化分析。

4.6.2 对未来研究的展望

有关目标取向和创新行为的研究已很丰富，但是，随着经济不断向前发展，对目标取向与创新行为的研究需要更细致。在总结本研究与以往研究不足的基础上，本章提出对未来研究的展望如下：

（1）模型构想虽然考虑了情景因素的影响，但知识治理仍是一个比较大的情景，需要继续细化研究，今后可以将知识治理细化为正式知识治理与非正式知识治理进行研究，使研究更完善。

（2）今后相关的研究应该向纵向的动态的方法发展，以更全面的揭示出目标取向对创新行为的影响机制。纵向研究的方法较之横截面数据的研究更为合理，有助于对问题的深入剖析。

（3）本研究采用员工自评方式对员工创新行为的测量，可能会产生社会愿望偏差，未来研究可采用不同来源的评比方式，包含主管、同事与员工自评，此方法可解决单一来源可能造成的偏差。

4.7 小　结

本研究在前人研究目标取向的基础上，选取知识型员工，将目标取向细分为学习目标取向、证明绩效目标取向、回避绩效目标取向，首先差异化研究目标取向不同维度对创新行为的影响，其次研究创新自我效能感以及知识治理对知识型员工目标取向与创新行为关系的调节作用。其中，学习目标取向指的是个体在工作或学习中对竞争力发展的偏好；证明绩效目标取向是个体在工作或学习中获得领导、同事的积极评价的偏好；回避绩效目标取向是个体在工作或学习中避免消极评价的偏好；员工创新行为是员工在工作过程中，产生创新构想、解决问题的方案，并为之努力将其付诸行动的行为；创新自我效能感主要指个体对获取创新成果的信念，还包括对工作过程中采取创造性方法的信念；知识治理是指知识过程，即选择合适的治理机制对知识管理过程进行治理，以最优化组织的知识活动，最大化知识的组织活动效益。

具体研究结果发现如下：首先，验证了知识型员工的学习目标取向与创新行为显著正相关；知识型员工的证明绩效目标取向与创新行为显著正相关；但知识型员工的回避绩效目标取向与创新行为无显著负相关。其次，验证了创新自我效能感调节知识型员工的学习目标取向与创新行为之间的关系，同时也调节了知识型员工的证明绩效目标取向与创新行为之间的关系。其中，创新自我效能感越高，其调节作用越显著。另外，验证了知识治理调节知识型员工的学习目标取向与创新行为之间的关系，调节知识型员工的证明绩效目标取向与创新行为之间的关系，其中高知识治理会削弱学习目标取向及证明绩效目标取向与创新行为的关系。

本研究的创新点表现在：①从个体层面揭示了知识型员工目标取向对员工创新行为影响的边界机制，国内研究虽然从创新氛围探讨了其对目标取向与创新行为关系的调节作用，但本研究以知识型员工为对象，首次尝试从个体层面揭示创新自我效能感对目标取向与员工创新行为关系的影响。②从组织层面丰富知识型员工目标取向对创新行为影响的边界机制研究。目前对目标取向与员工创新研究存在很多分歧，国内研究虽然从创新氛围探讨了其对目标取向与创新行为关系的调节作用，但未从知识治理这一公司治理方式进行研究。知识治理作为一种公司知识管理的一种方式，不断被企业重视，研究其对目标取向与创新行为关系的调节作用，可以更清晰地为企业提高员工创新行为提供建议。

5 高科技企业变革型领导对员工创新行为的影响机制研究

随着以高科技为主导的经济时代的到来，高科技企业的创新受到国家的重视，已经成为我国建设创新型国家的核心力量。但是我国高科技企业创新能力低，科技成果转化低，所以提高高科技企业创新能力已经迫在眉睫。而企业创新的主体是员工，因此影响员工创新行为的因素就成为学者们研究的焦点。在促进员工创新行为的因素中，领导风格对员工创新有着直接影响。本研究将在高科技企业的大背景下，研究变革型领导对员工创新行为的影响机制。

5.1 引　　言

高科技企业是指利用高新技术生产高科技产品、提供高新技术劳务的企业，高科技企业的发展已经成为提高国家科技竞争力的重要力量。但是我国的高科技企业创新的水平还比较低，产品科技转化率也比较低，这严重阻碍了我国建设创新型国家的进度，所以我国迫切地要提高高科技企业自主创新能力，使我国的高科技企业在日益激烈的国际竞争中更具有竞争力。

企业的创新和员工的创新密不可分，员工是企业创新活动的主体，是企业创新活动的执行者。随着我国经济的高速发展和全球竞争的日益激烈，员工创新能力已经成为企业在日渐激烈的市场竞争中制胜的法宝。企业不仅要求员工达到最基本的工作要求，还要通过激励员工的创新行为使其在完成基本工作的基础上，提高创新能力，从而为企业带来创新绩效。员工行为的创新是企业创新的基础和源泉，企业要通过适当的方式，不断提高员工的创新能力，从根本上增强企业的创新实力，从而才能使企业在激烈竞争的行业中处于不败之地，因此员工创新行为的研究具有重要的现实意义。

鉴于员工创新行为的重要性，学者们对创新行为前因变量进行了大量的研究。学者们试图打开影响员工创新行为的"黑箱"，发掘出激发员工创新行为的路径，进而实现员工创新行为效用的最大化。在组织层面中，领导风格被证明是影响员工创新行为的重要因素。不同领导风格的领导者会通过自身特质与行为去影响员工的认知、能力、动机和自我概念等，激发员工创新行为，进而影响组织的绩效。许多研究证明，领导风格有很多种形态，如家长式领导风格、魅力型领导风格等。早在 20 世纪 80 年代，Bass 提出的变革型领导的概念，是对领导风格的一项重大创新。变革型领导鼓励变革与创新，领导者自身为员工提供道德垂范，用自身的魅力感召下属，通过支持和关心员工的个体工作和生活，激励员工在不断挑战自我，实现自我价值的过程中实现组织目标。然而长期以来，中国企业的大部分员工早已经习惯了家长制领导风格，他们中有些人生活得很安逸，没有关注到工作中的压力，缺乏竞争意识；有些人则因为受的教育水平较低，难以面对瞬息万变的信息时代和技术、管理层面的革命性变化。企业需要能够充分激发员工创新的领导行为，员工在变革型领导的带领下可能出现不同于以往的工作行为。究竟变革型领导与员工创新行为之间有着怎样的关系，成为众学者关注的问题。

现有研究成果表明，变革型领导与员工创新行为之间确实存在正相关关系，但是对两者之间的作用机制和关系研究不足。因此本研究在高科技企业的背景下，将创新自我效能感作为中介变量引入两者中，对变量间的关系路径进行研究，希望可以更好地解释变革型领导与员工创新行为的内在机制。

本研究的理论贡献主要表现在：第一，拓展了变革型领导作用机制方面的研究，变革型领导风格不是独立存在的，总与下属的态度和行为联系在一起。本研究通过检验创新自我效能感在变革型领导和创新行为之间的中介作用，试图打开变革型领导与员工创新行为关系机制中的"黑箱"。解释变革型领导是如何影响员工创新行为的，这在一定程度上拓宽了领导风格与创新行为理论的研究领域。第二，选取创新自我效能感作为中介变量来探究变革型领导对员工创新行为的影响，一定程度上丰富了自我效能感的研究视角，希望可以为相关的研究提供理论上的启示。第三，以往对变革型领导与员工创新行为的研究多数是以一般性的员工为研究对象的，本研究基于高科技企业的员工这一特殊群体，试图推广前人的研究结论在高科技企业方面的应用，检验高科技企业员工的创新行为是否受到变革型领导、创新自我效能感的影响。此外，本研究的实践意义有：第一，对管理者来说，通过本文的研究，使领导者更能清楚地了解什么样的行为对员工创新是有益的，使得员工更加努力的工作并愿意为组织的目标而超越个人的利益，鼓励员工采用探索性的思维来解决问题。同时促使领导更加关心员工的心理状态，注意培养员工的创新自我效能感。第二，对企业来说，员工是企业创新的主体，是企业创新的主要驱动力，这些员工的创新行为直接关系到企业的生存与发展。高科技企业员工具有特殊性，其创新行为对企业的影响与一般员工有所不同，企业只有不断追求更新、更高、更有价值的创新，才能够让企业在竞争中保持优势地位，取得更好的效益。第三，在管理实践中，如果本研究能证实变革型领导对员工创新行为的影响关系，组织在人力资源开发和管理过程中，可以选拔和任用变革型领导类型的管理者，或努力培养管理者中的变革型领导，这样可以更有效的激发员工的创新行为，从而实现组织的目标。

5.2　理论基础与假设提出

5.2.1　变革型领导

领导特质理论与领导行为理论没有全面地考虑影响领导有效性的因素，缺乏理论的完整性，在领导学领域一直没能取得预期效果。而领导权变论虽然在解释领导有效性方面弥补了特质论和行为论的不足，但其应用上的相对复杂性使权变理论的实践性受到了质疑。直到 1978 年 Bums 提出变革型领导理论，彻底改变了领导行为理论和权变理论中领导者的被动地位，他主张以领导者为主体，强调领导者对下属愿景等内在动机的干预和影响，一度掀起了学者们的研究热潮。

1973 年，Downtown 在 *Rebel Leadership* 一书中提出了变革型领导的概念，Downton 认为，领导者对员工的影响是可以建立在承诺或交易等不同层次上的，同时提出了影响员工心理状态层面的领导行为。Burns 和 Bass 等人就在此基础上对变革型领导进行了进一步的研究，认为交易型领导（transactional leadership）和变革型领导是领导行为这一连续体的两端，后来 Burns（1978）通过对政治领导者的研究，明确了变革型领导（transformational leadership）的概念，认为，变革型领导是"领导和下属之间彼此互相提升成熟度和动机水平的过程"。变革型领导理论的产生引起了学者们的广泛关注，研究者关于变革型领导的定义诸多，至今没有一个统一的表述。本研究采用心理学家马斯洛（Maslow）的"需要层次理论"来定义变革型领导的概念：变革型领导是指领导者通过激发下属较高层次的内在需求、促进下属对组织的信任，使下属将组织利益建构在自身利益之上，进而促使下属做出超越预期目标的行为表现。

广大学者对变革型领导的研究不仅仅局限于如何界定其概念，对变革型领导的结构维度划分也存在异议。

Bass（1985）通过结合文献及对"多因素领导力问卷"因子分析之后，提出变革型领导的三个维度：魅力感召领导、智能激发及个性化关怀。之后，Bass 又将魅力感召领导分为两个维度，即领导魅力和感召力。在 Bass 研究的基础上，Avolio 着眼于领导者自身的特质和行为，将变革型领导风格概括为：领导魅力（或称为理想化影响力）、领导感召力、智力激发和个性化关怀四个维度，该观点的出发点是最大限度地发掘员工的潜力，进而实现最高水平的组织绩效。Leithwood 和 Jantzi（1996）在 Bass 的理论模型和其他学者研究的基础上，提出了自己的变革型领导模型，该模型具体包括构建愿景、培养对集体目标的承诺、个别化关怀、智力激发、榜样行为和寄予厚望六个维度。

国内学者对变革型领导维度的研究划分，主要存在以下几种观点：台湾学者吴静吉、林合愚（1995）依据 MLQ 量表并结合台湾地区的实际情况研究开发了变革型领导的第一个中文量表。他们在 MLQ 的基础上又进行了更细的划分，把魅力领导划分亲近融合、远景和吸引力、承诺与正义三个子因素；动机激励划分为激励共同愿景和尊重信任两个子因素；智能激发和个性化关怀两个维度则没有进一步细分。

李超平和时勘（2005）提出中国情境的变革型领导包含四个维度：德行垂范、领导魅力、愿景激励及个性化关怀。值得一提的是，其中的德行垂范维度带有明显的中国特色。

因此，在高科技企业背景下，综合国内外学者的观点，本研究采用李超平的研究成果，把变革型领导划分为德行垂范、愿景激励、个性化关怀和领导魅力四个维度，具体解释如下：

（1）德行垂范：强调了领导者自身道德品质对员工的影响。领导者为下属树立榜样，严格要求自己，在工作中言行一致，勇于奉献，并且通过以身作则和身体力行去影响下属，使其为了组织目标努力奋斗。

（2）愿景激励：领导者向下属描绘未来的宏伟蓝图，让员工了解本部门和本公司的远景，并相信自己能表现出比预期的标准更好，为员工指明奋斗目标和发展方向，激励下属为实现组织目标而牺牲自身的利益。

（3）领导魅力：领导者能够把握组织未来的发展方向，并以此来凝聚组织成员的注意力，给追随者树立榜样，提供目标愿景，并且领导者通常有较高的素质和能力，促使下属认同领导者，并愿意效仿领导者。

（4）个性化关怀：领导者关心下属个人在工作和生活上的实际情况和需求，挖掘员工的潜能，为员工创造成长的环境，同时也会考虑员工的独特性格，关心员工的发展，为其今后的职业生涯创造良好的环境。

随着变革型领导理论研究的进展，关于变革型领导的测量量表也不断涌现。1985年，Bass基于对变革型领导的概念和理解，开发了多因素领导行为问卷（Multifactor Leadership Questionnaire，MLQ）。这份问卷有73个正式问题和11个附加问题，分别测量了变革型领导的智力激发、领导魅力、个性化关怀三个维度和交易型领导的权变奖励、例外管理两个维度。但是，该量表在实际应用中存在不足之处，后来Bass和Avolio（1990）基于变革型领导的四维度模型，重新设计了问卷，也叫8因子问卷，修改后的量表涉及测量变革型领导的智力激发、动机感召、魅力领导和个性化关怀四个维度以及测量交易型领导的权变奖励、自由放任、积极例外管理和消极例外管理四个维度，一共包括60个正式题目。目前，MLQ量表已被广泛应用于变革型领导的各个研究领域，其信度和效度得到了一些学者们实证研究的支持。

中国是有着悠久历史的文化古国，与西方在文化上存在较大差异，西方领导理论对中国的本土化研究有着重要意义。1995年，国内台湾学者吴静吉在Bass的研究基础之上结合台湾地区的实际情况，开发了第一个中文变革型领导量表。该量表把领导魅力划分为远景与吸引力、承诺与正义和亲近融合三个子因素，将感召力划分为了共同愿景和尊重信任这两个子因素，对个性化关怀和智力激发则没有进化细分。后来，李超平等开发了中国文化背景下的变革型领导问卷（transformational leadership questionnaire，TLQ），包括德行垂范、愿景激励、领导魅力与个性化关怀4个因子。在6家企业进行了调查，获得了440份有效问卷。通过验证性因素分析证实了变革型领导问卷的效度。内部一致性分析与层次回归分析的结果也表明TLQ具有较好的信度与效度。

多年来，很多学者也对李超平的量表进行了再验证，结果表明此量表在各方面都较为理想。

本研究所选样本的来源地都处于中国境内，因此，也将选择李超平等开发的 TLQ 对变革型领导进行测量。

5.2.2　员工创新行为

关于创新行为的研究可以分为两个层面：组织层面、个体层面，本研究关注的是个体层面的创新行为。员工的创新是企业创新的基础，关于员工创新行为大多数的学者从形成过程来定义其内涵。在对员工创新行为的研究中，基于过程视角的观点得到了大部分学者的青睐，他们认为个体创新行为是一个复杂的过程。

Scott 和 Bruce（1994）将个人创新行为分成三个阶段：第一阶段是问题的确立，即个人产生创新构想或则解决方案；第二阶段是寻求支持，通过寻找支持自身想法的人去建立一个支持联盟；第三阶段是创新想法"产品化"，即施行创新构想，并将想法最终转化为现实产出的阶段。Kleysen 和 Street（2001）归纳出个人创新行为包括寻找机会、产生想法、形成调查、支持和应用五个阶段。Zhou 和 George（2001）认为员工个体创新行为不仅仅包括产生创新想法，还应该包括创新想法的内容、发展和执行方案等，只有这样才能保证创新想法能够得以有效的执行，同时强调了组织创新的起点是个人创新。黄致凯（2004）通过调查研究指出个体创新行为包括两个维度：创新构想的产生和创新构想的执行。吴治国和石金涛（2007）认为员工创新行为是员工借助组织的有效资源，运用个体能力和知识储备，提出对企业有价值的新思想或创造有价值的新产品的行为。刘云等（2010）认为员工创新行为是员工产生有利于组织的新想法或事物，并将其应用在组织活动中的过程，包括新创意或技术的引入和应用，改变现行的管理程序从而提高工作效率等。

本研究参考黄致凯的研究结果，认为员工创新行为分为构想产生和执行两个维度，将员工创新行为定义为：员工在工作中产生的新思想或新方法，并将其想法付诸实践的行为。

关于员工创新行为的结构维度，学者们持不同观点。有的学者认为员工创新行为是个单维度概念，而另有学者指出，员工创新行为是个多维度的概念，学者们就自己的观点分别编制了员工创新行为测量量表。

对于员工创新行为的维度研究总结起来主要有以下三种观点：第一，二阶段论。持这种观点的学者们认为个体创新行为包括创新想法的产生以及创新行为的实施两个方面。第二，三阶段论。它是由 Scott 和 Bruce（1994）提出的，他们认为个体创新行为分为问题的确立、寻求支持和想法"产品化"三个阶段，并编制了创新行为量表。第三，五阶段论。Kleysen 和 Street（2001）在回顾和总结了 289 项创新活动的基础上，归纳出个人创新行为应包含以下五个维度：寻找机会、产生构想、评估构想、支持以及应用。

关于员工创新行为的测量，不同学者开发了不同的工具，具体有如下观点：Scott 和 Bruce 开发的 6 题量表，全部都是正向题项，是个单维度创新行为问卷，多用于员工的自我评价；Zhou、George（2001）开发了包含 13 个测量项目的员工创新行为的量表，该量表也是一个单维度的量表，多用于主管对员工创新行为的评价；台湾学者黄致凯运用 Kleysen 和 Street（2001）开发的 12 题项个人创新行为量表对台湾和大陆的多个城市的很多企业进行了测量，通过分析研究，提出个人创新行为由两个阶段组成，即创新构想产生和创新构想执行，研究表明该量表具有较高的信度和效度。国内的学者顾远东、彭纪生（2010）通过实证研究也证明了黄致凯翻译修订的 12 题项创新行为量表的克隆巴赫系数为 0.901，具有很好的信度和效度。本章主要是分析员工自我评价。因此将采用黄致凯翻译修订的 Kleysen & Street 的多维度个人创新行为量表进行测量。

5.2.3 创新自我效能感

自我效能感（self-efficacy）概念是美国心理学家 Bandura（1977）在认知心理学和人本主义心理学的影响下提出的。认为自我效能是一种相信自己有知识或能力完成某项工作的信念。之后，越来越多的学者开始从不同角度关注自我效能感的研究，自我效能感理论得到了逐步的发展。

自我效能感的本质是个人对自身行为能力的评价和信心。自我效能感能够提高个体应对环境的信心，是个体的内在动力，它是人们对自身拥有资源的肯定以及能否完成任务和行为的自信程度。

Tierney（2002）在整合班杜拉的自我效能感概念的基础上，结合创造力理论明确提出了"创新自我效能感"概念，它是指个体对自己能够在特定的任务或工作中表现出创造性行为的一种主观上的评价，从本质上来讲它是指员工对自己创造能力的觉察和认同，是自我效能感与创新领域的结合。

创新自我效能感概念提出以后，国内外许多学者便开始对创新自我效能感进行了测量。其中最具代表的是 Tierney 和 Farmer（2002）开发的由三项目组成的创新自我效能感问卷，应用比较广泛。问卷采用李克特7点量表测量。台湾学者林碧芳、邱浩政（2004）考察了教师教学这一领域中的创新自我效能感，并编制了创造性教学自我效能量表，该量表由教师自身的正、负面创造性自我效能信念和抗衡外在环境的信念三个维度构成。Carmeli 和 Schaubroeck（2007）编制了个人创新自我效能感问卷，基本包含了 Tierney 和 Farmer（2002）的项目，共 8 个项目，信度良好。因此，本研究采用 Carmeli 和 Schaubroeck（2007）编制的创新自我效能感量表。

5.2.4 变革型领导与员工创新行为的关系

通过查阅文献发现，在过去几十年人们对创新影响因素的研究中，领导行为被证实是影响员工创新的重要因素之一。学者对于变革型领导和员工创新行为之间的关系持不同的观点：Basu 和 Green（1997）得出变革型领导与员工创新行为呈现负相关；Jaussi 和 Dionee（2003）发现变革型领导对员工在个体和群体上的创新行为没有显著作用；而绝大多数学者认为变革型领导和员工创新行为有显著正相关关系。

Qijie Gao（2011）等通过对农业高科技企业的研究，提出不断创新是企业长期成功的关键，领导通过建立与下属的信任关系去提高创新能力。杨春江（2011）探讨了高科技企业主管的领导风格对员工组织创新氛围的影响，并以河北的高科技企业的员工为研究对象，通过问卷调查证实得出变革型领导对创新氛围的两个维度均有正向影响。冯彩玲、张丽华（2014）在组织双元理论的基础上，研讨了双元组织变革模式在变革型领导、交易型领导和员工创新行为之间是否起到调节作用。通过配对抽样调查发现：交易型领导和变革型领导对员工创新行为都有显著正向影响。可见对于变革型领导各个维度对员工创新行为的影响没有统一的定论，本研究将进行细化探讨。

综上所述，本研究认为在高科技企业背景下，变革型领导有利于员工创新行为，具体假设如下：

H1：变革型领导和员工创新行为显著正相关。

H1a：变革型领导的德行垂范维度和员工创新构想的产生显著正相关；

H1b：变革型领导的愿景激励维度和员工创新构想的产生显著正相关；

H1c：变革型领导的领导魅力维度和员工创新构想的产生显著正相关；

H1d：变革型领导的个性化关怀维度和员工创新构想的产生显著正相关；

H1e：变革型领导的德行垂范维度和员工创新构想的执行显著正相关；

H1f：变革型领导的愿景激励维度和员工创新构想的执行显著正相关；

H1g：变革型领导的领导魅力维度和员工创新构想的执行显著正相关；

H1h：变革型领导的个性化关怀维度和员工创新构想的执行显著正相关。

5.2.5　变革型领导与创新自我效能感的关系

变革型领导强调与员工的互动，通过清晰的表达组织目标，去影响员工的工作态度和价值观，对员工的内在动机产生作用，激发员工的潜力并使之完成自我的超越。变革型领导具有自信和魅力以及对员工的信心，能够为员工提供知识和情感的援助。高科技企业的员工一般都受过高等教育，素质较高，他们一方面能利用现代科学技术知识提高工作效率，另一方面本身就具备较强的学习知识和创造知识的能力。

Sadeghi（2012）以伊朗的高科技中小企业为研究对象开发了一个评估伊朗高科技企业创新能力的模型，其中企业家的素质被赋予了很大的权重，领导者的行为方式对员工自我创新能力的评价有直接影响。田红（2012）探讨了真实型领导、创新自我效能感与员工创新绩效的影响，得出真实型领导的两个维度：自我调节和自我意识对创新自我效能感都有着正向影响。可见领导风格的不同维度对员工的创新自我效能感可能产生不同的影响。

综上所述，本研究认为变革型领导可能会对员工的创新自我效能感产生重要影响，假设如下：

H2：变革型领导和创新自我效能感显著正相关。

H2a：变革型领导的德行垂范维度和创新自我效能感显著正相关；

H2b：变革型领导的愿景激励维度和创新自我效能感显著正相关；

H2c：变革型领导的领导魅力维度和创新自我效能感显著正相关；

H2d：变革型领导的个性化关怀维度和创新自我效能感显著正相关。

5.2.6　创新自我效能感与员工创新行为的关系

自我效能是员工应对具有挑战性工作的自信程度，并且相信自己有能力通过各种途径完成这个挑战性的工作。可见，创新自我效能感可能会通过影响创新的动机、信念等方面对员工的创新行为起到一定程度的影响。Tierney（2004）通过实证研究证明了创新自我效能感对员工创新行为及其创新绩效有着正向积极影响，起到了良好的预测作用。冯旭等（2009）通过对336名服务企业的员工的调查，发现自我效能和员工的创新行为显著正相关。自我效能还通过影响员工的内部和外部动机间接地促进员工创新行为的产生。在大部分前人的理论研究中发现，创新自我效能感是员工创新行为的重要内在动机之一，可以作用于员工创新行为。高科技企业中，员工的自我意识比较强，有很强的工作自主性，愿意尝试新事物。

综上所述，本研究认为，创新自我效能感对员工创新行为的各维度有显著正向影响，假设如下：

H3：创新自我效能感和员工创新行为显著正相关。

H3a：创新自我效能感和员工创新构想的产生显著正相关；

H3b：创新自我效能感和员工创新构想的执行显著正相关。

5.2.7　创新自我效能感的中介作用

创新自我效能感是个体对自己能够产生创新行为的一种肯定，近年来关于它的中介作用研究成为学者们的新焦点，创新自我效能感也是揭示变革型领导作用机制的一个非常重要的变量。Farahnaz（2012）探讨了高科技企业中变革型领导通过创新自我效能感对组织公民行为产生的影响。杜元敏

（2014）将心理授权作为中介变量分析了变革型领导对员工创新行为的作用机理。顾远东、彭纪生（2011）通过大样本的调查，在社会认知理论的基础上，构建了创新自我效能感影响员工创新行为的理论假设模型，成就动机和工作卷入起到中介作用。而后通过实证分析证实了理论模型。可见变革型领导会通过员工内心的一些个体特征去影响员工创新行为。隋杨（2012）等已通过研究证明了创新自我效能感在创造性活动中的中介作用。团队领导调节了创新效能感与团队创新绩效的关系，即团队领导越引领创新，创新效能感与创新绩效间的关系就越强。本研究主要是针对员工个体创新行为的研究，故有理由推断在科技企业背景下，创新自我效能感在变革型领导影响员工创新行为的作用机制中有可能发挥着一定的中介作用，假设如下：

H4：创新自我效能感在变革型领导和员工创新行为的关系中具有中介作用。

H4a：创新自我效能感在变革型领导的德行垂范维度和员工创新构想的产生中具有中介作用；

H4b：创新自我效能感在变革型领导的愿景激励维度和员工创新构想的产生中具有中介作用；

H4c：创新自我效能感在变革型领导的领导魅力维度和员工创新构想的产生中具有中介作用；

H4d：创新自我效能感在变革型领导的个性化关怀维度和员工创新构想的产生中具有中介作用；

H4e：创新自我效能感在变革型领导的德行垂范维度和员工创新构想的执行中具有中介作用；

H4f：创新自我效能感在变革型领导的愿景激励维度和员工创新构想的执行中具有中介作用；

H4g：创新自我效能感在变革型领导的领导魅力维度和员工创新构想的执行中具有中介作用；

H4h：创新自我效能感在变革型领导的个性化关怀维度和员工创新构想的执行中具有中介作用。

通过以上文献综述可知，已有学者对变革型领导和员工创新行为之间的关系进行了研究，并取得了一定的研究成果，但到目前为止，还没有学者揭示出在高科技企业的大背景下，变革型领导对员工创新行为的影响机制。本章在文献综述的基础上，构建变革型领导、创新自我效能感和员工创新行为关系的研究模型，如图 5 – 1 所示。其中变革型领导的四个维度：德行垂范、愿景激励，领导魅力、个性化关怀作为自变量；创新行为的两个维度：创新构想的产生和创新构想的执行作为因变量，创新自我效能感为中介变量。

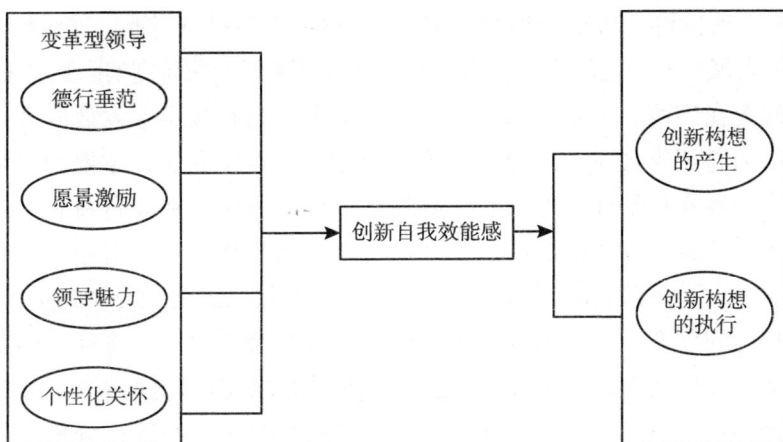

图 5 – 1　理论模型

5.3　研　究　方　法

5.3.1　研究对象

高新技术主要有电子信息技术；航空航天技术；地球科学与海洋技术；生命科学与生物工程；能源科学技术；医学科学与生物医学技术；资源与环境技术等。一般将技术密集型和知识密集型的企业称之为高科技企业。高科技企业的认定方法主要是参照我国 2008 年发布的《高新技术企业认定管理办法》以及我国发布的《国家重点支持的高新技术领域》进行划分认定。高科技企业的主要特点包括：第一，高投入：需要高额投资；第二，高难度：智力和知识密集型研发是企业可持续发展的源泉；第三，高风险：新技术和产品的探索和开发面临的技术风险、市场风险、财务风险和政策风险等；第四，高收益。高科技企业要求员工不断进行创新，提高自主创新能力，积极把创新行为应用到企业发展中。

我们在做问卷调查的时候倾向于选择已经确定的高科技领域里的企业，主要包括电子信息、航空航天、高新技术开发区、生物制药等板块，覆盖软件和电子信息、通信设备制造、生物制药以及新材料等高科技行业。这些行业对国民经济的发展具有举足轻重的作用，基于这些行业所做的研究实际意义重大。

本研究在广西、山东、山西三省区范围内的高科技企业发放问卷。在实行具体的问卷调查之前，先对样本的选择标准进行了界定，主要为保证样本选取的代表性及科学性，本研究采取随机取样的方法，在高科技企业范围内随机选择调研企业，并随机从这些企业中选择员工作为调研对象。对企业员工发放问卷，采用匿名填写的方式，由员工对直接领导的领导风格进行评价，并且对自己的创新行为和创新自我效能感进行自我评估。本次问卷的发放采用企业实地发放问卷、Email 问卷两种方式，总共发出问卷 400 份，剔除无效的问卷，共回收有效问卷 341 份，有效率为 85.25%。经统计分析，具体研究对象情况见表 5 - 1。

表 5 - 1　　　　　　　　　　　样本基本情况

类别		样本量	百分比（%）
性别	男	200	58.7
	女	141	41.3
年龄	20 ~ 39 岁	120	35.2
	30 ~ 39 岁	171	50.1
	40 ~ 49 岁	35	10.3
	50 岁以及以上	15	4.4
文化程度	高中及以下	10	2.9
	专科	69	20.2
	本科	207	60.75
	硕士及以上	55	16.1

续表

类别		样本量	百分比（%）
职位类型	一般员工	203	59.5
	基层管理人员	109	32.0
	中层管理人员	29	8.5
工作年限	1 年及以下	29	8.5
	2～5 年	160	46.9
	6～10 年	115	33.7
	10 年及以上	37	10.9
企业性质	国有企业	158	46.3
	私营企业	107	31.4
	外资企业	76	22.3

由表 5-1 可知，本次调查施测的样本在性别上以男性居多，约占总量的 58.7%；在年龄方面，20～29 岁年龄段约占总人数的 35.2%；30～39 岁约占 50.1%，比例比较高；而 40 岁及以上比例只有 14.7%。在文化程度方面，本科人数最多，约占总人数的 60.75%；专科人数次之，约占 20.2%；研究生人数稍低，约占总人数的 16.1%；高中及以下人数最少，约占总人数的 2.9%。在职位类型方面，一般员工的人数最多，约占 59.5%；基层管理人员次之，约占 32.0%；中层管理人员则仅占总人数的 8.5%。从工作年限上看，一年及以下占 8.5%；2～5 年的人数约为总数的一半；6～10 年的占 33.7%；10 年以上的则为 10.9%。在企业性质方面国有企业占 46.3%，私营企业占 31.4%，外资企业占 22.3%。

5.3.2 变量测量

问卷包含背景情况与量表两个部分。量表名称分别为：变革型领导行为、员工创新行为和员工创新自我效能感。根据本章研究内容，需要通过对高科技企业的员工问卷调查来获取相关数据和信息，本研究在把握各个变量的相关概念理论的基础上，通过查阅检索国内外相关的文献，尽量选择符合本章的研究目的并且具有较好的认知度的成熟量表。

（1）变革型领导。通过对国内外变革型领导问卷的分析，在高科技企业背景下，本研究采用我国学者李超平编制的变革型领导问卷（transformational leadership questionnaire，TLQ），李超平等开发了中国文化背景下的从下属感知角度来衡量变革型领导风格的量表，变革型领导问卷运用很多统计分析方法，对 TLQ 的信度、区分度与构想效度等进行验证，结果均显示 TLQ 具有良好的信度与效度。此量表由 26 个题项组成，分别测量变革型领导的四个维度：德行垂范、愿景激励、领导魅力、个性化关怀，其中，德行垂范维度 8 个题项，愿景激励维度 6 个题项，领导魅力维度 6 个题项，个性化关怀维度 6 个题项。计分方式采用李克特 5 点计分，测量被试者所熟悉的管理人员（不仅包括直接上级领导）所表现出来的领导行为，由"1—非常不符合""2—比较不符合""3—不确定""4—比较符合""5—非常符合"组成。得分越高代表员工认为管理者表现出越多的变革型领导行为。由员工对直接上级进行评价，测量下属感知到的直接上级的变革型领导风格。

（2）创新行为量表。为了保证能够全面地分析员工的创新行为，本研究采用由黄致凯翻译修订的 Kleysen 和 Street 的多维度个人创新行为量表，共 12 个题项。其中包括创新构想的产生维度 4 个题项，创新构想的执行维度 8 个题项。该量表经检验具有良好的稳定性，且具有较高的信度和效度，在国内的研究也得到广泛的运用。计分方式采用李克特 5 点量表评分法，由"1—非常不符合""2—比较不符合""3—不确定""4—比较符合""5—非常符合"组成。分数越高代表员工认为自己表现出的创新行为越多。

（3）创新自我效能感。本研究采用的是 Carmeli 和 Schaubroeck（2007）编制的个人创新自我效能感问卷，基本包含了 Tierney 和 Farmer（2002）的 8 个项目。主要是员工自我评价，对能够创造性的完成工作任务的自我评价等。计分方式采用李克特 5 点计分，计分方式从"非常不符合"到"非常符合"依次给予 1 ~ 5 分，得分越高表明创新自我效能感越高。而且，在中国情境下的研究证明，该量表具有较好的信效度（$\alpha = 0.923$），各项指标符合心理测量学的要求，因此本研究采用此量表。

5.3.3 数据处理方法

本研究主要运用软件 SPSS 22.0 和 AMOS 22.0 对数据进行分析研究。本研究主要使用了以下数据分析方法：第一，描述性统计分析：分析样本的一些基本信息分布情况，包括性别、年龄、文化程度、职位类型、工作年限及企业性质等的频数和百分比的分布。从平均值、最大值、最小值及标准差等方面来对变量的情况进行展示和描述。第二，信度检验：通过软件 SPSS 22.0 来检验所使用问卷的信度。第三，验证性因子分析：为进一步检验问卷的效度，需对变革型领导行为、员工创新行为、员工创新自我效能感量表进行因子分析。通过 AMOS 22.0 进一步检验调查问卷的结构效度。第四，皮尔森相关分析：探究变革型领导、创新自我效能感和员工创新行为之间的相关性及显著性。第五，回归分析：本研究采用回归分析法来探究各变量之间的因果关系，并验证员工创新自我效能感在变革型领导行为与员工创新行为关系中的中介作用。

5.4 研究结果

5.4.1 问卷的信度和效度分析

（1）信度分析。

信度是指该量表所测结果的一致性、稳定性及可靠性，即测量的可信性问题。信度分析涉及了问卷测验结果的一致性和稳定性，其目的是如何控制和减少随机误差。本研究对于同一个变量只选择了一个量表，且对同一个被测对象也只进行了一次测量，因此只需要检测量表的内部一致性信度即可，量表的内部一致性信度越高则表明该量表测量的内容越稳定。信度系数的估计方法通常有重测信度、评分者信度、复本信度、内在一致性信度（例如分半法、克隆巴赫系数）等。其中克隆巴赫系数的最大优点在于只需要一次施测，就可以估计信度系数，而且所计算出来的信度系数高。本研究采用克隆巴赫（Cronbach's alpha）内部一致性系数来检验量表的信度。

克隆巴赫系数（Cronbach's alpha）是检视信度的一种方法，由李·克隆巴赫在 1951 年提出。α 系数取值在 0~1 之间，α 系数越高，信度越高，问卷的内部一致性越好。在探索性研究中，信度只要达到 0.70 就可接受，大于 0.70 则属于高信度，而低于 0.35 则为低信度，必须予以拒绝。本研究采用 SPSS 22.0 应用统计软件进行量表的信度分析，分析结果如表 5-2 所示。

表 5-2 各变量的信度分析

	题项数	Cronbach's alpha
变革型领导	26	0.932
德行垂范维度	8	0.836
愿景激励维度	6	0.768
领导魅力维度	6	0.738
个性化关怀维度	6	0.811
员工创新行为	12	0.852
员工创新构想的产生	4	0.787
员工创新构想的执行	8	0.804
员工创新自我效能感	8	0.821

由表 5-2 可看出，变革型领导量表总体信度为 0.932，员工创新自我效能感和员工创新行为信度分别为 0.821，0.852，可见三个总变量的信度都达到了相当高的水平。变革型领导各维度信度系数分别为 0.836、0.768、0.738 和 0.811，员工创新行为各维度信度系数分别为 0.787 和 0.804，都大于 0.7，均达到了指标要求。说明量表整体信度和各维度的内部一致性都较好、信度水平都较高，本研究所得测量结果是可信的。

（2）效度分析。

效度（validity）是指测验的有效性，就是一个测验对其所要测量的特性测量到什么程度的估计。效度检验包括内容效度和结构效度两部分，本研究选取结构效度来测量量表的效度。结果效度是指测量方式能够测量到理论上结构的程度，一般用验证性因子分析（CFA）来进行检验。验证性因子分析利用先验信息，是在已知量表因子划分的情况下，检验量表包含的因子模型是否得到另一组样本数据的支持，并考察样本数据对该模型的拟合程度，拟合程度越好说明该量表被本次收集的样本数据支持的程度越高，即该量表的效度越高。

一般用以下几个拟合指标进行验证性因子分析：χ^2/df、NFI、IFI、RMSEA、CFI，χ^2/df 是差异除以自由度，考虑模型复杂度 χ^2 的值，来检验估计方差矩阵和协方差矩阵的相似程度，相似程度越接近零，那么它的拟合度也就越好。通常认为，$\chi^2/df < 3$，模型拟合较好；$\chi^2/df < 5$，模型拟合还可以接受；$\chi^2/df > 5$，观测数据和模型拟合的不是很好；$\chi^2/df > 10$，观测数据和模型不能够拟合，模型非常差；GFI、NFI、IFI、TLI、CFI 的值大于 0.90 则说明拟合度较好，RMSEA 的值小于 0.08 则认为有较好的拟合，低于 0.06 则认为拟合十分理想。

本研究采用的是国内外已经公开使用的成熟量表，其因子结果已经非常清楚，所以直接利用 AMOS22.0 软件进行验证性因子分析，从而评估量表的结构效度。得出数据如表 5 - 3 所示。

表 5 - 3　　　　　　　　　　　模型拟合指数

模型	χ^2/df	GFI	NFI	IFI	TLI	CFI	RMSEA
三因素模型（TL + CS + IB）	2.186	0.921	0.915	0.934	0.909	0.915	0.054
二因素模型（TL + CS）	3.315	0.903	0.822	0.854	0.781	0.813	0.078
二因素模型（TL + IB）	3.172	0.897	0.862	0.801	0.748	0.796	0.084
二因素模型（CS + IB）	3.821	0.836	0.763	0.872	0.794	0.788	0.072
单因素模型	4.788	0.678	0.733	0.707	0.624	0.512	0.163

从表 5 - 3 可知，问卷的单因素模型和三个二因素模型的 χ^2/df 值分别为 4.788、3.821、3.172、3.315，而本研究的假设模型三因素模型的 χ^2/df 为 2.186，比单因素模型和二因素模型的值小，表明模型拟合较好。三因素模型的 GFI 为 0.921，NFI 为 0.915，IFI 为 0.934，TLI 为 0.909，CFI 为 0.915，

各项指标均大于单因素模型和二因素模型的指标值，都比较接近 1，说明模型的拟合度较好。三因素模型的近似误差均方根（RMSEA）为 0.054，指标值在 0.05 ~ 0.08 之间，表示模型良好，有合理适配。因此，从表中的各项指标可知，量表整体的拟合度比较好，问卷的效度良好。

5.4.2　共同方法偏差检验

共同方法偏差（CMV）是指由于数据的来源来自同一个评分者，或者是相同的语境及测量环境，而造成的效标变量和预测变量之间的人为共变。本研究的三个变量都在同一个问卷里，每一个调查对象又都是在某一时间里统一回答的，所以有必要检验是否存在共同方法偏差。Podsakoff（1986）等采用了 Harman 的单因子检验方法对共同方法偏差进行检验。具体是把调查问卷的所有条目放在一起进行因子分析，即在未旋转时得到的第一个主成分就反映了该研究的 CMV 的值。如果分析结果只得到一个因子，或者是第一个因子解释的变异量大于 40%，就认为存在严重的共同方法偏差问题；如果分析结果得出多个因子，或者是第一个因子解释的变异量小于 40%，则说明该研究的共同方法偏差问题不严重，研究结果是可信的。

本研究采用单因子检验方法对共同方法偏差进行检验。结果显示，所有条目中，有 5 个因子的特征根值大于 1，第一个因子解释的变异量只有 30.12%，小于 40%，而且通过对比发现 7 因子模型比单因子模型的拟合程度要高，所以可以排除共同方法偏差对研究的影响，本研究的研究结果是可信的。

5.4.3　各变量的描述性统计分析

本研究中使用的三个量表均通过了信效度检验，证明可以用做后续的研究和分析。为了更清晰地展示每个变量的得分情况，研究中进行了描述性统计分析，计算了样本数据各变量的最大值、最小值、平均值、标准差。

（1）变革型领导描述性统计。

本研究对于各变量的计分方式均采用李克特 5 分等级计分，平均水平为

3，最大值为5，最小值为1。表5-4对变革型领导的调研数据进行了描述性统计，从表5-5中可以看出，变革型领导的最低分是1.65，最高分是4.50，每个维度上的最低分都是1.00，最高分都是5.00，这说明领导者在变革型领导特质和行为方式上的表现有很大的个体差异。

表5-4　　　　　　　　　变革型领导描述性统计分析

	N	极小值	极大值	平均值	标准差
变革型领导	341	1.65	5	3.2506	0.62016
德行垂范维度	341	1	5	3.1965	0.68725
愿景激励维度	341	1	5	3.3021	0.63465
领导魅力维度	341	1	5	3.2576	0.66289
个性化关怀维度	341	1	5	3.2644	0.74747
有效的N（列表状态）	341				

表5-5　　　　　　　　　员工创新行为描述性统计分析

	N	极小值	极大值	平均值	标准差
员工创新行为	341	1.92	5	3.0481	0.47061
员工创新行为的产生	341	1	5	3.1862	0.61698
员工创新行为的执行	341	1	5	2.8791	0.53720
有效的N（列表状态）	341				

由表5-4可以看出，变革型领导的四个维度平均得分都是3分多，说明这四个维度得分总体是中等的，也就是说这个样本对领导的德行垂范、愿景激励、领导魅力、个性化关怀等行为整体上表现出中等的评价。

（2）员工创新行为描述性统计。

员工创新能力问卷有12个条目，测量了创新构想的产生和创新构想的执行两个维度。为了探明员工对创新能力的评价，这里对每个测量目标计算了均值。表5-5是对员工创新行为的调研数据进行描述性统计分析得出的结果。

由表5-5可以看出，员工在创新构想的产生上的平均分是3.1862，属于中等偏上，说明样本对自己创新构想的产生的评价要高一些；而在创新构想的执行上，平均分则只有 2.8791，属于中等偏下，说明样本对自己创新构想的执行的评价要低一些。创新构想的执行能力需要加强。

（3）创新自我效能感描述性统计。

表 5-6 是对员工创新自我效能感的调研数据进行描述性统计分析得出的结果，从表中可以看到，最低分是 1.50，最高分是 5.00，均值是 3.1367，可见样本对创新自我效能感的评价总体上是中等的，即员工对自我的创新能力有一定的自信心，认为自己具备一定的能力有创意地完成自我设置的目标，并在此过程中以一种创新性的方法克服困难、战胜挑战。

表 5-6　　　　　　　　　**创新自我效能感描述性统计分析**

	N	极小值	极大值	平均值	标准差
员工创新自我效能感	341	1.50	5	3.1367	0.53720
有效的 N（列表状态）	341				

5.4.4　相关性分析

（1）变革型领导与员工创新行为、员工创新自我效能感的相关分析

相关性分析主要用来研究变量之间关系的密切程度和变化趋势，本研究用 SPSS 22.0 软件分别得出变革型领导及各维度、创新自我效能感、员工创新行为及各维度之间的相关系数来反映其相关性。在统计学中，相关系数用 r 表示它的取值范围在 -1~1 之间，一般来说，相关系数大于 0.7 为高度相关，介于 0.4~0.7 之间为中等相关，小于 0.4 为低度相关。详细分析结果见表 5-7。

表 5-7　　　　**变革型领导与员工创新行为、创新自我效能感的相关分析**

	变革型领导	员工创新行为	创新自我效能感
变革型领导	1		
员工创新行为	0.680**	1	
创新自我效能感	0.711**	0.600**	1

注：$*p<0.05$，$**p<0.01$，$***p<0.001$。

从表 5 - 7 中可以看出，三个变量之间都在 0.01 水平上显著相关。其中，变革型领导与员工创新行为之间的相关系数为 0.680，相关程度均为中等水平，与员工创新自我效能感之间的相关系数为 0.711，也是在 0.7 左右，说明除了变革型领导，还存在其他一些因素与员工创新行为、员工创新自我效能感有一定的相关关系，这也是与实际相符的。员工创新自我效能感与员工创新行为之间的相关系数为 0.600，说明两个变量之间的相关程度为中等相关。

（2）变革型领导各维度与员工创新行为各维度、员工创新自我效能感的相关分析。

对变革型领导、员工创新行为以及员工创新自我效能感的相关分析结果表明，变革型领导各维度与员工创新行为各维度、员工创新自我效能感之间均存在显著相关关系，且显著相关水平都小于 0.01。详细分析结果见表 5 - 8。

表 5 - 8　　　　变革型领导各维度与员工创新行为各维度、
创新自我效能感的相关分析

	德行垂范	愿景激励	领导魅力	个性化关怀	员工创新自我效能感	员工创新构想的产生	员工创新构想的执行
德行垂范	1						
愿景激励	0.736 **	1					
领导魅力	0.795 **	0.785 **	1				
个性化关怀	0.775 **	0.689 **	0.791 **	1			
员工创新自我效能感	0.629 **	0.600 **	0.650 **	0.589 **	1		
员工创新构想的产生	0.602 **	0.563 **	0.658 **	0.658 **	0.471 **	1	
员工创新构想的执行	0.516 **	0.447 **	0.482 **	0.509 **	0.518 **	0.346 **	1

注：* $p < 0.05$，** $p < 0.01$，*** $p < 0.001$。

从表 5 - 8 可以看到，变革型领导的德行垂范维度、愿景激励维度、领导魅力维度和个性化关怀维度与员工创新行为、员工创新自我效能感之间的相关系数均在 0.4 ~ 0.7 之间，说明相关程度为中等。创新自我效能感对员工创新构想的执行的相关系数高于其对员工创新构想产生的相关系数。

5.4.5 回归分析

为了进一步分析变革型领导、创新自我效能感和员工创新行为之间的关系，我们对这些变量进行回归分析。考虑到人口统计学变量（性别、年龄、文化程度、职位类型、工作年限、企业性质）可能会对主要变量产生一些影响，因此把人口统计变量（性别、年龄、文化程度、职位类型、工作年限、企业性质）作为控制变量进行研究。本研究将采用强制进入法对变革型领导风格各维度、创新自我效能感和员工创新行为各维度之间的关系进行回归分析，来分析变量间的因果关系，并对本研究的假设和模型进行检验。

（1）员工创新行为对变革型领导的回归分析。

首先，分析变革型领导的四个维度对员工创新行为的创新构想产生的回归效果。将变革型领导的四个维度作为自变量，创新构想的产生作为因变量进行回归，有效样本是341份，运用SPSS22.0回归结果如表5-9所示。

表5-9　　　　　　创新构想的产生对变革型领导各维度的回归分析

变量	创新构想的产生					
	M1	M2	M3	M4	M5	M6
性别	-0.076	-0.075	-0.082	-0.075	-0.065	-0.074
年龄	-0.105	-0.068	-0.063	-0.097	-0.065	-0.077
文化程度	-0.037	0.004	0.007	-0.017	0.042	-0.044
职位类型	0.023	0.007	0.026	-0.005	0.025	-0.011
工作年限	0.030	0.040	0.018	0.051	0.033	0.059
企业性质	-0.028	-0.029	-0.034	-0.043	-0.009	-0.024
变革型领导		0.681 ***				
德行垂范维度			0.600 ***			
愿景激励维度				0.564 ***		
领导魅力维度					0.659 ***	
个性化关怀维度						0.658 ***
F	0.973	43.553 ***	28.390 ***	23.816 ***	37.754 ***	38.560 ***

续表

变量	创新构想的产生					
	M1	M2	M3	M4	M5	M6
R^2	0.017	0.478	0.374	0.334	0.442	0.448
ΔR^2	0.017	0.461	0.357	0.316	0.425	0.431

注：$*p<0.05$，$**p<0.01$，$***p<0.001$。

由表 5-9 可以看出，在控制了人口统计变量之后，变革型领导对员工创新构想的产生的回归系数为 0.681，解释的变异量增加了 46.1%，F 值为 43.553，回归效果在 0.001 的水平上显著。

德行垂范在员工创新构想的产生上的标准化回归系数为 0.564，解释的变异量增加了 35.7%，F 值为 28.390，回归效果在 0.001 的水平上显著。因此，德行垂范对创新构想的产生有显著正向影响，假设 H1a 得到验证。

愿景激励在创新构想的产生上的标准化回归系数为 0.600，解释的变异量增加了 31.6%，F 值为 23.816，回归效果在 0.001 的水平上显著。因此，愿景激励对创新构想的产生有显著正向影响，假设 H1b 得到验证。

领导魅力在创新构想的产生上的标准化回归系数为 0.659，解释的变异量增加了 42.5%，F 值为 37.754，回归效果在 0.001 的水平上显著。因此，领导魅力对创新构想的产生有显著正向影响，假设 H1c 得到验证。

个性化关怀在创新构想的产生上的标准化回归系数为 0.658，解释的变异量增加了 43.1%，F 值为 38.560，回归效果在 0.001 的水平上显著。因此，个性化关怀对创新构想的产生有显著正向影响，假设 H1d 得到验证。

然后，分析变革型领导的四个维度对员工创新行为的创新构想执行的回归效果。将变革型领导的四个维度作为自变量，创新构想的执行作为因变量进行回归，有效样本是 341 份，运用 SPSS22.0 回归结果如表 5-10 所示：

表 5 – 10　　　　创新构想的执行对变革型领导各维度的回归分析

变量	创新构想的执行					
	M1	M2	M3	M4	M5	M6
性别	-0.002	0.000	-0.006	-0.001	0.007	0.001
年龄	0.010	0.039	0.046	0.016	0.039	0.031
文化程度	-0.082	-0.049	-0.044	-0.066	-0.024	-0.087
职位类型	0.034	0.021	0.037	0.012	0.035	0.007
工作年限	-0.055	-0.047	-0.066	-0.039	-0.053	-0.033
企业性质	0.028	0.027	0.023	0.016	0.041	0.030
变革型领导		0.540***				
德行垂范维度			0.515***			
愿景激励维度				0.443***		
领导魅力维度					0.483***	
个性化关怀维度						0.511***
F	0.534	20.313***	17.825***	12.286***	14.876***	17.504***
R^2	0.010	0.299	0.273	0.205	0.238	0.269
ΔR^2	0.010	0.290	0.263	0.196	0.229	0.259

注：$*p<0.05$，$**p<0.01$，$***p<0.001$。

由表 5 – 10 可以看出，在控制了人口统计变量之后，变革型领导对员工创新构想的执行的回归系数为 0.540，解释的变异量增加了 29%，F 值为 20.313，回归效果在 0.001 的水平上显著。

德行垂范在员工创新构想的执行上的标准化回归系数为 0.515，解释的变异量增加了 26.3%，F 值为 17.852，回归效果在 0.001 的水平上显著。因此，德行垂范对创新构想的执行有显著正向影响，假设 H1e 得到验证。

愿景激励在创新构想的执行上的标准化回归系数为 0.443，解释的变异量增加了 19.6%，F 值为 12.286，回归效果在 0.001 的水平上显著。因此，愿景激励对创新构想的执行有显著正向影响，假设 H1f 得到验证。

领导魅力在创新构想的执行上的标准化回归系数为 0.483，解释的变异量增加了 22.9%，F 值为 14.876，回归效果在 0.001 的水平上显著。因此，领导魅力对创新构想的产生有显著正向影响，假设 H1g 得到验证。

个性化关怀在创新构想的执行上的标准化回归系数为 0.511，解释的变异量增加了 25.9%，F 值为 17.504，回归效果在 0.001 的水平上显著。因此，个性化关怀对创新构想的执行有显著正向影响，假设 H1h 得到验证。

（2）员工创新自我效能感对变革型领导的回归分析。

在变革型领导对员工创新自我效能感的回归分析中，以员工创新自我效能感为因变量，变革型领导以及变革型领导各维度为自变量，探讨变革型领导对员工创新自我效能感的影响，有效样本为 341 份。详细分析结果见表 5 - 11。

表 5 - 11　　　　员工创新自我效能感对变革型领导的回归分析

变量	员工创新自我效能感					
	M1	M2	M3	M4	M5	M6
性别	0.014	0.016	0.008	0.015	0.025	0.017
年龄	-0.034	0.003	0.010	-0.026	0.005	-0.009
文化程度	-0.012	0.029	0.034	0.009	0.067	-0.018
职位类型	-0.015	-0.031	-0.011	-0.045	-0.013	-0.046
工作年限	0.052	0.062	0.039	0.074	0.055	0.078
企业性质	-0.034	-0.034	-0.040	-0.050	-0.015	-0.030
变革型领导		0.684 ***				
德行垂范维度			0.632 ***			
愿景激励维度				0.605 ***		
领导魅力维度					0.659 ***	
个性化关怀维度						0.593 ***
F	0.205	41.872 ***	31.617 ***	27.649 ***	35.911 ***	26.025 ***
R^2	0.004	0.468	0.399	0.368	0.430	0.354
ΔR^2	0.004	0.464	0.396	0.364	0.426	0.350

注：$* p < 0.05$，$** p < 0.01$，$*** p < 0.001$。

由表 5 - 11 可以看出，在控制了人口统计变量之后，变革型领导对创新自我效能感的回归系数为 0.684，解释的变异量增加了 46.4%，F 值为 41.872，回归效果在 0.001 的水平上显著。因此变革型领导对创新自我效能感有显著正向影响，假设 H2 得到验证。

同时可以看出，变革型领导的四个维度对创新自我效能感的影响程度。德行垂范在创新自我效能感上的标准化回归系数为 0.632，解释的变异量增加了 39.6%，F 值为 31.617，回归效果在 0.001 的水平上显著。因此，德行垂范对创新构想的执行有显著正向影响，假设 H2a 得到验证。

愿景激励在创新自我效能感上的标准化回归系数为 0.605，解释的变异量增加了 36.4%，F 值为 27.649，回归效果在 0.001 的水平上显著。因此，愿景激励对创新自我效能感有显著正向影响，假设 H2b 得到验证。

领导魅力在创新自我效能感上的标准化回归系数为 0.659，解释的变异量增加了 42.6%，F 值为 35.911，回归效果在 0.001 的水平上显著。因此，领导魅力对创新自我效能感有显著正向影响，假设 H2c 得到验证。

个性化关怀在创新自我效能感上的标准化回归系数为 0.593，解释的变异量增加了 35.0%，F 值为 26.025，回归效果在 0.001 的水平上显著。因此，个性化关怀对创新自我效能感有显著正向影响，假设 H2d 得到验证。

（3）员工创新行为对员工创新自我效能感的回归分析。

在员工创新自我效能感对员工创新行为的回归分析中，以员工创新行为为因变量，员工创新自我效能感为自变量，探讨员工创新自我效能感对员工创新行为的影响，有效样本为 341 份。详细分析结果见表 5-12、表 5-13。

表 5-12　　　　员工创新自我效能感对创新构想产生的回归分析

变量	创新构想的产生	
	M1	M2
性别	-0.076	-0.083
年龄	-0.105	-0.089
文化程度	-0.037	-0.031
职位类型	0.023	0.030
工作年限	0.030	0.006
企业性质	-0.028	-0.012

续表

变量	创新构想的产生	
	M1	M2
创新自我效能感		0.470 ***
F	0.0973	14.768 ***
R^2	0.017	0.237
ΔR^2	0.017	0.220

注：$*p < 0.05$，$**p < 0.01$，$***p < 0.001$。

由表 5 – 12 可以看出，在控制了人口统计变量之后，创新自我效能感对创新构想产生的回归系数为 0.470，解释的变异量增加了 22.0%，F 值为 14.768，回归效果在 0.001 的水平上显著。因此创新自我效能感对创新构想的产生有显著正向影响，假设 H3a 得到验证。

表 5 – 13　　创新构想的执行对员工创新自我效能感的回归分析

变量	创新构想的执行	
	M1	M2
性别	− 0.002	− 0.09
年龄	0.010	0.027
文化程度	− 0.082	− 0.075
职位类型	0.034	0.041
工作年限	− 0.055	− 0.082
企业性质	0.028	0.045
创新自我效能感		0.522 ***
F	0.534	18.564 ***
R^2	0.010	0.281
ΔR^2	0.010	0.271

注：$*p < 0.05$，$**p < 0.01$，$***p < 0.001$。

由表 5 – 13 可以看出，在控制了人口统计变量之后，创新自我效能感对

创新构想的执行的回归系数为 0.522，解释的变异量增加了 27.1%，F 值为
18.564，回归效果在 0.001 的水平上显著。因此创新自我效能感对创新构想
的执行有显著正向影响，假设 H3b 得到验证。

（4）中介作用的分析。

关于中介作用的检验，本研究采用 Baron 和 Kenny（1986）提供的中介
效应的三步检验法：第一步，做因变量对自变量的回归，回归系数应该显著。
第二步，做中介变量对自变量的回归，回归系数应该显著。第三步，把自变
量与中介变量同时加入回归方程，中介变量的回归系数应该显著；与此同时，
如果自变量的回归系数变得不显著，则说明是完全中介，如果自变量的回归
系数仍然显著但与第二步中相比显著性有所下降，则说明是部分中介。

第一，创新自我效能感在变革型领导和创新行为关系中的中介作用分析。

运用 SPSS 22.0 对创新自我效能感在变革型领导和创新行为之间的中介
作用进行分析，结果如表 5 - 14 所示。

表 5 - 14　　　　　　　　　　创新自我效能感的中介作用

变量	员工创新行为		
	M1	M2	M3
性别	- 0.035	- 0.033	- 0.036
年龄	- 0.038	0.000	- 0.001
文化程度	- 0.078	- 0.036	- 0.042
职位类型	0.035	0.019	0.026
工作年限	- 0.029	- 0.018	- 0.032
企业性质	0.009	0.008	0.016
变革型领导		0.709 ***	0.556 ***
创新自我效能感			0.223 ***
F	0.571	49.306 ***	47.833 ***
R^2	0.010	0.509	0.535
ΔR^2	0.010	0.499	0.026

注：* $p < 0.05$，** $p < 0.01$，*** $p < 0.001$。

从表 5 - 14 可知，变革型领导对创新行为的影响显著（β = 0.709，P <
0.001）；加入创新自我效能感中介变量后，变革型领导对创新行为的影响仍
然显著（β = 0.223，P < 0.001），但是影响程度明显减小。表明创新自我效
能感在变革型与创新行为的关系中起着部分中介作用，H4 得到了验证。

第二，创新自我效能感在变革型领导各维度和创新行为各维度关系中的
中介作用。

由于前面的内容已经验证了第一步和第二步的内容，下面仅对比分析加
入创新自我效能感这一中介变量后回归系数的变化（见表 5 - 15）。

表 5 - 15   中介作用对比分析

	创新构想的产生		创新构想的执行	
	β	β′	β	β′
德行垂范维度	0.600 ***	0.154 **	0.515 ***	0.328 ***
愿景激励维度	0.564 ***	0.203 ***	0.443 ***	0.400 ***
领导魅力维度	0.659 ***	0.074	0.483 ***	0.364 ***
个性化关怀维度	0.658 ***	0.123 *	0.511 ***	0.338 ***

注：* p < 0.05，** p < 0.01，*** p < 0.001。

从表 5 - 15 中可知：德行垂范对创新构想产生的影响显著（β = 0.600，
P < 0.001）；加入创新自我效能感中介变量后，德行垂范对创新构想产生的
影响仍然显著（β = 0.154，P < 0.01），但是影响程度明显减小。表明创新自
我效能感在德行垂范和创新构想产生的关系中起着部分中介作用，H4a 得到
了验证。

愿景激励对创新构想产生的影响显著（β = 0.564，P < 0.001）；加入创
新自我效能感中介变量后，愿景激励对创新构想产生的影响仍然显著（β =
0.203，P < 0.001），但是影响程度明显减小。表明创新自我效能感在愿景激
励和创新构想产生的关系中起着部分中介作用，H4b 得到了验证。

领导魅力对创新构想产生的影响显著（β = 0.659，P < 0.001）；加入创
新自我效能感中介变量后，领导魅力对创新构想产生的影响仍然显著（β =
0.074，P = 0.174），回归系数不显著，表明创新自我效能感在领导魅力和创

新构想产生的关系中起着完全中介作用，H4c 得到了验证。

个性化关怀对创新构想产生的影响显著（β＝0.658，P＜0.001）；加入创新自我效能感中介变量后，个性化关怀对创新构想产生的影响仍然显著（β＝0.123，P＜0.05），但是影响程度明显减小。表明创新自我效能感在个性化关怀和创新构想产生的关系中起着部分中介作用，H4d 得到了验证。

德行垂范对创新构想执行的影响显著（β＝0.515，P＜0.001）；加入创新自我效能感中介变量后，德行垂范对创新构想执行的影响仍然显著（β＝0.328，P＜0.001），但是影响程度明显减小。表明创新自我效能感在德行垂范和创新构想执行的关系中起着部分中介作用，H4e 得到了验证。

愿景激励对创新构想执行的影响显著（β＝0.443，P＜0.001）；加入创新自我效能感中介变量后，愿景激励对创新构想执行的影响仍然显著（β＝0.400，P＜0.001），但是影响程度明显减小。表明创新自我效能感在愿景激励和创新构想执行的关系中起着部分中介作用，H4f 得到了验证。

领导魅力对创新构想执行的影响显著（β＝0.483，P＜0.001）；加入创新自我效能感中介变量后，领导魅力对创新构想执行的影响仍然显著（β＝0.364，P＜0.001），但是影响程度明显减小。表明创新自我效能感在领导魅力和创新构想执行的关系中起着部分中介作用，H4g 得到了验证。

个性化关怀对创新构想执行的影响显著（β＝0.511，P＜0.001）；加入创新自我效能感中介变量后，个性化关怀对创新构想执行的影响仍然显著（β＝0.338，P＜0.001），但是影响程度明显减小。表明创新自我效能感在个性化关怀和创新构想执行的关系中起着部分中介作用，H4h 得到了验证。

5.5　讨论与管理启示

5.5.1　讨论

本研究以高科技企业员工为研究对象，分析了变革型领导在以创新自我效能感为中介作用的条件下，对员工创新行为的影响。

第一，变革型领导对员工创新行为有显著影响。变革型领导的四个维度德行垂范、愿景激励、领导魅力和个性化关怀对员工创新行为都有显著正向影响，这和绝大多数学者的研究相一致。但也出现了和前人不同的结论：多数学者通过对变革型领导的四个维度对创新行为影响的实证分析中，得出德行垂范对创新行为的影响最大，这和李超平当时提出德行垂范这个维度相吻合，因为这个维度是在中国情境下特有的一个维度。而本研究得出，愿景激励和个性化关怀对创新行为的正向影响最大，其次是领导魅力，再次是德行垂范。在做回归分析时，之前将四个维度同时作为自变量放入回归方程式时，采用逐步分析法只保留了愿景激励和个性化关怀两个维度，这和愿景激励、个性化关怀对员工创新行为的影响最大有关。

第二，变革型领导对创新自我效能感有显著影响。变革型领导的四个维度德行垂范、愿景激励、领导魅力和个性化关怀对创新自我效能感都有显著正向影响。在这四个维度中，愿景激励对创新自我效能感的影响最大，其次分别是个性化关怀、领导魅力和德行垂范。在做回归分析时，如果将四个变量同时作为自变量对创新自我效能感进行分析时，出现了和第一点一样的情况，只保留了愿景激励一个维度，所以本研究的回归分析都是分别将各个维度作为自变量进行的回归分析。

第三，创新自我效能感对员工创新行为有显著正向影响。也就是说员工对自己创造能力的觉察和认同度越高，员工的创新行为也越高；反之，员工对自己创造能力的觉察和认同度越低，员工的创新行为也就越低。

第四，创新自我效能感在变革型领导和员工创新行为的关系中具有中介作用。通过研究发现，创新自我效能感分别在变革型领导的四个维度，即德行垂范、愿景激励、领导魅力和个性化关怀中对员工创新行为起着部分中介作用。

5.5.2 管理建议

（1）变革型领导风格特性的拓展运用。

在管理实践中，对存在变革型领导风格的企业，应当加强变革型领导理论的培训和学习，一个有效的领导，不但应当具备相应的领导特质，更应当持续学习，使头脑中的管理理念适应知识更新和环境变化，比如到其他企业进行交流学习、参加培训班或者到国外进修，不断提升自身业务素质和改进管理方式，以适应不断变化的企业内外部环境。

本章的研究结果显示，变革型领导者的魅力行为影响和个性化关怀两个维度与知识型员工创新行为影响关系中发挥的作用不显著，对此在中国企业情景下，领导者应该注重个人魅力的提升，在日常管理工作中，有意识的使自己成为员工的典范，事事严格要求自己，由于知识型员工具有鲜明的个性以及不畏权威，因此领导者应运用个人魅力渲染员工，获得员工的尊重和信任，使员工认同领导者宣传贯彻实行的组织愿景和企业目标，有信心与企业共同发展。个性化关怀方面应当深入员工的内部，与员工保持密切联系，重视和了解每一个员工的需要和职业规划，根据获得的信息来指导和培养他们，并且给员工创造机会，鼓励员工积极参与企业目标的实现过程，并真诚地为员工成长提出建议，增强员工的归属感和工作满意度，在工作中增强创新效能感并积极投入创新实践，使得员工和企业共同成长。

同时，变革型领导风格的领导者，应当根据员工的不同个性特点实行差异化的领导方式，比如对于创新自我效能感低的员工，应当在工作上尽量给予他们更多的支持，通过宣贯成功案例和企业良好的发展前景，使得员工激发自己的创新信心，由此结合自身较高知识素养，主动和自信地参与创新，并且领导者应当主动给予员工工作绩效和员工创新方面的反馈，最终实现这类员工效能感的提升，积极主动的参与到创新实践中去。而对于创新自我效能感高的员工，他们同时具有较高的专业素养和高效能感，因此应当适当的对此类员工授权，给予员工工作上的自主性，满足他们自我管理和实现自我价值的需求，并且领导者可以通过自身的角色模式来感染员工，激发员工的创新动机，由此增强变革型领导的有效性。

本研究在中国企业文化背景下得出，变革型领导风格对知识型员工创新行为产生显著影响，而为了更有效地发挥变革型领导风格的作用，同样需要其他领导风格的结合运用来激励知识型员工的创新行为，因此应当有意识的借鉴家长式领导风格和魅力型领导风格的有关特征，拓展变革型领导方式的积极作用。

高科技企业的员工一般都是受过高等教育，掌握大量的知识，崇尚自由民主的工作环境，在变革型领导风格的组织中，重视对员工的愿景激励，此时一旦员工过于追求民主而不服从管理，组织中的权威对他们产生较小的控制力，这样不利于企业的管理制度的实施，阻碍企业目标的实现。而相应的，家长式领导风格的领导者强调员工的服从，多采用命令和指挥的方式参与员工工作。这两种领导风格的结合会使员工在感受到企业关怀的同时，了解制度和规则的重要性，不断调整自身的行事习惯，更加符合企业发展要求。同样的，高科技企业的员工更加注重精神激励和个人自我价值的实现，在工作中渴望展示自己的能力，得到他人的认同，变革型领导会给予员工个人魅力影响，拓展变革型领导的作用。

（2）注重高科技企业员工管理。

第一，重视员工的学习和培训。在当今社会，知识是创新的基础，知识更新换代的速度加快，变革型领导对员工进行智力激发和动机感召，会使员工意识到自己的优势和不足，加之高科技企业的员工有着很强的学习欲望和学习能力，渴望提升自己的专业素养，能主动涉猎更广领域的知识，适应自己工作和知识更新的要求。为了能更好地适应岗位要求和取得自身发展，并且在知识时代保持持续的优势，满足企业内外部环境需要，就要重视员工的学习和提供培训。在美国培训与发展协会的一项研究中表明，如果在员工培训中增加创新方面的技能和知识，则会促进企业创新绩效的提高。对此企业应当根据自身的定位和发展现状，设计适合本企业员工提升各方面素养的相关培训方案，比如到其他企业进行访问学习、参加学术会议、国外进修以及举办培训课程等。派送员工到其他企业进行访问学习，通过交流学习使员工获得有用的工作经验和工作方式，结合自身工作方式产生思想碰撞，提出创新型的构想应用于以后的工作；参加学术会议和举办培训课程，聘请有经验的技术讲师和业内知名企业家做汇报和技术指导，使员工感受到公司对自己的培养以及个人发展的关注，不断让自身拥有的专业知识得以更新，获取行业内的新知识和新观念，满足岗位技术要求的同时，提升自己对知识和技能的创新意识；通过派部分员工去国外进修，可以使员工接受国外新的技术和观念，满足他们对新事物的渴求，使他们带回来的新技术和新思想与先前国内的思想产生碰撞和结合，从而产生有创造性的想法。

第二，适当放权，加强员工自我管理。高科技企业员工喜欢投入自己热衷的活动中，此时如果没有相应的话语权去从事这一活动，则会阻碍员工的工作热情，甚至使员工产生倦怠和消极的心理。因此领导者应当适当放权，在员工工作过程中进行监督和指导，而不是过于干涉。领导者在让员工明确自己期望的同时，意识到自己的成长和组织成长是紧密相连的，能积极主动的参与创新，增强创新的自主性和自信心，即创新自我效能感的提升，以此让员工为企业创新绩效的提升付出努力。基于此，变革型领导应当注重启发员工产生新想法，激励员工挑战自我，采用精神激励中的赞许、树立典范或者晋升等手段激励员工表达新的见解和创意。在不同的文化价值取向背景下的人们，对同样的信息往往有着不同的解读。在中国企业的文化背景下，领导者应当注重自身的魅力影响和加强对员工的个性化关怀，本研究的分析结果表明了企业的各级领导者在变革型领导的这两个维度普遍存在缺陷。因此中国企业情景下，变革型领导应当加强自身的领导魅力，给予员工个性化的关怀，帮助员工成长，善于给员工肯定和鼓励，让员工在自我管理的过程中，感受到领导者对自己价值观的认同，加强个人创新自我效能感对自己创新行为的推动作用，以此达到个人目标和团队目标的有效融合，员工在领导者感召下为组织目标的实现而付诸努力，以至自我价值的实现以及组织目标的达成。

（3）建立领导和员工的双向激励机制。

第一，员工"激励"领导者创新。领导者应当注重对企业员工的激励，同样的，员工自身的创新意识和工作态度也能对领导者产生影响。新入职的员工朝气蓬勃，有强烈的欲望立足岗位实现自我价值，他们给公司带来的不但是专业知识和技术，而且是新的朝气和能量；变革型领导者在让员工感受到个人魅力和对他们的关怀的同时，也会被这个员工群体所感染，意识到自己也应该拥有持续的热情和更新观念来进行公司的治理。高科技企业员工注重他人的看法并且希望得到他人肯定，当领导者了解员工的成就需求，尊重员工的新思维，并且积极提供反馈意见或者给予员工相应的赞许时，会激发员工的斗志，此时员工感知到领导者对自己的尊重和支持，会提升自己的工作满意度，则会更加积极地参与到公司运作当中，比如在公司会议或者与领导者交谈中，充分表达出自己对公司发展的信心以及对公司运作的建议，这些建议不但可能带来公司进一步的发展和创新绩效的提升，而且会使领导者受到员工的鼓励，更加坚定的带领员工们为公司目标而努力。

第二，注重领导者和员工双向激励制度。领导者和高科技企业员工作为现代企业发展动态过程中的重要部分，两者的相互促进有利于组织创新环境和良好工作模式的构建。领导者应当有迅速适应组织环境变化的能力，能够清楚的了解所处的环境以及员工的特征，从而采取相应的激励措施，使得领导者和员工均可以保持持久的动力和热情投入创新活动。在企业实践中，在领导者要求员工做出相应贡献之前，应当自己首先要贡献，在中国企业情境下，企业领导者可以参考日本企业的相关措施，考虑培养全能型的高素质员工，而不是让员工只关注自己工作范围内的业务能力，以此来降低管理成本、增强企业内部的凝聚力、促进企业创新氛围的创建，达到员工和企业的共同成长。高科技企业的员工喜欢挑战自我，以此来证明自己的实力和实现个人价值。相反，单调和一成不变的工作则会挫败他们的工作积极性。所以当企业采取轮岗或者工作调换等措施来促进员工全方位成长时，会产生预期的效果，即提升员工的工作绩效，让员工提升自己的创新自我效能感，跟随领导者的步伐，积极参与组织目标和愿景的实现。反过来，这样做的结果又会促进领导者对自己的领导行为和风格不断进行反思，根据企业实际情况，持续改进自己的领导行为，达到管理创新，从体制机制的层面，为企业创造出竞争优势。

5.6　研究局限与未来展望

5.6.1　研究局限

由于各种因素，本研究存在某些限制和不足：

（1）样本方面的局限性。

本研究问卷发放的地区主要是广西、山东和山西省的高科技企业，样本缺少一定的普遍性，同时取样没有足够的随机性，所以导致数据可能不具有一定的代表性。由于发放问卷主要是发给了自己家乡所在地、本科学校所在地和现在学校所在地，所以回收的问卷主要分布在广西、山东和山西，针对全国来说，数据缺乏一定的普适性。

（2）运用方面的局限性。

本研究量表的填写都是由员工填写，包括对自己直接上级领导的评价和对自己的评价，这样容易导致同源方差的问题。虽然本研究已经分析了共同方法偏差对研究结果没有影响，但是想要杜绝却很难。评分存在很大的主观性，人们一般都易于高估自己，低估他人，所以在打分时，容易出现评价自己领导时评分偏低，对自己自我评价较高，造成数据出现偏差。虽然在后来的数据分析中得出了本研究所需要的部分结论，但是未来的研究仍然可以考虑从不同的来源来获取数据，增强研究的准确性。

（3）使用数据方面的局限性。

本研究使用的是截面数据，本次研究三个变量的测量都是在同一时间进行的，而实际上，从变革型领导到创新自我效能感，从创新自我效能感到员工创新行为都是需要时间间隔的。在同一时间收集来的数据无法检验这其中的动态变化，因为变革型领导风格、创新自我效能感和创新行为之间应该是个长期的互动过程，这是本研究的一个局限。

5.6.2　研究展望

本章研究了高科技企业变革型领导对员工创新行为的作用机制并通过实证分析加以检验和完善，但正如前文所提出的，本研究依然存在很多局限性，很多观点还不够成熟，对后续研究主要有以下几点展望：

（1）变革型领导对员工创新行为的影响是个动态过程，在以后的研究中不仅要增加样本量，扩大发放范围，而且要注意设计纵向数据的研究。在中国文化背景下，参照企业的内外部环境，把影响员工创新行为的其他一些因素如政府政策、行业差异、地区差异等考虑进来，因此对员工创新行为的影响因素的研究应当逐渐趋向于系统性的研究，未来的研究可以考虑采取更广范围的样本，在我国其他地区乃至国外进行调研并进行比较，加强研究的推广性，并且合理运用于管理实践，使企业发展有着持续科学先进的管理理念的指导，促进我国企业发展，推动国家经济社会不断进步。

（2）开发适用于中国情境下的创新自我效能感量表。迄今为止，国内学者在关于创新自我效能感的研究过程中，均采用了国外学者开发的成熟量表。考虑到中西方政治文化经济背景的差异和语言环境的不同，对变量的测量不一定与中国情景完全吻合，所以在以后的研究中，可以开发一个适合于中国国情的创新自我效能感量表。

（3）在以后考察领导方式对员工行为的影响机制时，数据来源方面，可以采用领导—下属配对调查的方式进行调研，以减少共同方法偏差的影响。不仅要员工进行评价，也要采用合适的量表和方式如访谈、实地研究等获取领导的评价，使数据更具有客观性。

（4）优化研究结构。本研究将创新自我效能感作为中介变量研究了变革型领导对员工创新行为的影响机制，并通过实证研究验证了一些研究假设。但是本研究只是初步探讨，希望以后的研究可以引入其他一些员工个体层面的变量，如心理动机、员工满意度等进行研究。个体都是在组织环境下工作的，所以未来研究也可以加入一些团队、组织层面的变量研究，更好地完善研究模型，也使其更好地应用于企业管理的实践中。

5.7 小 结

变革型领导在当今时代得到了很多管理大师的认可，也有很多学者就变革型领导与员工创新行为的关系展开研究，大部分学者的研究结论认为两者之间存在显著的正相关。但是很少有人从变革型领导的不同维度对员工创新行为的影响进行研究。

变革型领导方式是在领导与员工的不断接触中产生效果的，也是在这样的过程中影响员工的行为和工作方式。变革型领导和员工创新行为的关系作用机制仍未被深知，有一些学者引入了一些中介变量：组织氛围、组织信任、工作价值观、心理授权等，但是很少有人引入创新自我效能感作为中介变量去研究。综上所述，本研究将构建"变革型领导→创新自我效能感→员工创新行为"这一逻辑模型，试图从创新自我效能感的新视角去打开变革型领导对员工创新行为的影响机制的"黑箱"。旨在探讨高科技企业如何鼓励员工创新行为的途径，一方面丰富理论研究，另一方面也为企业的管理实践提供参考，从而为企业管理者提供建议。

具体来说，本研究的理论创新表现在：第一，本研究通过细化对比的方式，深入探讨了变革型领导的四个维度对员工创新行为及其两个维度的影响，从而对比分析他们的差异性影响。尽管有一些学者研究了变革型领导对员工创新行为的影响，但是本研究进行的是细化研究，有助于更深入理清变革型领导的具体影响效应。第二，以创新自我效能感为中介变量，验证了变革型领导与员工创新行为之间的影响关系。尽管变革型领导、创新自我效能感和员工创新行为之间的影响路径，表面看来似乎非常明显，但是在实证研究中也存在一定的差异。本研究则是引入创新自我效能感作为中介变量，试图说明变革型领导对创新行为的作用机制。

研究结果表明：第一，变革型领导的四个维度：德行垂范、愿景激励、领导魅力和个性化关怀对员工创新行为均有显著正向影响，其中愿景激励和个性化关怀对员工创新行为的影响最大。第二，变革型领导的四个维度：德行垂范、愿景激励、领导魅力和个性化关怀对创新自我效能感均有显著正向影响，其中愿景激励对创新自我效能感的影响最大。第三，创新自我效能感对员工创新行为有显著正向影响。第四，创新自我效能感在变革型领导和员工创新行为的关系中起到了部分中介作用。

本研究的结论为领导者更好地促进员工创新行为提供了依据。在行使领导行为的过程中，要促进变革型领导行为的表现，特别是领导魅力维度的驱动力，还要借助创新自我效能感的中介作用，通过提高员工创新自我效能感来激励员工、提高员工的工作自主性，进而提高员工的创新行为、提升企业组织绩效。

6 中小企业组织公平感、敬业度及员工行为的关系机制研究

在当代，中小企业无论是对于高端人才的竞争还是对先进技术的竞争，都是为了绩效的高产出，目前，随着人们对公平问题关注度的提高，怎样通过提高组织公平感、提高员工对组织的敬业度，进而提高他们的工作绩效，已成为中小企业人力资源管理必须面对的问题。但是，以往的研究大多只关注组织公平感如何影响工作绩效，而对其中介机制的研究还很少。本研究在国内中小企业研究背景下，引入敬业度这一中介变量，来探索中小企业员工的组织公平感、敬业度对工作绩效的影响，以期给国内中小企业管理实践以有益启示。

6.1 引 言

世界经济全球化的步伐随着知识经济社会的到来而日益加快，这也为我国的中小企业带来不小的冲击和压力，与国有企业、大型企业以及外资、合资企业相比，我国的中小企业面临着起步晚、融资难、资金少、管理方法粗放落后以及行业壁垒等问题。在激烈的外部竞争下，中小企业员工成为了各中小企业相互争夺的宝贵资源，也是中小企业的最有升值潜力的资源，他们对于中小企业未来的发展具有重大意义，必须加强对他们的管理、维护和开发。

目前，已经有较多文献研究组织公平感与工作绩效之间的关系，许多研究者认为，员工的组织公平感能够较好地预测其工作绩效，早期的研究也认为基于公平交换的前提，组织公平感将会直接影响员工的工作业绩（Adams，1965），也有研究表明组织公平感可以有效地影响员工的态度和行为，促进其工作绩效（Konovsky，1991；Williams，1999）。但是，也有学者对此提出了质疑，他们研究发现组织公平感的各维度与工作绩效的相关系数较低，组织公平感可以通过一些中介变量来实现对工作绩效的影响（Gilliland，1994）。因此，学术界开始寻找能够对工作绩效有更强预测能力的变量。国外的一些知名的管理咨询机构如韬睿和翰威特公司通过多年研究得出了比较一致的结论：真正影响企业绩效的是员工的敬业度水平。被称为管理奇才的通用公司前总裁杰克·韦尔奇认为如果一家公司想在竞争激烈的市场中取得成功，那么这家公司必须尽力促使每个员工都敬业，这很好地诠释了敬业度在企业中所起到的不可替代的作用。

随着中小企业所面临的压力和挑战日趋增加，怎样通过提高组织公平感，改善员工对中小企业的敬业度，从而提高员工的工作绩效，已成为中小企业人力资源管理必须面对的问题。因此，研究我国中小企业员工的组织公平感、敬业度对其工作绩效的影响，具有重要的实践和应用价值。首先，本研究通过理论分析和文献回顾，探索性地将敬业度这一概念作为组织公平感对工作绩效影响的中介变量来探讨组织公平感与工作绩效之间的关系。本研究的理论意义在于进一步丰富组织公平感理论和员工敬业度理论，以往的研究大多数只是将组织公平感与工作绩效两者加以分析，或者以组织承诺为中介变量来研究，本研究则是将敬业度作为中介变量，去打开中小企业员工的组织公平感对工作绩效的影响机制的"黑箱"。因此，在中小企业的研究背景下，本研究结果不但是对员工敬业度理论的有益补充，也有益于对组织公平感理论的补充与完善，同时更为将来深入细致地研究组织公平感与工作绩效之间的关系提供了一个新的途径和方向。其次，本研究也可以让中小企业组织管理层，了解到组织公平感如何通过员工的敬业度来影响员工的工作绩效，这样有助于中小企业更好地了解组织公平感对敬业度与工作绩效的影响作用，即加大组织公平力度有利于员工产生积极的工作态度与行为，从而提高员工对组织的敬业度，进而影响到员工的工作绩效与组织目标的实现。因此，深入研究组织公平感、敬业度与工作绩效的关系，有利于为中小企业制定决策提供依据，从而有利于中小企业趋利避害、合理开发人力资源，提高经济效益和社会效益。

6.2 研究假设与模型构建

6.2.1 组织公平感的概念及维度划分

国外对组织公平的研究始于 1965 年 Adams 对分配公平的研究。Adams 在

《在社会交换中的不公平》一文中提出了公平理论。他认为，在企业环境中，员工不仅关注自己所得报酬绝对值的大小，更关注报酬的分配是否公平合理，以及是否受到公平的对待。公平与否主要依据员工对所付代价与所得报酬的比较。当员工发现自己所付代价与所得报酬之比同他人所付代价与所得之比相等时，就感到所受待遇是公平合理的；反之，则会产生不公平感。在缺乏公平感的情况下，员工就会产生不满的情绪，采取减少付出、要求增加报酬、放弃工作等消极行为。公平理论比较偏重于分配结果的公平，后来被称之为"分配公平"。

早期人们只关注于分配结果公平，后来发现个体对分配的察觉还受到分配过程中使用的程序和方法的影响。Thibaut 和 Walker（1975）提出了程序公平的概念。他们通过研究不同的司法审判程序如何影响诉讼者对审判结果的满意度以及他们对审判过程的组织公平，提出了有关程序公平的两个重要概念，即过程控制和决策控制。Leventhal（1980）把程序公平的观点用到组织情境中，提出了程序公平的六原则：①一致性原则；②避免偏见原则；③准确性原则；④可修正原则；⑤代表性原则；⑥道德伦理原则。

分配公平和程序公平由此成为组织公平研究的两个最基本的维度。1986年，Bies 和 Moag 关注在程序执行时人际互动方式与公平感的关系，并提出了"互动公平"的概念。互动公平关注的是在程序实行过程中程序的执行者对待员工的态度、方式等对员工的组织公平感的影响。随着研究进一步深入，Greenberg（1990，1993）又将互动公平分解成为两个部分：人际公平和信息公平。人际公平反映的是员工被那些与执行程序和决定结果有关的当权者以礼相待和尊重的程度；信息公平是指向员工传递有关信息，解释为什么采取某种分配程序和为什么是这样的分配结果的程度。从以上定义可以看出，组织公平感关注的是员工对工作环境的公平性的认知、感知、知觉程度。因此，在中小企业研究背景下，综合国内外研究综述，本研究将组织公平感定义为：工作场所中，员工对组织对待他们的公平性、公正性的感知程度。

虽然组织公平感的研究已经十分丰富，但学术界在组织公平感的维度问题上仍一直存在着分歧。对于组织公平感的维度划分以及各维度之间的关系，研究者们纷纷提出了各自的观点。在国外学术界归纳起来有单维、二维、三维和四维四种观点。

单维观点：自 Adams（1965）公平理论的提出至 1975 年，学术界只关注分配公平，认为组织公平感是单维的。研究者们认为分配公平与程序公平联系紧密、无法区分，即使在程序公平被提出后，两者的独立性也仍存在争议。如 Tsui 等（1997）认为组织公平感只有一个维度，同时包括程序公平和分配公平。Cropanzano 和 Ambrose（2001）提出，虽然有必要对程序公平和分配公平加以区分，但有时却可能夸大了两者的区别。目前以单维观点为依据的研究已经很少见了。

二维观点：该观点认为组织公平感分为分配公平和程序公平两个维度。Thibaut 和 Walker（1975）提出程序公平之后研究者们指出，分配公平和程序公平虽然相互联系，但却有很大的区别。分配公平更关注分配结果的公平，而程序公平侧重达成结果所采用的程序和方法的公平，二者可以被区分开。如 Fryxell 和 Gordon（1989）的研究显示，分配公平与程序公平存在差异，并分别影响组织变量。Yochi 和 Spector（2001）认为组织公平感分为分配公平和程序公平两个维度，该观点得到了一些研究者的认同（Alexander，1987）。

三维观点：该观点认为组织公平感分为分配公平、程序公平和互动公平三个维度。自 Bies 和 Moag（1986）提出互动公平以来，研究者们对于互动公平是否可作为一个独立的维度持有不同的观点。Tyler 和 Lind（1992）、Tyler 和 Bloder（2000）认为互动公平是程序公平的一部分。Masterson 和 Lewis等（2000）提出，互动公平可作为一个独立的维度而存在，并与分配公平、程序公平共同构成组织公平感。同时，程序公平和互动公平通过不同的干涉机制对其他变量产生影响。Cohen—Charash 和 Spector（2001）认为，虽然分配公平、程序公平和互动公平具有高相关性，但却是三个不同的维度。

四维观点：该观点认为组织公平感分为分配公平、程序公平、信息公平和人际公平四个维度。Greenberg（1990）认为互动公平可被细分为信息公平和人际公平。Colquitt（2001）通过对 25 年来研究文献的分析证明，可以在实证上区分这四个维度。当然，也有研究者对组织公平感四维结构的划分提出了质疑。然而，近年来，许多研究者都支持四维观点，如 Kernan 和 Hanges（2002）、Jones（2003）、Judge 和 Colquitt（2004）都采用组织公平感的四维结构展开研究。

国内对组织公平感的研究起步较晚，对组织公平感的研究和测量都是在参考国外相关理论和工具的基础上展开的，虽然国内学者对组织公平感的维度划分也有分歧，但具体到组织公平感的维度构成方面，大都依据 Niehoff 和 Moorman（1993）的三维度划分方法，维度的构成都从分配公平、程序公平和互动公平三个维度衍生而来。张秀娟（2005）等学者的研究更是证实了分配公平、程序公平和互动公平在国内样本的测试中也可以很好地区分开来，具有较高的信度和效度，并且得到了后续研究学者的验证和支持。因此，在中小企业研究背景下，综合国内外研究综述，本研究将组织公平感分为：分配公平、程序公平和互动公平三个维度。

6.2.2　敬业度的概念及维度划分

"敬业"精神从古到今都是中国人民世代传承的美好品德。儒家经典著作《礼记·学记》便首次对"敬业乐群"的概念进行了明确的界定，而我国南宋著名的理学家朱熹便提出"敬业者，专心致志以事其业也"，告诫后人在看待自己的工作时一定要报以严肃认真的态度。

敬业度的概念是由 Kahn 提出的全情投入概念而来。Kahn（1990）通过深度访谈等方法提出全情投入概念，并结合自我和角色理论，将敬业度定义为个体在组织中完成工作任务的过程中将自我与工作角色相结合，同时投入个人的体力、认知和情感的程度，是一种积极的、追求最佳角色表现的状态。从他对敬业度所下的定义中看出，Kahn 认为，员工个体自我和工作角色的融合程度高低就决定了该员工个体的敬业度水平的高低。一个个体越全情投入，即敬业度越高，则这个个体就越认同其担任的工作角色，继而创造出该工作角色所期望和要求的工作绩效。

Maslach 等人（2001）认为，敬业度是与工作倦怠相对立的一种工作状态，这两种工作状态处于一个三维连续体的两个极端，但这两种工作状态并不互相独立，敬业度以精力、卷入和效能为特征。但 Schaufeli 和 Bakker（2004）通过验证性因子分析得出的结论并不支持 Maslach 的这一看法。已有研究显示，敬业度与工作倦怠这两种工作状态并不处在一个连续体的两端，而且互相之间相关性很低，基本相互独立。

Rothbard（2001）也从心理学的视角对员工敬业度作了定义。他认为员工敬业度其实是员工一种内心的存在，这种存在由员工对组织的持续关注和对组织的更多投入这两部分构成；关注强调员工认知的有效性以及员工在考虑个人的工作角色上所花费的时间，全部投入指完全投入到一个角色中去。

Harter 和 Schmidt 等人（2002）将敬业度定义为，个体对工作的卷入、满意以及热情程度。Schaufeli 等人（2002）将敬业度定义为，以活力、奉献和专注为特征的，与工作相关的一种积极的、充实的心理状态，这种状态具有持久性和弥漫性的特点，它不聚焦于某一特定的个体、行为或事件。

此外，许多著名咨询公司也从实践的角度对敬业度下了不同的定义。盖洛普咨询公司（2005）认为，敬业度是个体在情感上认同和投入其从事的工作和所在组织的程度，是组织在员工工作过程中为他们创造良好的工作环境，使员工个体的优势得以发挥的基础上，使员工们切实感受到自己是所在部门或组织的一分子，从而产生强烈的归属感和主人翁意识。并以员工在情感上对其所从事的工作和所处组织的认同和投入为标准，将在组织中工作的员工分为敬业员工、从业员工和怠业员工三大类。可以从盖洛普咨询公司对敬业度所下的定义看出，敬业度一方面强调员工个体在情感上对工作和组织的投入；另一方面强调员工所拥有的对组织的归属感。翰威特咨询公司（Hewitt）也从员工工作的行为方面对敬业度这一概念进行了界定，这种界定主要体现在翰威特在他们的"最佳雇主"调查中。翰威特认为员工敬业度是员工愿意留在公司的程度以及为公司努力工作的程度，是"员工在情感和知识方面对企业的一种承诺和投入"。而敬业的员工是指那些在组织中不惧怕任何困难，敢于挑战自我，并全身心投入工作，专心致志地为组织解决问题，并能够为组织创造良好经济效益的员工。韬睿咨询公司则将员工敬业度定义为，员工帮助其所在组织获得成功意愿的强弱程度。

从以上对敬业度定义的介绍可以看出，无论是学者们还是各个咨询公司，对敬业度所下的定义及对其内涵的理解和认识都是不完全相同的，他们都是从各自的研究领域和研究视角对敬业度进行剖析。但学者们和各个咨询公司对敬业度所下的定义又有某些共同之处。他们都认为，具有敬业度的员工会在工作、群体或组织这些层面当中的一个或多个产生认同并付出投入，通过他们的积极的行为能够为组织的绩效带来正面的影响。

在中小企业研究背景下，综合国内外研究综述，本研究将员工敬业度定义为：员工对其所从事的工作、所处群体及整个组织在情感上的认同和行动上的投入程度。这一定义一方面强调员工在认识、情感等思想方面对工作和组织的认同，是一种积极主动的意识；另一方面强调实际行动上的投入，表现为一种积极主动的行为，当然也需要能力作为支撑。

由于不同的学者和咨询公司对敬业度的概念有着不同的理解，因此，他们在对敬业度的维度划分上也有着不同的观点。

Kahn（1990）是最早提出"敬业"概念并对其进行比较深入研究的美国学者，他认为敬业度由生理（physical）、认知（cognitive）和情感（emotional）三个维度构成，其中生理敬业是指员工对自己在组织中身份具有很高的认同感，在工作中具有很强的奉献精神；认知敬业是指员工清晰自己的工作角色和职责，并认为组织为自己提供了胜任岗位职责和完成工作任务所需的各种资源；情感敬业是员工与组织其他成员之间相互信任，在工作中高度投入，具有强烈的责任感和自豪感。

Maslach 和 Leiter（1997）在进行工作倦怠的研究中将敬业度划分为枯竭和讥讽两个维度，如果某个员工在这两个维度上得分较低，便可认为这个员工具有较高的敬业度。Schaufeli 和 Bakker（2004）经研究认为，敬业度包括活力、奉献和专注三个维度。活力表现为员工愿意为自己所从事的工作投入精力和时间；奉献表现为员工为自己所从事的工作感到自豪并且勇于承担具有挑战性的工作；专注表现为员工的自我与工作角色相融合，完全沉浸于工作之中。因为 Schaufeli 对敬业度量表的设计在目前学术界是比较成熟的，这个量表在学者们的多次实证研究中都验证了它的有效性，因此他对敬业度的这种维度划分也成为目前学术界比较主流的和被广泛接受的。

Hardaker 等（2005）将敬业度划分为理性敬业（Rational Engagement）和感性敬业（Emotional Engagement）两个维度。理性敬业是指工对组织产生敬业只是因为自己能从组织中获取自己生理或心理的所需；而感性敬业是指员工的敬业主要来源于自己对组织在情感的高度投入和认同。韬睿咨询有限公司在对员工敬业度进行研究时也支持这种划分方法。

盖洛普咨询公司（2005）从敬业度概念构成角度将敬业度划分为自信、忠诚、自豪和激情四个维度。Saks（2006）认为，员工的敬业度根据其在组织内代表的角色不同，可分为组织敬业度和工作敬业度。工作敬业度是指员工将自己的敬业行为体现在自己所从事的工作中，仅仅对自身工作表现出敬业精神；而组织敬业度是指员工将自己的敬业行为体现在自己所属的组织中，会对组织产生强烈的认同感归属感。

在中小企业研究背景下，综合国内外研究综述，本研究将敬业度作为一个整体来研究，探寻组织公平感、敬业度和工作绩效三者之间的具体关系。

6.2.3 工作绩效的概念及维度划分

早在1966年，Katz和Kahn就对工作绩效进行了研究和界定，他们认为工作绩效包含两个方面的行为：一是员工为了完成工作职责而产生的行为，即角色内行为，二是员工为帮助其他个体更好地工作进而达成组织目标所产生的行为，即角色外行为，这种角色外行为又被称为组织公民行为。

Campbell（1983）将工作绩效定义为员工对特定目标的达成程度，不仅包括工作职责完成情况，还包括人际性和激励性的成分。在二者研究的基础上，Borman和Motowidlo（1993）提出了绩效的二维模型，他们认为工作绩效包括任务绩效和关联绩效，其中任务绩效是与员工的工作职责、个体能力、工作熟练程度密切相关的绩效，而关联绩效包括人际关系技能，帮助他人完成工作任务的意愿和动机，与绩效的组织特征密切相关。随着研究的深入，该观点获得了越来越多的学者的认可。

Scotter和Motowidlo（1994）通过实证研究发现任务绩效和周边绩效能够明显地区分开来，且二者分别独立地对整体绩效起作用，这更进一步证实了绩效二维模型。

Schneider（1995）将工作绩效定义的十分简洁，他认为工作绩效就是个人或系统的所作所为。当然，他指的个人或系统的行为是指为了达到工作目标而做出的行为。

我国学者也对工作绩效进行了界定和研究。林泽炎（1999）将工作绩效定义为经过考评的工作行为、表现及其结果。杨杰、方俐洛和凌文辁（2000）认为工作绩效是员工在某个时间范围内以某种方式实行的某种结果，是时间、方式和结果的统一体。彭泽（2002）认为工作绩效是指员工根据企业生产经营目标，按照领导安排的工作任务，在预定的期限内所取得的工作绩效和工作成果。

分析学者们对工作绩效的定义可以发现：学者们对绩效的定义主要有两个观点，一种观点认为绩效以一种结果，可以通过评价员工的工作结果来决定其绩效的高低（Kane，1976）；另一种观点则认为把绩效看作一种结果的观点过分强调结果，而忽视了对工作结果产生重要影响的一些因素，是不科学的，将绩效定义为员工在完成工作任务时所表现出的行为更合理（Campbell，1990）。综合以上两种观点后，我国学者陈学军和王重鸣（2001）指出绩效的内涵不仅仅只是传统意义上的直接行为结果，也是一个行为过程。

基于中小企业的研究背景，综合国内外研究综述，本研究将工作绩效定义为：员工个体在某一时间段内做出的职责内和职责之外对组织有益的行为、结果的总和。

在早期的研究中，学者们一直将工作任务和职责作为员工工作绩效考核的依据，将工作绩效看作是单维度变量，但是，随着组织结构的日趋扁平化，岗位工作和职责进一步复杂化和模糊化，组织成员的行为实际上已经大大超过了岗位职责的范畴，更多地表现为对组织有利却未被薪酬体系认可的"非角色内行为"。于是 Borman 和 Motowidlo（1993）提出了"任务绩效—关联绩效"二维绩效结构，认为工作绩效除了包括任务绩效，还应包括关联绩效。Scotter 和 Motowidlo（1996）进一步研究发现：任务绩效与人际促进可以分开，但是与工作奉献分不开，他将周边绩效概括为两个维度：人际促进和工作投入。人际促进行为是指组织背景中的人际关系，帮助他人，获得有效的工作绩效的行为；工作奉献的焦点在于自我约束行为，诸如遵守规定、努力工作、主动克服工作困难。国内学者也验证了国外相关研究在中国的适用性，探索我国员工工作绩效的维度划分和测量工具。周智红和王二平（2000）对关系绩效和作业绩效的划分、作业绩效和关系绩效可以区分的证明以及不同的预测源可以预测作业绩效和关系绩效的文献进行了回顾。

在实证研究方面，孙健敏和焦长泉（2002）整理了美国学者 Cambell（1993）、Borman 和 Motowidlo（1997）等人的研究，探讨了中国企业管理者绩效的结构和绩效可能包含的因素，做出的实证结果是管理者的工作绩效可以划分为管理者工作任务绩效、个体特质绩效和人际绩效三个维度，而且个体特质绩效和人际绩效更加接近于 Borman 和 Motowidlo（1993）所提出的关联绩效，从该研究中得出的管理者工作绩效结构各维度在一定程度上证实并且细分了 Borman 和 Motowidlo（1993，1997）等关于任务绩效和关联绩效的划分。王辉、李晓轩和罗胜强（2003）采用验证性因素分析方法，在中国文化情景下检验了任务绩效和周边绩效在结构上的差异，研究结果表明，任务绩效和周边绩效在结构上是可以区分的。可见，在中国文化情境下任务绩效和关联绩效的二维度绩效模型也是适用的。

在中小企业的研究背景下，综合国内外研究综述，本研究将工作绩效分为任务绩效和关联绩效。其中任务绩效是与员工的工作职责、个体能力、工作熟练程度密切相关的绩效，而关联绩效包括人际关系技能、帮助他人完成工作任务的意愿和动机，与绩效的组织特征密切相关。

6.2.4 组织公平感与敬业度的关系

无论是从学术上还是实践中，国内外众多学者都对组织公平感与敬业度之间的影响关系进行过研究。从社会交换的理论来看，彼此依赖的团体之间的责任感是通过一系列的互惠行为产生的，当一方对另一方产生某种行为时会引起另一方对这种行为的反应。即当员工从他们所在的组织中获得他们自身生存和发展所需的经济的和社会情感性的资源后，他们会在工作中更加全心地投入，愿意为组织实现目标而提高自我绩效，并以更高程度的敬业来回报组织。研究发现，组织公平感是影响员工与组织社会交换关系质量的重要因素，一个公平的组织环境会让员工感受组织对自身权利的重视，会增强员工对组织、同事和上级的信任，这些都在一定程度上满足了员工在职业生涯发展中的情感需要。

Aryee（2004）和 Maslach（1986）等学者对组织公平感、员工绩效和敬业度之间的关系研究发现，具有公平感的员工会对组织产生信任感，工作中会主动投入更多的时间和精力，产生较高工作绩效和敬业度。

Saks（2006）在探索敬业度前因变量的过程中，选取了程序公平和结果

职场行为及其
管理研究

公平两个变量作为研究对象，结果发现，在程序公平和结果公平与工作敬业
度和组织敬业度之间的关系中，仅程序公平与组织敬业度表现出显著的正相
关关系，其他变量之间的相关关系都不是很显著。综上所述，在我国中小企
业的研究背景下，提出如下假设：

H1：组织公平感对敬业度有显著正向影响。

H1a：分配公平对敬业度有显著正向影响；

H1b：程序公平对敬业度有显著正向影响；

H1c：互动公平对敬业度有显著正向影响。

6.2.5 组织公平感与工作绩效的关系

关于组织公平感与工作绩效间的关系，学者们进行了大量的研究，但目前
尚存在诸多争议。有些学者认为程序公平对工作绩效的影响最大（Borman
1991）；也有些学者认为程序公平与工作绩效不相关（Early & Lind，1987）；
Masterson 和 Lewis 等（2000）则预测互动公平与工作绩效关系更为密切。

研究表明组织公平感能够影响员工的工作绩效（Masterson，2000），其中
交换理论常被用来解释二者之间的关系。

起初，学者们认为员工与组织之间是以公平为准则的经济交换关系，即
员工以工作业绩换取组织的经济报酬。基于公平交换的前提，报酬分配数量
的公平性将会直接影响员工的工作业绩（Adams，1965；Williams，1999）。
当员工认为自己的投入大于回报，所获得的报酬分配不公平时，会通过减少
工作投入，最多完成职责内的任务，进而降低工作绩效以恢复自身的公平感；
当员工认为自己所获得的报酬高于投入时，会认为受到了组织的重视和奖励，
需要对组织进行回报，进而增加工作投入，在完成角色内工作的同时会做出
一些角色外对组织有益的行为，以提高工作绩效。当然，也有些学者对此提
出过质疑，如：Konovsky（1991）在研究公平感对工作绩效的影响时，结果
发现分配公平与绩效间没有显著相关，却与程序公平感有显著相关；Gilliland
（1994）将分配公平和程序公平分开来测量时，发现当分配结果的公平性高
时，分配公平感、程序公平感与绩效间没有任何关系。

随着相关理论的丰富和研究进一步深入，陆续有研究发现当员工感觉

报酬分配数量不公平时，也会继续努力地工作和帮助其他同事，其工作业绩并没有明显的降低（Organ & Konovsky，1989；Aselage & Eisenberger，2003）。这与经济交换理论相悖，却支持了 Blau（1964）提出的社会交换理论。学者们开始尝试用社会交换理论来解释组织公平感与工作绩效之间的关系（Masterson et al.，2000），他们认为：员工与组织之间经过长期的交换，形成了一种信任和默契，员工在做出工作绩效后，会产生一种回报预期，相信组织会给予自己公平的报酬。这种预期是不确定的，因人而异，根据情况不断调整。当员工认为报酬分配过程公平时，即使所得的报酬低于自己对组织的贡献，也能接受这个结果。在社会交换关系中，组织的程序公平会更能够使员工感受到组织的公平和对自身的重视，在履行工作职责外做出一些角色外行为来提高工作绩效。Konovsky 和 Cropanzano（1991）、Konovsky 和 Pugh（1994）、Chen 和 Budhwar（2004）也用实证研究证明了这个观点。可见，程序公平也是可以影响员工的工作绩效的。综合国内外相关研究综述，在国内中小企业的研究背景下，本研究提出如下假设：

H2：组织公平感对工作绩效有正向影响。

H2a：组织公平感对任务绩效有正向影响。

H2a1：分配公平对任务绩效有正向影响；

H2a2：程序公平对任务绩效有正向影响；

H2a3：互动公平对任务绩效有正向影响；

H2b：组织公平感对关联绩效有正向影响。

H2b1：分配公平对关联绩效有正向影响；

H2b2：程序公平对关联绩效有正向影响；

H2b3：互动公平对关联绩效有正向影响。

6.2.6 敬业度与工作绩效

Muchinsky 和 Monahan（1987）认为与组织有共同价值观的个体在组织中会感觉融洽，因此会全身心地投入到工作中，创造比较好的工作绩效。员工敬业度是员工个体对其所处组织的价值观、管理方式等的认同程度，具有较高敬业度的员工所拥有的价值观等必定会与其所在组织的价值观等方面保持较高的一致性，因此会全力投入到工作中，表现出良好的工作绩效。

Kahn（1990）研究表明，员工敬业度与工作投入、员工满意度等相比，是一种更加积极的工作态度，其对员工的工作绩效的影响也更直接和显著。员工敬业度越高，就会在工作上花费更多的精力和心血，那么他的工作绩效也会比其他低水平敬业度的员工的工作绩效要高。Kahn（1992）在研究中进一步表明，员工的敬业度和员工的工作绩效成正相关关系。翰威特（Hewitt）咨询有限公司在全球范围内开展的研究，结果也表明了员工敬业度与重要的工作绩效之间存在着相关关系。

Harter（2002）利用 GWA 量表对员工敬业度与工作态度、绩效等关系进行实证检验，经研究发现，员工敬业度对组织生产力有正向影响。有关研究显示，高敬业度的员工的绩效比一般员工高 20%。高敬业度水平的员工具有较高的生产率，能够给企业带来更大的效益；同时对顾客的要求也能更加迅速地做出积极的反应，在企业中感到更加的有安全感（Kahn，1990）。

目前，国内就员工敬业度与工作绩效间关系的探讨还不多，而对于员工敬业度前因要素的研究则相对多一些。比如，工作或个人特征、社会环境等。吴继红等（2009）研究了绩效管理认知对高校中层干部敬业度的影响。曾晖、赵黎明（2009）在对酒店行业员工敬业度与绩效的研究中指出员工敬业度与员工的工作绩效关系密切。

另外，国内学者对员工敬业度与工作绩效之间相互关系的研究还基本上都是以西方相关研究成果为理论依据，针对不同的对象展开研究，采用的研究量表也是国外学者开发编制的。如，邵娟（2007）开展的研究是以高科技企业中层管理者为研究对象，得出员工敬业度对其工作绩效有显著的直接的正向影响的结论。张同健等（2009）以民营企业高层管理者为研究对象，采用问卷调查的方式对浙江和江苏 300 名管理者进行了实证研究，其研究结果证明了员工敬业度和工作绩效之间呈正相关关系。综上所述，在国内中小企业的研究背景下，本研究提出如下假设：

H3：敬业度对工作绩效有正向影响。

H3a：敬业度对任务绩效有正向影响；

H3b：敬业度对关联绩效有正向影响。

6.2.7 敬业度的中介作用

早期的研究认为基于公平交换的前提，组织公平将会直接影响员工的工作业绩（Adams，1965）。但是，有学者对此提出了质疑，他们通过研究发现组织公平的各维度与工作绩效的相关系数较低，这表明组织公平感可能是通过一些中介变量来实现对工作绩效的影响（Konovsky，1991）。

组织公平感对敬业度、敬业度对工作绩效以及组织公平感对工作绩效的正向作用已被许多理论或研究所证明。但关于敬业度在上述两者之间扮演什么样角色的探讨目前还比较少。我们不妨借鉴以往的研究来对此提出猜测，敬业度在组织公平感与工作绩效之间起中介作用。综上所述，在国内中小企业研究背景下，本研究提出如下假设：

H4：敬业度在组织公平感与工作绩效之间起中介作用。

基于上述分析，本研究是在国内中小企业的研究背景下探讨组织公平感、敬业度与工作绩效之间的关系，以及敬业度是否对组织公平感与工作绩效之间的关系起到中介作用。本研究涉及组织公平感、敬业度和工作绩效三个变量。其中，组织公平感为自变量，工作绩效为因变量，敬业度为中介变量。通过前面的文献研究分析得出组织公平感、敬业度和工作绩效三者之间的关系，本研究建立了相应的理论模型，如图 6-1 所示。其中，分配公平、程序公平和互动公平为组织公平感的三个维度；通过对以往文献的研究分析，本研究将敬业度作为一个整体来研究；工作绩效分为任务绩效与关联绩效两维度。

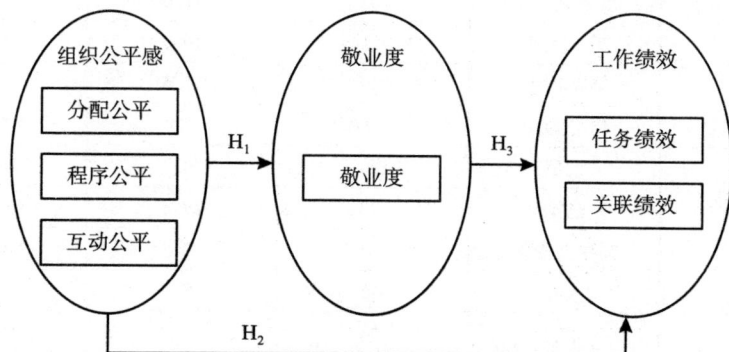

图 6-1 本研究的理论模型

6.3 研究方法

6.3.1 研究对象与数据收集

本研究的研究对象为在国内中小企业工作的各职业层级及职业类型的员工。调查问卷于 2014 年 7 月至 2014 年 12 月发放，选取的样本主要来自于哈尔滨、大庆、长沙以及广西，取样的方式主要是在各单位人力资源部门的配合下完成的。为消除被试员工的答题顾虑，问卷全部采用匿名形式并进行了用途说明，使问卷收集的信息客观、真实。本研究共发放调研问卷 300 份，回收问卷 264 份，回收率为 88%，从成功回收的问卷中，将填写不完整、答案均为一个值或其他明显按规律作答的问卷剔除，最后得到有效问卷为 249 份，有效回收率为 83%。

如上所述，最终有效问卷为 249 份，样本的结构分布情况如表 6 - 1 所示。

表 6 - 1 样本描述统计（N = 249）

人口统计特征	样本分布	样本数	百分比	累计百分比
性别	男	128	51.4	51.4
	女	121	48.6	100.0
年龄	25 岁及以下	102	41.0	41.0
	26 ~ 35 岁	122	49.0	90.0
	36 ~ 45 岁	19	7.6	97.6
	45 岁以上	6	2.4	100.0
婚姻状况	未婚	176	70.7	70.7
	已婚	73	29.3	100.0
学历层次	高中及以下	0	0	0
	大专	46	18.5	18.5
	本科	168	67.4	85.9
	硕士及以上	35	14.1	100.0

续表

人口统计特征	样本分布	样本数	百分比	累计百分比
工作年限	1 年以下	17	6.8	6.8
	1 ~ 3 年	110	44.2	51.0
	3 ~ 5 年	89	35.7	86.7
	5 年以上	33	13.3	100.0
职位级别	基层员工	154	61.8	61.8
	基层管理人员	77	31.0	92.8
	中层管理人员	16	6.4	99.2
	高层管理人员	2	0.8	100.0

从表 6 - 1 可知，在研究样本中，在性别上，男女员工比例相差不大。从年龄上看，调查样本大多集中在 26 ~ 35 岁之间，其次是 25 岁及以下。这与问卷发放的途径有关。由被试者的学历层次状况显示，员工受教育程度集中在本科，占到总人数的 67.4%，其次是研究生和大专，没有高中及以下的员工。婚姻状况上看，未婚比例较高，这一点由样本所处的年龄阶段及受教育程度共同决定，目前的社会现象中，处于 20 多岁的高学历青年大部分属于晚婚的状况，样本显示与现实情况基本相符。

6.3.2 变量测量

为了保证调查问卷的信度和效度，本研究采取了如下步骤：首先，通过对组织公平感、敬业度和工作绩效相关文献的回顾，选取成熟的量表，这些量表在以往的研究中反复被使用，具有良好的信效度。为确保量表的结构，本研究并未对原量表的条款进行删减，但为了确保调查对象能清晰理解各条款的含义，本研究通过多次英汉互译，并对问卷的设计方式、条款的表达方式、指导语的内容进行了修正，从而形成最终问卷。本次调查所使用的问卷包括个人基本资料量表、组织公平感量表、敬业度量表和工作绩效量表四个部分。

人口统计变量调查包括员工的性别、年龄、婚姻状况、学历层次、工作年限和职位级别等。根据研究的具体需要，本研究对这六部分进行了明确的界定。

(1) 组织公平感。组织公平感测量量表来源的基础主要是 Niehoff 和 Moorman (1993) 编制的分配公平、程序公平和互动公平量表、Moorman (1991) 编制的程序和互动公平量表及 Sweeney 和 McFarlin (1997) 编制的分配和程序公平量表，并根据中国语境进行改编修正。此量表在国内组织公平感及相关研究领域中获得广泛认可，并已被证明具有良好的信度与效度。此量表共由 15 个题项组成，分别测量分配公平、程序公平和互动公平三个维度。其中，分配公平 5 个题项 (1~5 题)，程序公平 5 个题项 (6~10 题)，互动公平 5 个题项 (11~15 题)。量表按李克特 5 点正向记分，从 1~5 分别代表"非常不同意""比较不同意""不能确定""比较同意""非常同意"，分数越高，表示组织公平感程度越高，反之越低，量表所包含项目如表 6-2 所示。

表 6-2　　　　　　　　　　　　组织公平感量表

测量变量	测量题项
分配公平	1. 与同行业其他公司里的同等职位的人员相比，您所得的报酬是公平的
	2. 与相同工作或职务的同事相比，您所得的报酬是合理公平的
	3. 与不同工作或职务的同事相比，您所得的报酬是合理公平的
	4. 就您的工作量与工作责任而言，您所得的报酬是合理公平的
	5. 就您的工作业绩而言，您所得的报酬是公平的
程序公平	6. 公司的分配（考核）有章可循
	7. 员工能够参与到分配（考核）制度的制定过程
	8. 所有人在分配（考核）制度面前都是平等的
	9. 公司分配（考核）制度的执行遵循公开透明的原则
	10. 公司在设计分配（考核）制度时，能够考虑到大多数人的意愿
互动公平	11. 上级很关心您对分配（考核）的想法，并能够及时地与您沟通
	12. 您觉得自己得到了上级足够的尊重和重视
	13. 上级对您的评价是客观、公正的
	14. 公司内部有关于分配（考核）结果申诉的渠道
	15. 公司在处理员工的分配（考核）结果申诉意见时，回复及时

（2）敬业度。本研究采用的是 UWES 量表对员工的敬业度进行测量。之所以选择 UWES 是基于以下两个原因：一是，Schaufeli 等人开发的这个量表是目前学术界比较成熟的量表，经过了很多次的实证检验，其有效性可以得到保障；二是，本研究对员工敬业度所下的定义和对其内涵的理解与 Schaufeli 所持观点比较一致。具体的量表选择上，本研究采用我国学者张轶文等对 UWES 修订后的中文版量表，该量表由 9 个题项组成，是 2002 年 17 题 UWES 的精简版。UWES - 9 量表是 Schaufeli 等人对 10 个国家 14521 名不同职业的员工进行实证测试后的结果，经大量实证研究证明该量表具有较高的信度和效度。其中活力（vigor）、奉献（dedication）、专注（absorption）三个维度各 3 个题项。另外需要强调的是，虽然 UWES 是测量敬业度三个维度的量表，但本文将中文版的 UWES 视为单维度量表。之所以这样做的原因是：根据 Bakker 等（2001）研究发现，由于 UWES 三个分量表相关性较高，容易因多重共线性而引起误差，所以建议在实证中将 UWES 视为单维度量表，而不是概念上的三维度量表。问卷采用的是李克特 5 级量表，评分标准为"1 - 非常不同意""2 - 比较不同意""3 - 不能确定""4 - 比较同意""5 - 非常同意"。分数越高，表示敬业度越高，反之越低。量表所包含项目如表 6 - 3 所示。

表 6 - 3 敬业度量表

测量变量	测量题项
敬业度	1. 我在工作中感到自己迸发出能量
	2. 我在工作时感到自己强大且充满活力
	3. 一起床我就想要去工作
	4. 我对自己所从事的工作充满热情
	5. 工作激发了我的灵感
	6. 我为自己的工作感到自豪
	7. 工作越紧张我越感到快乐
	8. 我的工作使我沉浸其中
	9. 我在工作时会达到忘我境界

（3）工作绩效。在参考 Borman 和 Motowidlo（1993）、Scottert 和 Motowidlo（1996）的研究的基础上，任务绩效主要参考余德成（1996）编制的基于中国国情的任务绩效量表，关联绩效主要参考姚丽霞（2002）编制的关联绩效量表。量表包括任务绩效和关联绩效两个维度，共 12 题，任务绩效 6 个题项（1~6 题），关联绩效 6 个题项（7~12 题）。该量表整体一致性程度良好，量表各项目可靠性程度较高，集中性程度较好，符合信度检验要求。问卷采用李克特 5 点记分，从 1~5 分别代表"非常不同意""比较不同意""不能确定""比较同意""非常同意"，分数越高，表示工作绩效越高，反之越低。量表所包含项目如表 6-4 所示。

表 6-4　　　　　　　　　　　工作绩效量表

测量变量	测量题项
任务绩效	1. 我对所在部门（公司）的工作做出了显著的贡献
	2. 我总是能按时完成分派给我的工作任务
	3. 我是所在部门（公司）里最优秀的员工之一
	4. 我的工作成绩总是能达到上司的期望
	5. 我对自己的工作成绩感到很满意
	6. 我的上司对我的工作成绩感到很满意
关联绩效	7. 我有时会利用休息时间工作，以保证任务按时完成
	8. 我经常承担额外的工作，来帮助别人或争取团体绩效
	9. 在单位内我经常跟其他同事保持合作
	10. 当同事遇到问题时，我会给予支持与鼓励
	11. 一般而言，我会替公司设想和主动帮助同事
	12. 当某一做法可能会影响到同事时，我能够事先告知他们

6.3.3　数据分析方法

首先，通过描述性统计分析计算 6 个人口统计学变量的频数和百分比，对数据分布状况、集中趋势等情况做出统计分析。通过描述性统计分析可以了解到数据样本在总体特征上是否适于进行实证研究，并观察适用于该理论研究的样本在不同的人口统计学变量上的特点和差异。其次，信度和效度检验。本研究采用内部一致性系数（Cronbach's α 值）对三个量表进行检验；通过验证性因子分析来分析各变量间的区分效度。另外，相关性分析。变量之间的相关性是进一步检验其因果关系的前提，为了验证组织公平感、敬业度和工作绩效各维度之间是否具有相关性以及相关的程度，本研究使用 Pearson 相关系数进行判别。相关分析只能简单描述各变量间的关系，至于变量间的影响方向、因果关系还需要进一步分析。再者，回归分析。在中小企业的研究背景下，本研究采用线性回归法对各个变量的影响程度进行分析，并以此验证敬业度在组织公平感与工作绩效间的中介效应。最后，独立样本 T 检验，即检验性别和婚姻状况对组织公平感、敬业度以及工作绩效是否存在显著的差异；单因素方差分析，即检验不同的年龄、学历层次、工作年限和职位级别对组织公平感、敬业度以及工作绩效是否存在显著的差异。

6.4 数据分析与结果

6.4.1 量表的信度分析

信度（reliability）检验即可靠性检验，目的是测试不同条件下的结果的稳定性。信度越高，量表越稳定。本文采用内部一致性系数（Cronbach's α 值）这一常用检验指标来进行信度分析。大多数学者认为，Cronbach's α 值大于 0.7，说明量表的信度是可以接受的。Wortzel（1979）指出，Cronbach's α 值介于 0.7 ~ 0.98 之间，说明量表具有高信度。本研究运用 SPSS20.0 对组织公平感、敬业度和工作绩效量表进行信度检验，分析结果见表 6 - 5。

表6-5 量表的信度分析

量表名称	Variable	N of Items	Cronbach's α	Cronbach's α
组织公平感	分配公平	5	0.847	
	程序公平	5	0.828	0.929
	互动公平	5	0.805	
敬业度	敬业度	9	0.836	0.836
工作绩效	任务绩效	6	0.857	
	关联绩效	6	0.878	0.922

如表6-5所示，组织公平感量表中分配公平、程序公平和互动公平三个维度的 Cronbach's α 值均介于 0.8~0.9 之间；敬业度量表中单维度敬业度的 Cronbach's α 值为 0.836；工作绩效量表中任务绩效和关联绩效两维度的 Cronbach's α 值均大于 0.8，说明这三个量表中各部分的内部一致性较好。从整体上来看，组织公平感量表和工作绩效量表的 Cronbach's α 值均大于 0.9。因此说明这三个量表的内部一致性较好，具有较高的信度。

6.4.2 量表的效度分析

本研究要对组织公平感、敬业度以及工作绩效这三个变量进行验证性因子分析。验证性因子分析利用先验信息，是在已知量表因子划分的情况下，检验量表包含的因子模型是否得到另一组样本数据的支持，并考察样本数据对该模型的拟合程度，拟合程度越好说明该量表被本次收集的样本数据支持的程度越高，即该量表的效度越高。

一般用以下几个拟合指标进行验证性因子分析：χ^2/df、NFI、IFI、RMSEA、CFI，χ^2/df 是差异除以自由度，考虑模型复杂度 χ^2 的值，来检验估计方差矩阵和协方差矩阵的相似程度，相似程度越接近零，那么它的拟合度也就越好。通常认为，$\chi^2/df < 3$，模型拟合较好；$\chi^2/df < 5$，模型拟合还可以接受；$\chi^2/df > 5$，观测数据和模型拟合的不是很好；$\chi^2/df > 10$，观测数据和模型不能够拟合，模型非常差。

进一步通过验证性因子分析确定模型对实际数据的拟合程度，从而检验理论模型的正确性。首先通过使用 AMOS 21.0 分别对组织公平感单因素模型和三因素模型的效度进行分析，如表 6 - 6 所示。

表 6 - 6　　　　　　　　组织公平感单因素和三因素模型拟合指数

模型	χ^2/df	GFI	NFI	IFI	TLI	CFI	RMSEA
单因素模型	4.127	0.738	0.802	0.764	0.819	0.703	0.093
三因素模型	2.332	0.907	0.915	0.923	0.903	0.914	0.070

从表 6 - 6 可知，组织公平感单因素模型的 χ^2/df 为 4.127，而三因素模型的 χ^2/df 为 2.332，比单因素模型的值小，表明模型拟合较好。三因素模型的 GFI 为 0.907，NFI 为 0.915，IFI 为 0.923，TLI 为 0.903，CFI 为 0.914，各项指标均大于单因素模型的指标值，都比较接近 1，说明模型的拟合度较好。三因素模型的近似误差均方根（RMSEA）为 0.070，小于单因素的 0.093，指标值在 0.05 ~ 0.08 之间，表示模型良好，有合理适配。因此，从表中的各项指标可知，组织公平感的三因素模型比单因素模型具有更好的结构效度，模型拟合度良好。

其次，通过使用 AMOS 21.0 对敬业度单因素模型的效度进行分析，如表 6 - 7 所示。

表 6 - 7　　　　　　　　敬业度单因素模型拟合指数

模型	χ^2/df	GFI	NFI	IFI	TLI	CFI	RMSEA
单因素模型	2.968	0.913	0.922	0.935	0.906	0.927	0.072

从表 6 - 7 可知，敬业度单因素模型的 χ^2/df 为 2.968，模型可以接受。单因素模型的 GFI 为 0.913，NFI 为 0.922，IFI 为 0.935，TLI 为 0.906，CFI 为 0.927，各项指标都比较接近 1，说明模型的拟合度较好。模型的近似误差均方根（RMSEA）为 0.072，综合考虑各项指标可以看出，模型的拟合度较好。

最后，通过使用 AMOS 21.0 分别对工作绩效单因素模型和两因素模型的效度进行分析，如表 6 – 8 所示。

表 6 – 8   工作绩效单因素和两因素模型拟合指数

模型	χ^2/df	GFI	NFI	IFI	TLI	CFI	RMSEA
单因素模型	3.875	0.792	0.813	0.772	0.714	0.798	0.098
双因素模型	2.436	0.933	0.924	0.941	0.956	0.929	0.062

从表 6 – 8 可知，工作绩效单因素模型的 χ^2/df 为 3.875，而双因素模型的 χ^2/df 为 2.436，比单因素模型的值小，说明模型拟合较好。双因素模型的 GFI 为 0.933，NFI 为 0.924，IFI 为 0.941，TLI 为 0.956，CFI 为 0.929，各项指标均大于单因素模型的指标值，都比较接近 1，说明模型的拟合度较好。双因素模型的近似误差均方根（RMSEA）为 0.062，小于单因素的 0.098，模型在可接受范围内。因此，从表中的各项指标可知，工作绩效的双因素模型比单因素模型具有更好的结构效度，模型拟合度良好。

6.4.3　人口统计变量的差异性分析

本部分主要研究性别、年龄、婚姻状况、学历层次、工作年限以及职位级别六个人口统计变量对组织公平感、敬业度以及工作绩效是否存在显著性。本研究采用独立样本 T 检验和单因素方差分析进行探讨。

（1）性别与各研究变量的差异性分析。

性别对于国内中小企业员工的组织公平感、敬业度与工作绩效的影响如表 6 – 9 所示。表 6 – 9 中的结果显示，性别对组织公平感、敬业度以及工作绩效并无显著差异。

（2）年龄与各研究变量的差异性分析。

年龄对于国内中小企业员工的组织公平感、敬业度与工作绩效的影响如表 6 – 10 所示。表 6 – 10 中的结果显示，年龄对组织公平感、敬业度以及工作绩效的影响都不显著。

表 6 – 9   性别差异的独立样本 T 检验

性别		组织公平感	敬业度	工作绩效
男	人数	128	128	128
	均值	3.201	2.918	3.113
女	人数	121	121	121
	均值	3.231	2.896	3.174
F 值		0.099	0.156	0.032
P 值		0.754	0.693	0.857

注：*** $p < 0.001$，** $p < 0.01$，* $p < 0.05$，$N = 249$。

表 6 – 10   年龄差异的单因素方差分析

年龄		组织公平感	敬业度	工作绩效
25 岁以下	人数	102	102	102
	均值	3.201	2.891	3.110
26～35 岁	人数	122	122	122
	均值	3.283	2.954	3.202
36～45 岁	人数	19	19	19
	均值	2.990	2.790	3.009
45 岁以上	人数	6	6	6
	均值	2.833	2.630	2.903
F 值		1.608	0.853	0.701
P 值		0.188	0.466	0.553

注：*** $p < 0.001$，** $p < 0.01$，* $p < 0.05$，$N = 249$。

（3）婚姻状况与各研究变量的差异性分析。

婚姻状况对于国内中小企业员工的组织公平感、敬业度与工作绩效的影响如表 6 – 11 所示。表 6 – 11 中的结果显示，婚姻状况对组织公平感、敬业度以及工作绩效并无显著差异。

表 6 – 11　　　　　　　　　　婚姻状况差异的独立样本 T 检验

婚姻状况		组织公平感	敬业度	工作绩效
未婚	人数	176	176	176
	均值	3.232	2.922	3.155
已婚	人数	73	73	73
	均值	3.176	2.874	3.111
F 值		0.464	0.106	2.097
P 值		0.496	0.745	0.169

注：＊＊＊p＜0.001，＊＊p＜0.01，＊p＜0.05，N＝249。

（4）学历层次与各研究变量的差异性分析。

学历层次对于国内中小企业员工的组织公平感、敬业度与工作绩效的影响如表 6 – 12 所示。表 6 – 12 中的结果显示，学历层次对组织公平感、敬业度以及工作绩效并没有存在显著差异。

表 6 – 12　　　　　　　　　学历层次差异的单因素方差分析

学历层次		组织公平感	敬业度	工作绩效
高中及以下	人数	0	0	0
	均值	0	0	0
大专	人数	46	46	46
	均值	3.183	2.865	3.149
本科	人数	168	168	168
	均值	3.262	2.962	3.177
硕士及以上	人数	35	35	35
	均值	3.036	2.702	2.969
F 值		1.535	2.654	1.086
P 值		0.218	0.072	0.339

注：＊＊＊p＜0.001，＊＊p＜0.01，＊p＜0.05，N＝249。

（5）工作年限与各研究变量的差异性分析。

工作年限对于国内中小企业员工的组织公平感、敬业度与工作绩效的影响如表6－13所示。表6－13中的结果显示，工作年限对组织公平感、敬业度以及工作绩效均不存在显著差异。

表6－13　　　　　　　　工作年限差异的单因素方差分析

工作年限		组织公平感	敬业度	工作绩效
1年以下	人数	17	17	17
	均值	3.000	2.752	2.931
1~3年	人数	110	110	110
	均值	3.249	2.926	3.159
3~5年	人数	89	89	89
	均值	3.286	2.953	3.223
5年以上	人数	33	33	33
	均值	3.028	2.805	2.977
F值		1.671	0.825	1.315
P值		0.174	0.481	0.270

注：$*** p < 0.001$，$** p < 0.01$，$* p < 0.05$，$N = 249$。

（6）职位级别与各研究变量的差异性分析。

职位级别对于国内中小企业员工的组织公平感、敬业度与工作绩效的影响如表6－14所示。表6－14中结果显示，职位级别对组织公平感和工作绩效无显著差异，但对敬业度在0.05的水平上显著。

表6－14　　　　　　　　职位级别差异的单因素方差分析

职位级别		组织公平感	敬业度	工作绩效
基层员工	人数	154	154	154
	均值	3.204	2.887	3.115
基层管理人员	人数	77	77	77
	均值	3.313	3.019	3.273

职位级别		组织公平感	敬业度	工作绩效
中层管理人员	人数	16	16	16
	均值	2.804	2.500	2.734
高层管理人员	人数	2	2	2
	均值	3.667	3.444	3.458
F 值		2.607	3.696	2.525
P 值		0.052	0.012*	0.058

注：***$p<0.001$，**$p<0.01$，*$p<0.05$，$N=249$。

通过对以上人口统计变量的深入分析，我们认为这种结果可能源于对不同区域中小企业的取样过程，因为在所抽取的样本中，年龄分布、工作年限分布、学历层次分布以及职位级别分布中单一化集中趋势较明显。同时考虑到控制变量加入后研究的复杂性，因此，本研究并未将这些人口统计学变量列入控制变量，以后的研究可以对这个控制变量进一步探讨。因此，本章在以下的分析中，不加入人口统计变量作为控制变量进行分析。

6.4.4　相关分析

在对假说进行验证之前，必须先对变量之间的相关性进行检验。相关分析使用某个指标来表明现象之间相互依存关系的密切程度，相关分析只能说明二者的相关性，但无法说明两者具有怎么样的相关关系。本部分内容中在对中小企业员工的组织公平感、敬业度以及工作绩效三者之间的相关性采用 Pearson 相关分析法进行检验之外，还对它们进行了双侧检验。相关性分析中，两两变量相关系数值越高代表其相关程度越大，但是若相关系数大于 0.9，则变量间可能会有共线性问题，必须将这两个变量删除。

从表 6-15 中可以看出，组织公平感的分配公平、程序公平和互动公平三个维度与敬业度之间的相关系数在 0.601 ~ 0.614 之间，说明组织公平感的三个维度都与敬业度存在显著的正相关关系；并且作为整体的组织公平感与敬业度的相关系数为 0.660，要强于其各维度与敬业度的相关性；组织公平感的三个维度与任务绩效之间的相关系数在 0.613 ~ 0.643 之间，组织公平感的三个维度与关联绩效之间的相关系数在 0.648 ~ 0.705 之间，说明组织公平感的三个维度与工作绩效两维度存在显著的正相关关系，并且组织公平感与工作绩效整体的相关系数为 0.747；此外，敬业度与任务绩效之间的相关系数为 0.617，敬业度与关联绩效之间的相关系数为 0.612，并且作为整体的敬业度与工作绩效的相关系数为 0.650，说明敬业度与工作绩效以及各维度之间也呈现显著正向相关关系。因此，可以进一步检验研究假设。

表 6 – 15　　　　　　　组织公平感、敬业度与工作绩效的相关分析结果

变量	1	2	3	4	5	6
1. 分配公平	1					
2. 程序公平	0.765 **	1				
3. 互动公平	0.748 **	0.817 **	1			
4. 敬业度	0.614 **	0.610 **	0.601 **	1		
5. 任务绩效	0.613 **	0.643 **	0.639 **	0.617 **	1	
6. 关联绩效	0.649 **	0.705 **	0.648 **	0.612 **	0.783 **	1

注：$*p < 0.05$，$**p < 0.01$。

6.4.5　回归分析

为了验证各变量之间的相关程度，本部分内容将采用回归分析，对组织公平感、敬业度以及工作绩效各维度之间的相关关系进行统计分析，最后对敬业度中介效应进行检验，进而判断敬业度在组织公平感与工作绩效之间是否起到中介作用。

首先，进行敬业度对组织公平感的回归分析。

以组织公平感为自变量，敬业度为因变量进行回归分析，对两者之间的相关关系进行统计分析，数据分析如表 6 – 16 所示。

表 6 – 16   敬业度对组织公平感整体的回归分析

Model	非标准化系数		标准化系数	T 值	Sig.	Adj. R²	F 值
	B	标准误差	Beta 值				
（Constant）	1.029	0.139		7.383	0.000		
组织公平感	0.584	0.042	0.660 ***	13.797	0.000	0.433	190.359

注： *** p < 0.001， ** p < 0.01， * p < 0.05， N = 249。

由表 6 – 16 可以看出，Adj. R² 的值是 0.433，说明组织公平感解释了敬业度 43.3% 的变异。利用回归变量对方程的显著性进行检验发现，组织公平感的 Sig. 值为 0.000，达到了 0.001 水平上显著，因此组织公平感对敬业度有着非常显著的影响，并且组织公平感的回归系数 Beta 大于 0，说明组织公平感对敬业度有正向的显著影响，即员工的组织公平感越高，员工的敬业度也就越高。综上判断，假设 H1 成立。

以组织公平感各维度为自变量，敬业度为因变量进行回归分析，对两者之间的相关关系进行统计分析，数据分析如表 6 – 17 所示。

表 6 – 17   组织公平感各维度对敬业度的回归分析

Model	非标准化系数		标准化系数	T 值	Sig.	Adj. R²	F 值
	B	标准误差	Beta 值				
（Constant）	1.030	0.140		7.337	0.000		
分配公平	0.243	0.065	0.296 ***	3.746	0.000		
程序公平	0.175	0.072	0.221 *	2.425	0.016	0.430	63.286
互动公平	0.168	0.074	0.200 *	2.271	0.024		

注： *** p < 0.001， ** p < 0.01， * p < 0.05， N = 249。

由表 6 – 17 可以看出，Adj. R² 的值是 0.430，说明组织公平感各维度解释了敬业度 43.0% 的变异。利用回归变量对方程的显著性进行检验发现，程序公平和互动公平的 Sig. 值分别为 0.016 和 0.024，小于 0.05，因此程序公平和互动公平对敬业度在 0.05 水平上达到了显著，并且程序公平和互动公平的回归系数 Beta 都大于 0，说明程序公平和互动公平对敬业度有正向的显著影响，即组织的程序公平和互动公平越高，员工的敬业度也就越高。分配公平的 Sig. 值为 0.000，小于 0.001，因此分配公平对敬业度在 0.001 水平上达到了显著，并且分配公平的回归系数 Beta 大于 0，说明分配公平对敬业度有正向的显著影响。综上判断，假设 H1a、H1b、H1c 成立。

其次，进行工作绩效对敬业度的回归分析。

从前面的分析可以看出，敬业度与任务绩效和关联之间均存在正向地相关性。但是变量之间的影响方向及其程度是不能依靠相关性判断出来的，在这里需要借助回归分析来进行判断。由于工作绩效是多维变量且测量内部指标一致性程度为 0.922，在 0.7 以上，因此，可以用其测量指标的均值来代替敬业度的测量数值。这里我们将敬业度作为自变量，工作绩效整体作为因变量，检验敬业度对工作绩效的影响程度。具体分析结果如表 6 - 18 所示。

表 6 - 18　　　　　　　　　　敬业度对工作绩效的回归分析

Model	非标准化系数		标准化系数	T 值	Sig.	Adj. R^2	F 值
	B	标准误差	Beta 值				
（Constant）	0.861	0.174		4.964	0.000		
敬业度	0.784	0.058	0.650 ***	13.449	0.000	0.420	180.886

注：*** p < 0.001，** p < 0.01，* p < 0.05，N = 249。

由表 6 - 18 可以看出，Adj. R^2 的值是 0.420，说明敬业度解释了工作绩效 42.0% 的变异。利用回归变量对方程的显著性进行检验发现，敬业度的 Sig. 值为 0.000，达到了 0.001 水平上显著，因此敬业度对工作绩效有着非常显著的影响，并且敬业度的回归系数 Beta 大于 0，说明敬业度对工作绩效有正向的显著影响，即员工的敬业度越高，员工的工作绩效也就越高。综上判断，假设 H3 成立。

将敬业度作为自变量，任务绩效作为因变量，检验敬业度对任务绩效的影响程度。具体分析结果如表 6 - 19 所示。

表6-19   任务绩效对敬业度的回归分析

Model	非标准化系数		标准化系数	T 值	Sig.	Adj. R²	F 值
	B	标准误差	Beta 值				
（Constant）	0.883	0.181		4.867	0.000		
敬业度	0.751	0.061	0.617 ***	12.313	0.000	0.378	151.606

注：*** p < 0.001，** p < 0.01，* p < 0.05，N = 249。

由表6-19可以看出，Adj. R² 的值是0.378，说明敬业度解释了任务绩效37.8%的变异。利用回归变量对方程的显著性进行检验发现，敬业度的Sig. 值为0.000，达到了0.001水平上显著，因此敬业度对任务绩效有着非常显著的影响，并且敬业度的回归系数Beta大于0，说明敬业度对任务绩效有正向的显著影响，即员工的敬业度越高，员工的任务绩效也就越高。综上判断，假设H3a成立。

在这里，我们将对敬业度对关联绩效的影响程度进行检验，其中自变量是敬业度，因变量是关联绩效。具体分析结果如表6-20所示。

表6-20   关联绩效对敬业度的回归分析

Model	非标准化系数		标准化系数	T 值	Sig.	Adj. R²	F 值
	B	标准误差	Beta 值				
（Constant）	0.840	0.200		4.192	0.000		
敬业度	0.818	0.067	0.612 ***	12.148	0.000	0.371	147.572

注：*** p < 0.001，** p < 0.01，* p < 0.05，N = 249。

由表6-20可以看出，Adj. R² 的值是0.371，说明敬业度解释了关联绩效37.1%的变异。利用回归变量对方程的显著性进行检验发现，敬业度的Sig. 值为0.000，达到了0.001水平上显著，因此敬业度对关联绩效有着非常显著的影响，并且敬业度的回归系数Beta都大于0，说明敬业度对关联绩效有正向的显著影响，即员工的敬业度越高，员工的关联绩效也就越高。综上判断，假设H3b成立。

此外，进行工作绩效对组织公平感的回归分析。

从前面的分析可以看出，分配公平、程序公平和互动公平与任务绩效之间均有正向的相关性，且都达到了 0.01 的显著水平；分配公平、程序公平和互动公平与关联绩效也有正向的相关性，且达到了 0.01 的显著水平。为能深入地研究组织公平感对工作绩效的影响程度，我们在研究时依然采用回归分析的方法。

在这里，我们将对组织公平感对工作绩效的影响程度进行检验，其中自变量是组织公平感，因变量是工作绩效。具体分析结果如表 6 – 21 所示。

表 6 – 21　　　　　　　　工作绩效对组织公平感的整体回归分析

Model	非标准化系数		标准化系数	T 值	Sig.	Adj. R^2	F 值
	B	标准误差	Beta 值				
（Constant）	0.577	0.149		3.875	0.000		
组织公平感	0.798	0.045	0.747 ***	17.648	0.000	0.556	311.458

注：*** p < 0.001，** p < 0.01，* p < 0.05，N = 249。

由表 6 – 21 可以看出，Adj. R^2 的值是 0.556，说明组织公平感解释了工作绩效 55.6% 的变异。利用回归变量对方程的显著性进行检验发现，组织公平感的 Sig. 值为 0.000，达到了 0.001 水平上显著，因此组织公平感对工作绩效有着非常显著的影响，并且组织公平感的回归系数 Beta 大于 0，说明组织公平感对工作绩效有正向的显著影响，即员工的组织公平感越高，员工的工作绩效也就越高。综上判断，假设 H2 成立。

在这里，我们将对组织公平感对任务绩效的影响程度进行检验，其中自变量是组织公平感，因变量是任务绩效。具体分析结果如表 6 – 22 所示。

表 6 – 22　　　　　　　　任务绩效对组织公平感的回归分析

Model	非标准化系数		标准化系数	T 值	Sig.	Adj. R^2	F 值
	B	标准误差	Beta 值				
（Constant）	0.692	0.165		4.205	0.000		
组织公平感	0.738	0.050	0.685 ***	14.771	0.000	0.467	218.173

注：*** p < 0.001，** p < 0.01，* p < 0.05，N = 249。

由表 6-22 可以看出，Adj. R^2 的值是 0.467，说明组织公平感解释了任务绩效 46.7% 的变异。利用回归变量对方程的显著性进行检验发现，组织公平感的 Sig. 值为 0.000，达到了 0.001 水平上显著，因此组织公平感对任务绩效有着非常显著的影响，并且组织公平感的回归系数 Beta 大于 0，说明组织公平感对任务绩效有正向的显著影响，即员工的组织公平感越高，员工的任务绩效也就越高。综上判断，假设 H2a 成立。

将组织公平感各维度作为自变量，任务绩效作为因变量，检验组织公平感各维度对任务绩效的影响程度。具体分析结果如表 6-23 所示。

表 6-23　　　　　　　　　组织公平感各维度对任务绩效的回归分析

Model	非标准化系数		标准化系数	T 值	Sig.	Adj. R^2	F 值
	B	标准误差	Beta 值				
（Constant）	0.690	0.166		4.161	0.000		
分配公平	0.215	0.077	0.215**	2.806	0.005		
程序公平	0.254	0.085	0.263**	2.978	0.003	0.463	72.253
互动公平	0.269	0.087	0.264**	3.084	0.002		

注：　*** $p < 0.001$，** $p < 0.01$，* $p < 0.05$，$N = 249$。

由表 6-23 可以看出，Adj. R^2 的值是 0.463，说明组织公平感各维度解释了任务绩效 46.3% 的变异。利用回归变量对方程的显著性进行检验发现，分配公平的 Sig. 值为 0.005，程序公平的 Sig. 值为 0.003，互动公平的 Sig. 值为 0.002，都达到了 0.01 水平上显著，并且三者的回归系数 Beta 都大于 0，说明分配公平、程序公平和互动公平对任务绩效有正向的显著影响，即中小企业的分配公平、互动公平和程序公平越高，员工的任务绩效也就越高。综上判断，假设 H2a1、H2a2 及 H2a3 成立。

在这里，我们将对组织公平感对关联绩效的影响程度进行检验，其中自变量是组织公平感，因变量是关联绩效。具体分析结果如表 6-24 所示。

由表 6-24 可以看出，Adj. R^2 的值是 0.522，说明组织公平感解释了关联绩效 52.2% 的变异。利用回归变量对方程的显著性进行检验发现，组织公平感的 Sig. 值为 0.000，达到了 0.001 水平上显著，因此组织公平感对关联绩效有着非常显著的影响，并且组织公平感的回归系数 Beta 大于 0，说明组织公平感对关联绩效有正向的显著影响，即员工的组织公平感越高，员工的关联绩效也就越高。综上判断，假设 H2b 成立。

表 6 – 24 　　　　　　　　**关联绩效对组织公平感的回归分析**

Model	非标准化系数		标准化系数	T 值	Sig.	Adj. R^2	F 值
	B	标准误差	Beta 值				
（Constant）	0.462	0.171		2.696	0.007		
组织公平感	0.857	0.052	0.724 ***	16.487	0.000	0.522	271.823

注：*** p < 0.001，** p < 0.01，* p < 0.05，N = 249。

将组织公平感各维度作为自变量，关联绩作为因变量，检验组织公平感各维度对关联绩效的影响程度。具体分析结果如表 6 – 25 所示。

表 6 – 25 　　　　　　　**关联绩效对组织公平感各维度的回归分析**

Model	非标准化系数		标准化系数	T 值	Sig.	Adj. R^2	F 值
	B	标准误差	Beta 值				
（Constant）	0.491	0.171		2.867	0.005		
分配公平	0.247	0.079	0.224 **	3.115	0.002		
程序公平	0.448	0.088	0.422 ***	5.088	0.000	0.525	92.457
互动公平	0.152	0.090	0.136	1.686	0.093		

注：*** p < 0.001，** p < 0.01，* p < 0.05，N = 249。

由表 6 – 25 可以看出，Adj. R^2 的值是 0.525，说明组织公平感各维度解释了关联绩效 52.5% 的变异。利用回归变量对方程的显著性进行检验发现，分配公平的 Sig. 值为 0.002，达到了 0.01 水平上显著，程序公平的 Sig. 值为 0.000，达到了 0.001 水平上显著，互动公平的 Sig. 值为 0.093，没有达到显著性，其中分配公平、程序公平的回归系数 Beta 都大于 0，说明分配公平和程序公平对关联绩效有正向的显著影响，即中小企业的分配公平和程序公平越高，员工的关联绩效也就越高。综上判断，假设 H2b1、H2b2 成立，假设

H2b3 不成立。

最后，敬业度中介作用的检验综合以上的研究结果可以发现，在国内中小企业的研究背景下，组织公平感对员工的工作绩效有显著影响，敬业度对工作绩效也有显著影响，并且组织公平感对员工的敬业度也有显著影响。那么，敬业度是否能在组织公平感和工作绩效之间起中介作用？为了验证假设H4，本节以组织公平感为自变量，敬业度为中介变量，工作绩效为因变量，来检验敬业度是否产生这种中介作用。

在检验方法上，采用 Baron 和 Kenny（1986）的四步检验法。即：第一步，以组织公平感为自变量，敬业度为因变量进行回归分析，看其回归系数是否达到显著性水平，如果达到显著水平则进入第二步；第二步，以组织公平感为自变量，工作绩效为因变量进行回归分析，看其回归系数是否达到显著性水平，如果达到显著水平则进入第三步；第三步，以敬业度为自变量，工作绩效为因变量进行回归分析，看其回归系数是否达到显著性水平，如果达到显著水平则进入第四步；第四步，将组织公平感和敬业度同时对工作绩效进行回归分析，如果敬业度对工作绩效的回归系数仍然达到显著性水平，而组织公平感对工作绩效的回归系数减少，这就说明中介变量减弱了自变量对因变量的直接影响效果，也就意味着敬业度可以在组织公平和工作绩效间起中介作用。

本研究以上述四步检验法为依据，采用分步回归的方法，来检验敬业度在组织公平与工作绩效为之间的中介作用，如表6-26 所示。

表6-26　　　　　　　　　　敬业度中介作用检验回归分析

回归模型		Beta	T	Sig.	调整后 R^2	F
自变量	因变量					
第1步　组织公平感	敬业度	0.660 ***	13.797	0.000	0.433	190.359
第2步　组织公平感	工作绩效	0.747 ***	17.648	0.000	0.556	311.458
第3步　敬业度	工作绩效	0.650 ***	13.449	0.000	0.420	180.886
组织公平感		0.563 ***	10.510	0.000		
第4步　敬业度	工作绩效	0.279 ***	5.208	0.000	0.598	185.762

注：$*** p < 0.001$，$** p < 0.01$，$* p < 0.05$，$N = 249$。

如表 6 – 26 所示，组织公平感、敬业度对工作绩效分别具有显著影响，组织公平感对敬业度也有显著影响。在加入敬业度作为中介变量后，组织公平感对工作绩效的显著性降低，而敬业度对工作绩效仍然具有显著影响。由此可知，敬业度在组织公平感与工作绩效关系中起到部分中介的作用。综上判断，假设 H4 成立。

6.5　讨论与管理启示

在国内中小企业的研究背景下，本研究探讨了中小企业员工的组织公平感、敬业度与工作绩效三者之间的关系，通过对中介变量的分析，本研究进一步深化了组织公平感对工作绩效的影响。因此，本研究得出：组织公平感及其各维度对员工的敬业度具有正向影响，其中，分配公平对敬业度的影响最为显著，程序公平次之，互动公平再次之；组织公平感对工作绩效及其各维度有正向影响，其中，组织公平感对关联绩效的影响更为显著；组织公平感各维度对任务绩效具有正向影响，其中，互动公平对任务绩效的影响最为显著，程序公平次之，分配公平再次之；组织公平感的分配公平和程序公平对关联绩效具有正向影响，其中，程序公平对关联绩效的影响最为显著，分配公平次之，互动公平对关联绩效的影响不显著；敬业度对工作绩效及其各维度具有正向影响，其中，敬业度对任务绩效的影响更为显著；本研究结果显示，组织公平感、敬业度对工作绩效分别具有正向影响，组织公平感对敬业度也有正向影响。在加入敬业度作为中介变量后，组织公平感对工作绩效的显著性降低，而敬业度对工作绩效仍然具有显著影响。这说明敬业度能够在组织公平感和工作绩效间起中介作用。组织公平感既可以通过敬业度对工作绩效产生显著影响，也可以不通过敬业度对工作绩效产生显著影响。

绩效是衡量中小企业发展的重要指标，绩效的提高是中小企业取胜的根本点。因此，如何更好地提高工作绩效是中小企业高层领导者最关心的问题。本研究通过文献回顾和实证研究，证实组织公平感和敬业度都是工作绩效非常重要的影响因素；同时，组织公平感还会通过敬业度对工作绩效产生影响。因此，作为企业的管理者应主动积极地采取各种措施为员工营造公平和谐的组织氛围，增强员工的敬业度。组织为员工提供较为丰富和全面的公平性，能提高其敬业度，并有助于提高员工工作绩效。因此根据研究结果，提出关于提高员工工作绩效的对策如下：

（1）建立公平的薪酬分配机制、员工参与制度和畅通的沟通渠道，增强中小企业管理者与员工的互动关系。

制度是一个企业规范自身管理行为和长久发展的基本保证。而一个公平、完善的薪酬分配机制能够为企业营造公平的氛围提供制度上的支撑，能够让员工切身体会到自己在工作中的付出和回报相符，使员工在心理上获得平衡，从而促使员工在工作中做出更多有益于组织的行为，提高员工对企业的敬业度。

员工参与制度可以有效地激励和约束员工，能够有效地解决企业中存在的信息不对称的问题，提高企业的管理效率。企业在制定奖惩制度、薪酬分配制度和绩效考核制度等涉及员工切身利益的相关制度时，应让员工主动参与进来，给予他们必要的解释，让他们了解制度制定的原则和利弊，鼓励他们说出自己的想法，表达自己的意见，使其感受自己的企业的影响力和受到的尊重程度，这样不仅可以使员工拥有一定的权利和自由，调动他们工作的积极性和主动性，增加他们对组织的敬业度，而且还可以有效地约束监督企业经营者，保证企业经营决策的准确性和科学性，促进企业的持续发展。

有效的沟通渠道可以让员工准确地掌握必要的信息，减少对组织政策的胡乱猜疑，有利于在中小企业中建立和谐的人际关系和组织氛围，会促使员工对组织产生责任感，增强自身的工作热情。因此，中小企业在平时的经营管理过程中应主动地创造无障碍的沟通环境，管理者也应该重视沟通的重要性，掌握一些有效、灵活的沟通方式和技巧，充分尊重并认真倾听下属的意见，让员工感受到企业对自身贡献的认可，从而提升自己的敬业度，最终提高中小企业的绩效。

（2）建立敬业度测评管理体系。

企业在对员工进行敬业度管理过程中，应开发有效的测评工具，建立全面、公平的敬业度测评管理体系，以提高员工敬业度水平，从而提高员工工作绩效。员工敬业度是影响员工工作投入与表现的一个重要驱动力量。企业通过敬业度测评了解员工当前的敬业度现状，同时挖掘其后的原因，有助于针对性地找到提高企业员工敬业度的管理措施，为提高企业管理实效性奠定基础。

（3）加强企业文化建设。

优秀的企业文化可以让人与人之间的关系更加协调，增加企业的凝聚力，使全体员工具有普遍认同的价值观，为实现企业的目标而奋斗。片面地认为只要提供高薪就能留住人才，这是很不现实的。除了要加强对员工的物质激励以外，更应在企业内部创造一个重视人、尊重人、体现人价值的良好文化氛围，努力为员工创造一个公平、公正的工作环境，提供一个施展才华的空间，使员工得到应有的尊重和地位，这样才能真正提高员工对中小企业的敬业度以及工作绩效。

6.6　研究局限及未来研究展望

（1）由于经济条件和地域条件的限制，本研究所选取的样本主要集中在哈尔滨、大庆、湖南以及广西等地区的中小企业，对其他地区中小企业调查研究缺乏足够数据的支持，无法全面反映国内中小企业员工的组织公平感和敬业度以及工作绩效的整体情况，可能会对实证研究的结论带来一定的影响。此外，研究对象的范围跨度还不是很全面，45岁以上的员工以及公司的高层领导很少。因此在未来的研究中应扩大样本的广泛性和全面性。

（2）本研究采用调查问卷形式进行研究，因调查对象填写问卷时情境无法掌控，问卷可能受调查对象当时情绪等主观因素影响，造成填写不真实的情况。本研究量表的测量均为自评方式，其结果可能存在着夸大自我和社会期许等因素的影响，在一定程度上影响数据的客观准确性。今后的研究中，可选用自评和他评相结合的方式。

（3）本研究只是将中小企业员工的敬业度作为一个整体进行研究，没有针对组织公平感对敬业度以及敬业度对工作绩效的各具体维度的影响关系和作用大小进行研究，这样不能对企业管理实践中有目的地提高员工某方面的敬业度提供指导意义。未来的研究要进一步对组织公平感、敬业度与工作绩效各维度的关系进行研究，以期为企业提高员工工作绩效提供更多的帮助。

（4）本研究采用的是横截面的设计，数据的收集都是在同一时间点进行的，而这只能代表中小企业在某个时间点的状况，而中小企业在不同的发展阶段以及处在不同的环境中时其组织公平感、敬业度和工作绩效都是不一样的，同时组织公平感、敬业度对工作绩效的影响都是需要过程的，静态的数据不能对此进行有效的解释。因此，在未来研究中应尝试采用纵向研究的方法，收集动态的数据。

6.7　结　　语

在国内目前有关工作绩效影响因素的研究中，有很多研究证明了组织公平感对于工作绩效具有一定的预测作用，但对内部的影响机制很少研究，即组织公平感对工作绩效的作用是否受到其他变量的影响。本研究中基于相关文献支持引入了敬业度这个中介变量，来探讨敬业度在组织公平感与工作绩效关系之间的中介作用，希望通过对中介机制的关注有助于更好地帮助中小企业管理实践。而且随着人们对公平问题关注度的提高，怎样通过提高组织公平感、敬业度，从而提高员工的工作绩效，已成为中小企业人力资源管理必须面对的问题，但这些研究目前大都还仅仅局限在对国外研究相关成果的介绍和引进上，缺乏结合我国国情的理论探讨，而针对我国中小企业进行实证研究的文献更是少见。本研究则是在国内中小企业的研究背景下，探讨组织公平感如何通过中介机制对员工工作绩效产生影响。根据互惠的原则，当员工感知到的组织公平感越强时，它越有助于员工对组织的情感转换更为积极，使企业的员工拥有更加积极的心态，这些积极心态与员工的绩效相关，对其有正向作用。

在本研究中，首先对人口统计变量（性别、年龄、婚姻状况、工作年限、学历层次和职位级别）进行差异性分析后，结果发现组织公平感、敬业度以及工作绩效在人口统计变量上基本都不显著，但也不排除个别变量在某个人口统计变量上有显著差异。但是通过进一步分析，发现在所抽取的样本中，年龄分布、工作年限分布、学历层次分布以及职位级别分布中单一化集中趋势较明显。因此我们判断之所以在某个人口统计变量上差异显著很有可能是由于样本取样问题所导致。所以本研究并未将人口统计变量作为控制变量进行分析。然后，我们对组织公平感三维度、敬业度单维度以及工作绩效两维度进行了相关分析，初步了解了他们之间的相关关系，也验证了所有假设。在此基础上，通过回归分析进一步验证了组织公平感、敬业度与工作绩效之间的影响关系。通过研究我们发现敬业度在组织公平感与工作绩效之间起到了部分中介作用。

7 员工主动性行为及其驱动研究

7.1 引 言①

根据 IBM 公司发布的《2010 年全球 CEO 调研报告》，60% 的 CEO 已经感受到运营环境和市场中的复杂性，79% 的 CEO 认为复杂性在未来 5 年将继续升高。复杂性已经成为企业必须面对的巨大挑战（刘洪，2011）。波士顿咨询公司的伊夫·莫里厄指出，"企业面对复杂局面，不必把烦琐的行为指南和操作规程强加给一线员工，而应创建一个合适的环境，让员工在面对复杂挑战时，能够相互协作，共同开发出有创意的解决方案。"可以说在组织面对复杂性环境时，领导者不必也不可能事先预测种种未来可能，制定详细的规则和程序让员工履行，而需要员工主动投入，表现出主动性行为，创造性地解决复杂环境下所产生的种种问题。

正是由于复杂环境下，竞争的加剧、创新压力的增大，主动性在当今职场中显得日益重要（Parker，2000；Frese，2001；Sonnentag，2003），主动性概念也有了相当可观的发展（Crant，2000），如引发变革（Morrison，1999）、自我角色扩展（Parker，1997）、主动的问题解决（Parker，2006）等等。但是，究竟什么是员工主动性行为，员工主动性行为包括哪些具体维度？对于处于复杂环境中的企业有何价值，主动性行为的驱动力是什么，如何推动符合组织所需要的主动性行为，让员工与企业共同面对复杂性系统，创造性地解决企业面临的问题，促进企业的可持续发展，是当今管理学者和实践者都共同关注的一个重要问题。本研究首先探讨了员工主动性行为的内涵与结构维度，然后剖析复杂环境下的员工主动性行为价值，最后在分析员工主动性行为内在动机决定因素，以及个体人格和环境的驱动因素基础上构建了员工主动性行为驱动的整合模型。

---

① 部分内容参见：韦慧民，潘清泉. 复杂环境下员工主动性行为及其驱动研究［J］. 企业经济，2012（3）。

7.2　员工主动性行为的概念与结构维度

7.2.1　员工主动性行为的概念

主动性概念有不同层次的体现，如个体层次（Ashford，1991）、团队层次（Simard，1995），以及组织层次（Kickul，2002）。员工主动性行为是一种个体层次的主动性的体现。

Frese 和 Kring 等人（1996）提出，个人主动（personal initiative）是采取的与组织的使命保持一致，自我发起的（self-initiated）、前瞻性的，以及坚持克服变革的障碍的行为。个人主动是关注长期并预见未来的问题和机会，在没有要求或者没有明确的角色规定的情况下去做一些事。之后，工作环境中的主动性概念得到了进一步发展。Crant（2000）认为，主动性行为是采取主动措施改善目前的环境，挑战现状而不是被动的适应当前的情境的行为。Parker 等（2006）定义主动性行为，是自我发起的预期性的行动，旨在变革和改善环境或者自身。

尽管有不同的名称和理论基础，与个体层次的主动行为相联系的这些概念关注于旨在变革和改善环境或者个人自身的自我发起和未来导向的行动（Parker，2010）。并且，正如 Crant（2000）和 Frese 与 Fay（2001）所指出，员工能够投入到所有的工作活动中，包括任务和周边因素中，均有不同程度的主动性。因此，没有必要限定主动性仅仅在周边领域，主动性行为不等同于关系绩效或者角色外行为（Parker，2006）。总的来说，员工主动性行为意味着员工能够超越所分配的任务，发展自己的目标，并采取一种长期观以防止问题的出现。

7.2.2　员工主动性行为的结构维度

Parker 等（2006）指出了两种维度的员工主动性行为。一个维度是主动的观念实施（proactive idea implementation），包括个体负责一个改善工作场所的观念，或者通向其他人表达想法或者通过自己实现这个想法。主动地观念实施可能是创新过程的一部分，进而带来创新。第二个维度是主动的问题解决（proactive problem solving），指自我发起、未来导向的一种行为，目的是防止问题的再次出现或者用不寻常的或者非标准化的方式解决问题。根据这个定义，究竟什么行为是主动地将受到背景因素的影响？因为在一个环境中的不寻常和非标准化可能在另一个情境中是一种常规的方式（Frese & Faye，2001）。

Griffin 等（2007）分类了三种主动工作行为。Grinffin 等人的员工主动工作行为的分类依据其行为目标的针对对象来划分，从个人有效性改善的行为、团队有效性改善的行为直到直接促进组织有效性改善的行为。第一，改进个人的任务，如引进更有效的工作方法；第二，改进自己作为团队成员的任务，如为改善团队绩效提建议；第三，改进个人作为组织成员的任务，如提建议以改善组织整体的效率。

Parker 和 Collins（2010）提出主动性行为包括三类。第一是主动工作行为（在组织环境内控制和引发变革），如努力带来工作程序的改进，表达自己对工作问题的思考与看法，采取行动防止工作的挑战和障碍再次出现。第二是主动战略行为（控制和引发主要的组织战略以及与外部环境的适应性方面的变革），如战略扫描（strategic scanning）。战略扫描包括主动的调查组织环境以确定能够确保战略与组织之间适应的方式，如识别出组织可能应对新生市场的方式。第三是主动的个人—环境匹配行为（改变自己或者环境以实现个人特征与组织环境之间更大的兼容性），如职业生涯主动性。如努力提高自己的能力和技能以满足工作环境的新要求。Parker 等人的划分是依据其行为的目标指向，包括内部组织环境，组织与外部环境的适应，以及个人与内部组织环境的匹配。

由此可见，关于个体层次的员工主动性行为的结构维度并没有达成一致的看法，不同学者提出了自己的分类。但是根据上述学者的划分可看出，员工主动性行为是一个多维度的构念。员工主动性行为可以是不同的内容，如新观念提出与实施，已有问题的解决；可以是针对不同的对象，如个体、团队或组织。但不管如何，员工主动性行为的目的是影响或者改变环境与自身。

7.3　员工主动性行为价值剖析

　　组织背景影响和限制了组织重视的行为的类型，即哪些类型的行为对于有效性是重要的。长期以来，企业所面对的环境是相对稳定的，可以预见的。在这样的环境下，有助于组织目标达成的员工行为和任务，基本都可以在正式的工作描述中得到明确的规定。员工的工作绩效表现主要根据个体对执行工作描述所规定任务的熟悉性来评价。员工的这种熟练行为在工作要求可以预期的时候有助于提高有效性（Griffin，2007）。熟练反映了个体执行原有基础上预期可以提高他作为组织中的个体角色的有效性活动的程度。但是，熟悉不是未来导向的，也不具有涌现性。只有在可预测的环境下，才可以通过提高熟练度来提高有效性。

　　随着经济全球化、网络化和信息化发展，企业之间的合作越来越密切，企业的生存与发展也越来越依赖于其他企业。可以说，当今组织与其环境之间处于一种动态的、相互作用的关系（刘洪，2011）。组织面临的环境日益复杂。环境的复杂性带动了组织的复杂性。组织复杂性意味着组织行为的不确定性、不可预测性、涌现性。不确定性影响了工作角色能够明确规定的程度，因而决定了个体是否仅仅遵守角色规定的要求就是有效的或者通过适应和发动变革而有效的（Griffin，2007）。当不确定性低的时候，外部控制可以用以保证目标的达成。例如，工作角色可以采用工作描述正式的规定需要执行的任务、遵循的程序，要求的标准。当不确定性高的时候，外部控制不太适合了。因为不可能预期所有的可能性，也难以正式规定任务要求。在这种情况下，工作角色必须动态的涌现以响应变化的条件和要求。因此，当组织背景高不确定性时，更需要角色灵活性。员工主动性行为是涌现的、变革导向的行为。这些行为在工作要求不能明确预期的时候，显得非常重要。当不确定性高的时候，工作角色不能简单地用详细的工作描述规定，不可能预期所有的可能性，并且难以正式化任务要求（Wall，2002）。在这种情况下，工作角色必须动态涌现以应对变化的环境和要求。

　　正是由于这一环境背景的改变，员工的工作行为从关注于工作和固定的

任务转向了在动态复杂组织背景下对于工作角色的更宽泛的理解。企业扁平
化组织结构不断增长，创新的压力日益加大，以及员工自我指导的职业生涯
发展趋势，都需要员工发挥主动性，具有主动精神（Campbell，2000；Frese，
2001）。在组织复杂性环境中，变革导向的行为，即个体适应变化的环境，并
针对预期新的挑战采取主动行为，将会变得比熟悉的、可预测的行为更为重
要（Griffin，2007）。在复杂环境下，员工主动行为有助于确保在竞争和技术
环境中频繁变化环境下的有效性（Crant，2000）。员工主动性行为强调自我
发起，包括预期未来的问题和需要，通过引起某件事发生来控制一个情境而
不是等着它发生之后再去对它作出反应。如果一个人是被要求去改变某事，
那么这就不是控制一个情境（Parker，2010）。员工主动性行为是一种更深入
的变革导向的行为，在不作要求不可预期的时候促进有效性，如主动的问题
解决（Crant，2000）、主动负责（Morrison，1999）等。这些行为是自我发动
的，并且是未来导向的行动，旨在变革环境或者是自身（Parker，2006）。作
为一类涌现行为，员工主动性行为都不容易预先规定。例如领导不可能简单
的命令员工要更主动，然后就期待着员工能够发动挑战现状的行为。

员工主动性行为不仅是适应变革，更包括自我发动变革，主动改变自己
或者环境（Frese，2001；Griffin，2007）。主动性行为就是努力引发环境或者
个人自身的变革以达到一个不一样的未来（Parker，2010）。具体来说，员工
的主动行为可以带来积极的个体和组织结果。对于组织而言，主动的个体，
能够更好地完成他们自己的核心任务，提高绩效，引发创新（Kickul，2002；
Thompson，2005）。对于个人而言，主动性对于职业成功也是非常重要的
（Seibert，1999）。职业生涯变得越来越无边界化，也并不限制在一个组织之
中，这些个体必须对自己的职业生涯负责，以便他们能够不断地为其服务的
组织增加价值。正如 Crant（2000）所说的，因为主动行为具有大范围的影响
作用，包括角色内和角色外行为，既对组织也对自己产生重要作用，所以主
动行为具有重要价值。

7.4　员工主动性行为的驱动机制

理解员工主动性行为的驱动机制，确定其中的关键内在过程将有助于研

究者更好地管理和支持这种在复杂组织环境下正变得越来越重要的行为。Parker 等（2010）认为，主动性行为是一种有意识的、目标导向并受激励产生的行为。在其中，个体内部动机状态是更为直接的影响因素。根据社会认知理论（Bandura，1991），人具有自我调节性，人不仅受环境的影响，同时也影响环境。基于上述分析，我们在此提出员工主动性行为的整合驱动机制模型，如图 7 - 1 所示。其中，个体特征与组织环境因素提供了员工主动性行为发生的背景，是一种"可能性"，而个体内部的认知与情感体验则是员工是否投入主动性行为的直接决定因素。

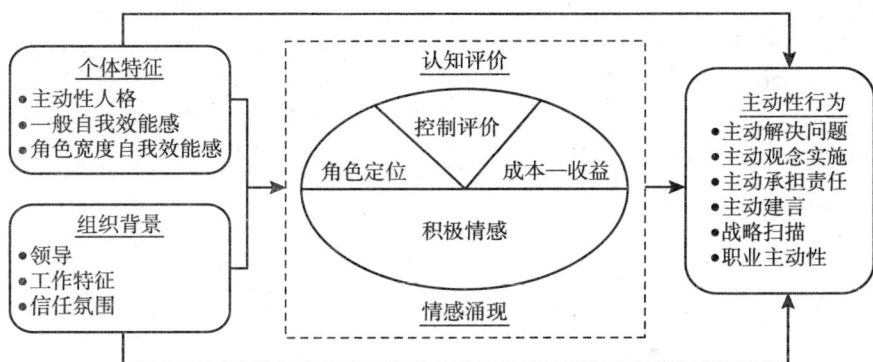

图 7 - 1　员工主动性行为驱动的整合模型

7.4.1　个体特征因素

（1）主动性人格提供员工主动性行为的"我想"的倾向性基础。主动性人格（proactive personality）是个体采取主动行为影响周围环境的一种稳定的倾向（刘密、龙立荣、祖伟，2007）。具有高主动性人格的个体在环境中有一种相对稳定的行为倾向要去发起变革。他们较少受环境的约束，常常主动识别有利机会，努力改变环境，直到带来预期的改变（Bateman，1993）。具有主动性人格的个体更可能投入到主动性行为中，改变自己或者环境。但是作为一种行为倾向，主动性人格提供了员工主动性行为的可能性。

（2）自我效能感是员工主动性行为的"我能"基础。一般自我效能感是个体对自己应付不同环境的挑战或任务时的自信心。因为主动性行为使得新事物出现过程中可能会涉及短期的风险（如受到他人的抵制，失败的可能性），最后才可能收获成功。所以自我效能感对于主动性行为是很重要的。对于自己的能力有信心的个体更可能断定他们的行为将会成功，因此愿意承担风险投入主动性行为之中（Morrison，1999；Parker，2006）。高自我效能感会产生一种控制感，使得个体更能长久地坚持，也会选择更困难的目标，而这些对于引发变化是非常重要的。Frese、Garst 和 Fay（2007）就明确指出，自我效能感可以预测主动性。由于自我效能感是一个领域特定的概念。就员工主动性行为而言，有学者提出角色宽度自我效能感（role breadth self-efficacy）具有更为直接的影响（Parker，2006）。根据 Parker（1998），角色宽度自我效能感，指的是个体对于自己执行一系列主动的、人际的以及综合的超越规定的技术角色范围的活动的能力评价。角色宽度自我效能感对于建言（Axtell，2000）、主动性的问题解决（Parker，2006）等行为具有较强的预测作用。另外，主动性人格经由角色宽度自我效能感和灵活的角色定位与主动工作行为显著相关。

7.4.2　组织背景因素

（1）领导。首先，领导可以创造一种支持变革导向的行为的背景，使得主动性行为更可能涌现。支持型领导，如帮助员工自我指导和自我管理，可以提高主动性行为（Crant，2000；Parker，2006）。其次，领导能够通过展现一个清晰、引人注目的、对于未来的愿景而激发那些有主动性行为倾向的个体更多的主动性（Griffin，2010）。在强烈领导愿景的情况下，个体可以增加主动性，尤其是高度角色宽度自我效能感的个体。Strauss、Griffin 和 Rafferty（2009）发现，变革型领导会预测员工的主动性。而其中愿景是变革型领导中对于主动性最关键的因素。另外，高质量的领导—成员交换关系也能够预测个体的主动性（Janssen，2004）和建言（Burris，2008）。可以说，领导是驱动员工主动性行为发生的最直接可控的驱动力。领导通过设定一个引人注目的方向，并建立一个支持型的背景扮演一个推动者角色而变得最为有效（Hackman，2005）。但是，如果紧迫性和催促不足够强烈，导向不够有力，愿景不够清晰，那么变革期的绩效改善的动力会丧失。

（2）工作特征。工作自主性和工作丰富化均有助于促进员工的主动性行为，包括个人主动行为、建言、改进建议（Axtell，2000；Frese，2007）。工作自主性可以提高员工对于自己任务的控制性和权力（Parker，1997）。Binnewies、Sonnentag 和 Mojza（2009）发现，低的工作控制抑制员工的主动性。而当个人对于一个更大范围的决策拥有影响力和控制力时，他就会发展起对这些决策和决策支持的长期目标的主人翁意识。工作自主性可能也会使个人提高对于变革的接纳感，因为如果人对于变革有一定的影响作用时他感受到的来自于变革的威胁就会降低。工作丰富化能提高个体对于工作意义的理解（Grant，2007），工作丰富化促进个体更享受工作，因此内在激励其去主动工作，导致更多的主动工作过程（Parker，2010）。

（3）信任氛围。如果组织具有良好的信任氛围，得到同事的信任，同时也信任同事，那么员工将可能承担主动性行为可能产生的风险（McAllister，1995）。Clegg 和 Unsworth 等人（2002）发现，员工对于组织的信任可以有效预测员工的创新行为。当心理安全感较低或者是人际关系较差的时候，员工常常会感到投入主动性行为是一件极度冒险的事，从而会减少主动性行为（Parker，2010）。而较好的人际关系，则正向预测员工的建言行为（LePine，1998）。另外，来自于同事或者组织的支持会正向影响员工的主动性行为（Griffin，2007）。如果个体感觉自己与同事之间是一种信任关系的话，那么他们可能获得对于自己能力的信心。"他们相信我，所以我也应该相信我自己"。如果个人信任同事，相信周围的同事会支持他，那么他们就可能对于变革持更开放的态度。信任意味着同事将可以接纳员工来自于经验学习中可能的出错，这就可能鼓励个人去尝试那些超出自己核心任务的事情，即产生更多的主动性行为。

7.4.3　内部认知—情感因素

Parker 等（2006）认为，投入到主动行为可能要包括一个深思熟虑的过程，在这个过程中，个体要评价这些主动行为的可能结果。

（1）角色定位是员工主动性行为产生的"我应该"预测。个人的角色定位引导他们的行为，因为个人更喜欢表现那些与他们的自我概念相符合的行为（Neale，2006）。个体采取主动行为的一个可能性就是，他们认为这种行为对于完成自己的责任、目标或者愿望很重要。个体如果界定自己的角色较宽泛，感受到对于更广泛的目标（包括组织目标）有着更高的个人责任感，而不仅仅限于组织安排的工作任务的完成，那么他将更可能被激发投入到主动行为中，以帮助实现组织的长期目标（Campbell，2000；Parker，2000）。因为如果个体渴望并愿意接受责任，那么他将会被激发去采取主动行为（Frese，2001）。有灵活角色定位的个体界定自己的角色较宽泛，因而拥有超越直接的技术任务的目标，将这些目标和任务看作是"我的工作"而不是"不是我的工作"（Parker，1997）。当通过自己的主动性行为帮助实现了这些目标的时候他们会有成就感。有着灵活角色定位的员工更可能投入到主动的问题解决行动中，也更可能追求越出狭窄任务范围等领域的改善（Axtell，2000）。

（2）控制评价。控制评价指个体预期他们能够控制环境，特别是能够影响工作结果的程度。控制评价也是一种重要的心理状态，高度的控制评价导致更大的个人主动行为。Frese 等人强调控制评价较高的个体将有着更强的责任感，不轻易放弃，努力寻求行动机会，也就有更高的成功希望，并且也会主动寻求信息。Frese 和 Fay（2001）提出，如果个体相信他们能够在一定程度上控制环境和自己，相信他们能够处理主动行为可能带来的负面结果的话，那么他们将会激发去采取主动行为。在其中，领导支持和工作特征可能影响个体对于外在环境控制的评价，而自我效能感直接影响个体对于自我控制的评价。通过支持型领导和工作自主性有助于提高个体的控制评价，特别是对于高自我效能感的个体，进而激发他们表现出更多的主动性行为。

（3）成本—收益分析。Eccles 和 Wigfield（2002）提出，对于主动性行为的成本知觉是与主动性行为是否能够去做的一个直接影响因素。主动性行为的成本指的是投入到主动性行为可能带来的负面结果，如失败的可能性、从事主动性行为可能带来的机会成本损失等（Parker，2010）。因为主动性行为是自我发动的，而不是外部强制规定的，不从事也不会带来直接的损失，而投入了可能会有很大的代价。如果个体知觉到相对于可能得到的收益来说，投入主动性行为的成本太高，包括时间、精力、金钱等方面的损失，那么他们就不会投入到主动性行为之中。如果分析主动性行为的价值比较大，或者对于自己或者对于组织，那么他就可能认为值得去投入。其中的收益有可能是外在的物质的，也可能是内在心理的。如认为任务本身很有趣，符合个体的价值观追求等。Morrison 和 Phelps（1999）提出，责任承担包括一个适当的决策过程，在其中，个体评价成功的可能性以及行动的可能结果，如责任承担的风险是否会超过获益。而一般自我效能感直接影响这一决策，进而影响主动性行为。

（4）情感体验。Seo、Barrett 和 Bartunek（2004）发现，积极情感激发接近行动倾向（approach action tendency）。积极情感促进建立更有挑战性的目标，帮助个体投入问题解决之中（Illies，2005）。因此积极情感更可能促使个体树立主动性目标（Parker，2010）。具有积极情感状态的个体更可能树立积极工作目标。Fritz 和 Sonnentag（2009）发现，积极情感促进主动承担责任行为。Ashforth、Sluss 和 Saks（2007）研究指出，积极情感正向联系着主动的 P—E 匹配行为，如信息搜寻、反馈寻求，网络构建等。积极情感影响个体更多的关注于行为的积极结果，可能产生高的结果预期和高的自我效能感。Isen 和 Reeve（2005）发现，积极情感引导个体投入更多负责行为，如完成需要做的不感兴趣的任务。积极情感提高个体的信念，认为他们能够努力达成主动性目标，而且他们也有理由去主动行动，从而产生更多的主动性行为，包括更多的主动工作行为，主动的 P—E 匹配行为（Parker，2010）。

7.4.4 员工主动性行为的综合驱动

员工主动性行为表现具有个体差异和环境差异。一方面，个体特征与组织环境背景可能直接影响员工的主动性行为表现；另一方面，可能更主要的是通过员工个体内部的认知—情感状态间接影响主动性行为。如工作自主性影响角色定位的灵活性和控制评价，并进而影响主动性行为（Parker，2006）。员工主动性行为可以是理性认知评价的直接影响，也可能是积极情感涌现状态的驱动。剖析员工主动性行为的综合驱动力，可以指导组织管理者更有效地促进复杂环境下需要的员工主动性行为。员工主动性行为的最有效驱动可能是个体与环境综合影响的结果。如仅仅有领导愿景对于促进主动性可能并不够，只有具有高度自我效能感的个体才更容易将领导愿望看成一种激励而不是威胁，从而实际投入到主动性行为中（Griffin，2010）。虽然自我效能感在一段时间内是相对稳定的，但是其具有可塑性，可以有意识地培养。另外，组织管理者还可以通过丰富化工作设计提高角色宽度自我效能感（Parker，1998），进而激发员工主动性行为。

7.5　结语与未来研究展望

员工主动性行为是一种涌现行为，具有自我发动、变革导向和关注未来的特征（Parker，2010），行为的内容是难以标准化、难以预先制定或描述的（Griffin，2007）。这些行为通常是由个体发动的，而不是他人强加的。虽然企业一直强调员工发挥主动性，但是员工为什么"知而不言"？组织管理者不能说要求员工主动，就等待员工的主动性行为。如何驱动主动性行为是管理者必须面对的一个现实问题。特别是在复杂性环境下，创新要求日益突出，主动性行为的重要性日益凸显。复杂性环境下员工主动性行为是管理学者和实践者共同关注的焦点。探讨员工主动性行为的动力机制，有助于指导管理者促进员工的主动性。个体特征使得个体可能投入主动性行为，但是是否投入还需环境的激励。未来还需要在以下几个方面开展深入研究。

第一，主动性行为的概念界定与测量研究。

虽然主动性行为的重要性日益得到认可，但是其中存在一个重要的基础问题就是关于主动性行为的概念界定与有效测量方式。这是开展进一步深入研究的基础。正如 Crant（2000）所说的，关于主动性的研究还没有形成一个整合的研究，没有形成一个专门的定义、理论、测量方式。一个特别的关注就是有潜在重叠而又没有整合的概念发展的可能性。最糟糕的是，知识的建立由于高度相关的主题的研究发现没有整合而受到了阻碍。阐明我们的主动性行为意味着什么：以便我们能较明晰包括在这个研究中的行为应该是什么，不应该是什么。

第二，个体和环境变量在驱动员工主动性行为中的作用比较研究。

尽管主动性行为很重要，但是影响因素还不是非常的明确。人格和工作环境作为主动性行为的前因变量，这是很重要的。但是，目前还不知道是否这两类前因变量各自起着独特的作用,以及他们的相对重要性。例如,如果人格是最重要的,那么这就意味着组织招募活动,而不是对于工作环境的改变,是获得主动的员工最为有效的方式。在组织变革复杂情境下,是否明确的愿景和蓝图就可以激发员工主动行动,还是个体特征因素更重要呢?组建团队完成复杂而不确定的任务时,仅仅有领导的催促和强制是否可行?如何组建和管理团队才能更好地提高团队主动性绩效值得深入研究。团队强调互依性,共同的知识共享、协同以创新。知识员工的成果更无法控制,是否更需要自身主动?

第三,不同驱动因素的差异性影响效果。

如 Griffin 等(2010)研究发现,强烈的领导愿景对于在工作角色变革开放性和角色宽度自我效能感的自我知觉较低的个体产生负面的结果。低角色宽度自我效能感的个体,缺乏超越自己技术核心工作范围的信心,可能认为强烈的领导愿景产生的是威胁,因此产生较少的主动行为的动机。另外,工作压力,包括时间压力和环境压力都影响主动性行为,但是这种影响方向并不一定(Parker,2010)。有研究发现,压力可以促进更大的创新,如主动改进工作方法(Fritz,2009)。根据控制理论,压力表明了期望与现实的不一致。面对这种差距,可能会促进个体积极寻求反馈,改进现状(Parker,2010)。

第四,员工主动性行为的偏差控制。

Griffin 等(2007)识别了三种不同维度的工作角色绩效:描述个人满足正式规定的角色要求程度的熟练性行为;描述个体适应于工作系统或者工作角色变化程度的适应性行为;描述个人采取自我定向的行动以预期或者发动工作系统或者工作角色变革程度的主动性行为。适应性和主动性在工作环境包括了不确定以及工作角色的某些方面不能明确规定的时候是非常重要的。值得强调的是,这三种行为并不是彼此排斥的,在高度不确定时,个体仍然要遵守角色预先规定的方面。员工主动性行为的初衷是围绕着组织的愿景,改善自身和环境以达到一个更好的未来,但是在驱动员工主动性行为的时候,会否定主动性行为偏离组织目标。如主动性人格较强的员工可能总是想主动改变现状。组织管理者如何围绕组织愿望引导员工的主动性值得关注。

8 人性化与规范化管理对员工
主动性行为的影响研究

8.1 引　言①

2010 年全球 CEO 调研报告指出，60% 的 CEO 已经感受到运营环境和市场中的复杂性，并且79% 的 CEO 认为这种复杂性在未来将继续升高。复杂性已经成为企业必须面对的巨大挑战（刘洪，2011）。在组织复杂性环境下，竞争不断加剧，创新压力日益增大，使得能够提高组织有效性的员工行为难以完全标准化、难以预先全部指定。此时，员工的主动性行为就显得越来越重要，其概念也有了相当大的发展，包括引发变革、主动的问题解决、自我职业角色扩展等等。尤其在当前国家创新战略的大背景下，企业为了适应新形势的需要，更应重视对于创新的投入与驱动。为此，如何发挥员工的主动性成为了企业创新的一个重要方面。然而，虽然企业一直强调员工要发挥主动性，但是为什么常常出现员工"知而不言"的现象？甚至有员工为了个人的安全或者私利，对于发现的企业问题也保持沉默，甚至由此导致企业的重大损失。企业的管理者不能向员工提出了主动的要求，就被动等待员工的主动性行为。如何驱动符合企业所需要的主动性行为，让员工与企业共同面对复杂性系统，创造性地解决企业面临的问题，促进企业的可持续发展与创新，是当前企业管理者必须面对的一个重要现实问题。

8.2　复杂环境与员工的主动性行为

8.2.1　员工主动性行为的内容构成

员工的主动性行为是员工个人为了改善当前环境而主动采取各种措施，挑战现状而不是被动的适应当前情境的行为（Parker et al.，2006）。员工的

① 部分内容参见：韦慧民，潘清泉. 依托主动性行为激发的人性化与规范化管理 [J]. 中国人力资源开发，2012（9）。

主动性行为是个体层次的主动性的体现，具有自我发动、未来导向以及对于克服困难的坚持等特点。表现出主动性行为的员工会关注长期的发展，能够预见未来的问题和机会，常常在企业没有明确要求或工作角色没有规定的情况下去做一些事。

需要强调的是员工的主动性行为不是特指员工的工作角色外行为。实际上，员工的主动性行为作为员工超越所分配的任务，发展自己的目标，并采取一种长期观以防止问题出现的行为，可以发生在所有的工作相关活动中。员工的主动性行为可以是不同的内容，如新观念的提出与实施，现有问题的解决；可以是针对不同的对象，个体、团队或组织。但无论如何，员工的主动性行为旨在变革和改善工作环境或员工自身（Parker et al.，2010）。

第一，变革和改善工作环境。

具体包括改变企业内部环境，以及提高企业对外部环境的适应（Griffin et al.，2007）。前者如通过对工作问题的思考，产生一个改善工作的观念和想法，并向其他组织成员表达想法或者自己实现这个想法；努力改进工作程序和流程，引进更有效的工作方法和措施；积极提出建议以促进团队或组织整体效率的提升；采取行为防止工作中的问题和障碍再次出现。这些主动的观念和行为实施可能是创新过程的一部分，可能带来企业创新。后者如主动的市场战略行为，进行市场环境调查以确保企业战略对外部动态环境的适应，如识别出企业可能应对新生市场或新变化市场的有效方式，并主动进行企业战略及与外部环境适应性方面的必要调整与变革。

第二，变革和改善员工自身。

组织环境的复杂性提出了员工能力的动态发展要求。另外，职业生涯的无边界化发展，使得员工的职业生涯不再限制在一个企业之中。在这一背景下，员工必须主动进行自我指导的职业生涯管理（Parker & Collins，2010）。职业生涯主动性就要求员工采取主动的个人—环境匹配行为，包括工作信息搜寻、绩效反馈寻求、职业能力培养等，努力提高自己的能力和技能以满足工作环境的新要求，提高自身特征与组织环境之间的兼容性（Ashforth，2007）。员工唯有不断地改善和提升自我，为所在企业创造出更大的价值，才可能提高职场适应力，获得职业成功和自我成就感满足的同时丰富自我职业生涯发展的资本。

8.2.2 复杂环境对员工主动性行为的呼唤

随着经济全球化、网络化和信息化发展，企业之间的合作越来越密切，企业的生存与发展也越来越依赖于其他企业。可以说，当今组织与其环境之间处于一种动态的、相互作用的关系（刘洪，2011）。这样日益复杂的环境带动了组织的复杂性。组织复杂性使得组织行为具有更高的不确定性、不可预测性、突发性。高度的不确定性降低了工作角色能够明确规定的程度（Griffin et al.，2007），这使得员工不能仅仅通过遵守明确的规定要求就可以履行好工作角色。因为当不确定性低的时候，外部控制可以保证目标的达成。例如，可以采用正式的工作描述规定需要员工执行的任务、遵循的程序、要求的标准。但是当不确定性高的时候，外部控制就不太适合了。因为高不确定性使得不可能事前预期所有的可能性，从而无法做到正式规定所有的任务要求。在这种情况下，员工必须发挥主动性和灵活性，动态表现出主动性行为以应对变化的条件和要求。

员工的主动性行为主要是针对预期可能出现的挑战或问题而采取的行为。这些行为在工作要求不能完全详细规定的时候，显得非常重要。正如波士顿咨询公司的伊夫·莫里厄（2011）所强调的，"企业面对复杂局面，不必把烦琐的行为指南和操作规程强加给一线员工，而是创建一个合适的环境，让员工在面对复杂挑战时，能够相互协作，共同开发出有创意的解决方案。"可以说在组织面对复杂性环境时，领导者不可能也没有必要事先预测未来的种种可能性，制定详细的规则和程序让员工履行，而应该关注于如何激发员工的主动性行为，创造性地解决所面对的种种问题。如个性化的客户需求的发展，需要企业视不同人的独特性，不同的情形进行适当的变通。市场营销人员、服务类人员面对的是各式各样的客户，如何针对具有极大差异的客户需求，最大限度地满足客户，需要员工的主动性。"海底捞"强调，"顾客是一桌一桌抓的"。为了达到这一目标，他们采用定性的标准，通过激情的员工主动的根据现场环境提出充满新意的服务行为。这些主动性行为常常超出顾客的预期，带来了高满意度的顾客，也为"海底捞"带来了丰厚的利润回报。

8.3　人性化管理：员工主动性行为激发的动力基础

员工的主动性行为，如主动地解决问题、主动地责任承担等，是一种更深入的变革导向的行为，在不可预期的时候能够促进有效性。但是，管理者不可能简单的命令员工要更主动，然后就期待着员工能够发动挑战现状，应对突发情况的主动性行为。正如谷歌公司员工在对公司评价的时候所说的"谷歌并不会强迫你努力工作，而会让你主动愿意这样做。"可以说，员工的主动性行为是在自觉自愿基础上产生的创造性解决问题方式。由于制度与规范不可能事先预测到动态变化环境下的所有情况。因此，规范化管理不能应对复杂环境下的所有问题，需要员工有一定的灵活性，在一定原则基础上随机应变，以发现更佳的问题解决方式。人性化管理可以激发员工激情，是员工主动性行为的有效驱动力。

8.3.1　支持型领导风格

领导可以创造一种支持变革导向的行为背景，使得员工的主动性行为更可能发生（Hackman et al.，2005）。支持型领导，如作为指导者，帮助员工实现自我管理和自我发展，可以提高主动性行为。如谷歌公司员工所说的，在谷歌工作最大的吸引力是"绝大部分高管都知识渊博，并能提出大量有益建议，能够开诚布公地谈论各个项目，并与员工展开推心置腹式的沟通交流。你在谷歌工作会加倍努力。"另外，支持型领导还应该通过展现一个清晰、引人注目的未来愿景而帮助员工明确努力目标和方向，产生更大的热情，这是员工主动性行为的动力源泉（Griffin et al.，2010）。如"海底捞"作为餐饮业，服务员工的苦与累可想而知。但海底捞通过让员工认可发展愿景并树立理想，将当前的苦与累看作是意志的训练，未来职业发展的基础，使得员工产生的激情投入与付出，这绝不是金钱激励可以达到的。

8.3.2　授权管理

职场行为的灵活性需要一定的授权管理。授权管理使得员工能够有一定程度的自主性和决定权，能够敏锐地捕捉并及时利用机会，同时还可以提高员工的自我效能感。首先，工作自主可以提高员工对于自己任务的控制性和权力，以及责任感（Binnewies et al.，2009）。如"海底捞"从管理层到基层员工，都拥有一般餐饮业员工不能企及的一定权力，店长拥有一定数额的开支决定权，普通服务员可以有权决定赠送果盘或零食，对顾客的不满或要求，也能有权决定是否打折。当个人对于自己的工作拥有更大的影响力和控制力时，他就会发展起对工作和企业发展长期目标的主人翁意识。这将使员工有更高的成功愿望，不会轻易放弃，而是努力寻求行动机会，并且也会主动建言，主动改善工作。正如"海底捞"老总张勇所说的：服务员遵循一定的前提，根据顾客要求决定打折甚至免单，其实在替公司解决问题，如果一定要报告店长，可能会耽误时间，影响顾客满意度。其次，授权管理让员工在成功经历中提升的自我效能感成为员工主动性行为的"我能"基础。苹果公司的员工在对公司评价中强调："自己的成功自己掌握。你能够完成当初认为不可能完成的任务。你对于自己成为其中一员感到自豪。"这种自我掌控感以及工作自豪感使得员工发展起更高的自我效能感，形成对于公司极高的认可度，从而更愿意投入主动性行为中，产生更多的创造性成果。

8.3.3　营造组织信任氛围

员工的激情投入、主动性行为，是复杂环境下员工创新的必要要求。但存在的一个挑战就是激情员工在高流失率背景下如何产生和保持。高信任度的人际关系氛围，可以激发员工积极工作态度。如果组织具有良好的信任氛围，得到同事的信任，同时也信任同事，那么员工将更愿意承担主动性行为可能产生的风险，更愿意主动创新（Clegg et al.，2002）。如果个体感觉到同事的信任，那么他们就可能敢于表达建议和改进工作的想法。信任意味着同事将可以接纳员工来自于经验学习中可能的出错，这就可能鼓励个人去尝试那些超出自己核心任务的事情，即产生更多的主动性行为。谷歌公司的员工喜欢在谷歌的工作，很大程度上是认为"能够与很有才能的人共事，自己所从事的项目能够得到大量支持和积极反馈。"苹果公司的员工也认同，在苹果公司"最为重要的是你将成为精英团队的一员。苹果手下无弱兵。苹果团队意识很强。"这些对于团队成员的能力和积极态度的信心将是员工全身心投入主动性行为，创造性工作的重要心理安全保证。

8.4 规范化管理：员工主动性行为激发的方向指南

员工主动性行为的初衷是围绕组织发展的愿景，改善自身和环境以达到一个更好的未来。但是在驱动员工主动性行为的时候，需要监控主动性行为是否偏离组织目标。如主动性人格较强的员工可能总是想主动改变现状，而并没有考虑组织整体发展目标。因此，为了控制员工主动性行为可能发生的方向偏差，企业在实施人性化管理驱动员工主动性行为的同时，还需要进行一定的规范化管理，作为员工主动性行为的方向指南，具体作用如图 8 - 1 所示。

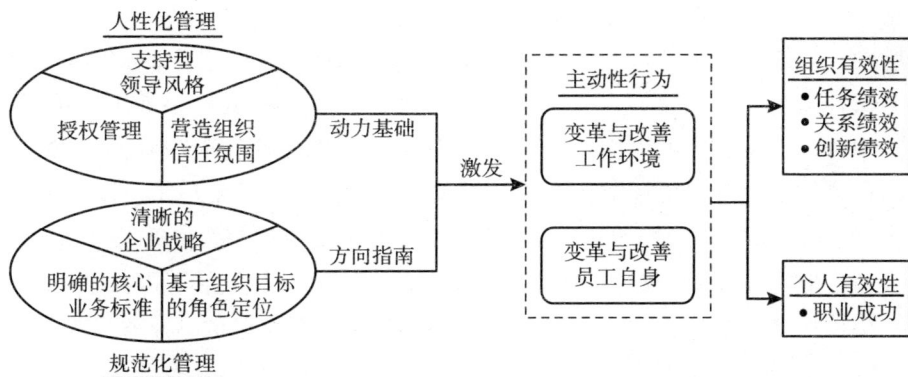

图 8 - 1 主动性行为激发：人性化与规范化管理的联合驱动

8.4.1 清晰的企业战略

企业背景和发展战略影响和限制了组织重视的行为的类型，即哪些类型的主动性行为对于组织有效性是重要的。因此，企业需要让员工清楚地理解企业战略，在心中定位最终追求的目标。由于主动性行为是一种有意识的目标导向并受激励产生的行为（Parker et al.，2010），如果员工分析主动性行为的价值比较大，或者对于自己或者对于组织，那么员工就可能认为值得去投入。主动性行为产生的收益有可能是外在物资的，也可能是内在心理的。员工清楚企业战略并内化为自己的工作追求将是实现主动性行为围绕组织发展目标的重要保障。

8.4.2 明确的核心业务标准

美国科技博客网站 Business Insider 评出了最受员工喜爱的 10 大美国科技公司，其中 Facebook 居首。虽然 Facebook 员工非常认可公司，认为"公司能够提供良好的工作环境，让员工们发挥各自所长。员工们在完成各自工作过程中，工作氛围很轻松。"但是，员工也指出了公司存在的问题"有时工作杂乱而无章，老在瞎忙活。公司规模扩大速度很快，有时根本不知道项目的具体负责人究竟是谁。"采用基于制度的规范化管理能够使效率得以保证，也是员工核心工作行为与职责的基础。虽然按照明确规定的工作职责执行的熟练工作行为无法满足复杂环境要求，员工还需要适应环境快速动态发展的新要求，表现出主动性行为（Griffin et al.，2007），但是工作职责规定的熟悉工作行为与主动性行为并不是相互排斥的。在高不确定时，个体仍然要遵守工作角色预先规定的方面。如苹果公司的工作要求也会很严格，苹果专卖店的布置就会有着非常规范化的陈列要求。Facebook 强调给员工自由的同时，也会有明确的规定要求，如公司的工程师虽然都拥有对 Facebook 数据库修订的权力，但是其同时会被提供一张"禁做事项"清单，包括不得共享用户数据，保护信息安全等，需要严格遵守。除了自上而下确定核心业务标准之外，还可以自下而上产生工作规范要求。如"海底捞"员工的服务创意，如果能感动顾客，并可以普及则可选中成为一种标准化的规范。从这个意义上人性化与规范化似乎是可以相互促进的，实现一定的转换。并且对于员工这种积极的主动性行为予以及时的肯定，可以满足员工的自我实现需要，同时强化员工的主动自觉意识和行为。

8.4.3 基于组织目标的角色定位

角色定位能够引导员工的行为。当员工认为主动性行为对于完成自己的工作责任、目标或者愿望很重要时，他们更可能产生这类行为（Neale & Griffin，2006）。员工的角色定位如果较宽泛，感受到对于更高的组织目标的个人责任感，而不仅仅限于纽织安排的工作任务的完成，那么他将更可能拥有超越直接的技术任务的目标，将这些目标和任务看作是"我的工作"而不是"不是我的工作"，从而激发主动性行为以帮助实现企业的长期目标。如苹果公司追求创新，公司的产品总被视为艺术品。工程师不仅仅是技术人员，更被看作是艺术家。乔布斯在设计方案完成后，会举行一个仪式，因为"真正的艺术家会在作品上签上名字"。乔布斯会与团队成员一起在电脑内部签字。苹果公司的工程师超越技术专家的艺术家定位，结合了苹果公司的创新目标，使得他们更愿意投入到产品的完美设计之中。当员工通过自己的主动性行为帮助实现了这些目标的时候他们会有成就感，会进一步地融合个人目标与组织目标，更多地投入到围绕组织目标的主动性行为之中。

9 基于信息沟通视角的说谎
判断研究及其管理启示

　　说谎是人类社会的一个普遍的现象。对于说谎判断的研究一直是心理学研究的一个焦点问题。本章从信息沟通视角，对说谎判断研究新进展进行梳理与评价。研究表明，说谎信息发送者的信息控制力、外部形象和个体内在特征，说谎信息判断者的个体资源拥有状况、倾向性特征和刻板印象均对说谎判断有显著影响。此外，说谎判断发生在人际互动过程中，互动双方的关系、互动过程中的行为与非行为线索、第三方信息等也对说谎判断过程有着重要影响。最后，探讨说谎判断的管理实践意义。

9.1　引　　言①

　　说谎是个体有意识地对事实进行隐瞒、歪曲或凭空编造虚假信息以误导他人的行为（DePaulo et al.，2003）。虽然说谎被普遍认为是一种非道德行为，但是说谎却是个体社会交往过程中普遍存在着的一种现象。通过日记记录法对人们日常说谎行为进行的研究，证明说谎是一种非常普遍的社会行为。人们平均每天至少会说一到两次谎话。说谎的内容多是与情感和感觉相关的，包括情绪、观点、对他人或事物的评价等。儿童从小就已经具备说谎的能力。对于说谎行为的识别与判断一直以来就是心理学研究的一个主要问题。本章试图基于个体互动的视角，将说谎看作是包括互动双方及互动中信息判断的过程，从信息发送者、信息判断者以及互动过程三个方面探讨说谎判断的过程。

9.2　信息发送者因素对说谎判断过程的影响

9.2.1　信息控制力

　　说谎者对于发送的信息的控制能力影响着说谎判断过程，影响着谎言识别的难易程度。而说谎者对于发送信息中谎言线索的控制力受到其说谎经历

---

① 部分内容参见：潘清泉、周宗奎. 说谎判断研究新进展［J］. 理论月刊，2009（6）.

的影响，高说谎经历的个体，可能可以提高自我欺骗的能力，将说谎合理化，即可以相对平静地表达谎言，从而使得其所发送信息中有关谎言的线索大大减少，提高了谎言识别的难度。信息发送者所发出的不同线索的信息会影响到个体对信息真伪的判断。因为信息发送者在说谎和说实话时所表现出来的线索是不同的。根据 Undeutsch 假想，源自对真实经历记忆的陈述，在内容和质量上都会与凭空编造或幻想出来的陈述有所不同（Vrij et al.，2000）。心理学者也普遍认同说谎者的主要情绪体验是害怕、负罪感和兴奋感（Ekman & Friesen，1969）。如果说谎是对事实的篡改，如果在说谎过程中说谎者要经历某种情绪的唤起，那么必然会有与其说真话不同的地方（De Paulo et al.，1996）。

Depaulo 等人通过对 116 篇研究报告中独立样本的元分析研究，对人们说真话与说谎话时的 88 种语言和非语言线索进行了比较。凡效应值（d）大于等于 $|0.20|$ 的视为某线索说真话和说谎话时的差异较大。研究结果表明，通常情况下，说谎者的具体表现与说真话者比较有以下特点：①表达较为收敛。例如说话时间、回答中对细节的描述都显著少于说真话时的情况，双唇紧闭的时间较多，等等。②说服的力度较弱。例如逻辑结构、语言的卷入程度、举例都显著少于说真话时的情况，词语的重复显著多于说真话时的情况，在措辞和表达上保持和所述内容的距离，态度和语气不是很肯定，等等。③更加紧张。例如音调较高，瞳孔扩大，小动作增加，等等。④缺少正常表达过程中存在的不完美之处。例如对所述内容的及时修正显著少于说真话时的情况，也较少承认记不得了。

根据徐芬等人（2000）的研究表明，如果儿童要能够成功地说谎，首先必须推测说谎对象的心理状态，同时明确地了解自己的心理状态与对方的差距，并具有明确的误导对方的目的，而对信息的相关信索进行控制。信息控制越有效，说谎就越容易成功。Polak 等人的研究结果发现，完成"心理理论"任务的水平越高，儿童在"犯错"时对自己的错误进行否认的可能性也越大。这可能是因为随着儿童年龄的增长，心理发展的水平更加成熟，在发送信息时控制的能力也越来越强，说谎的线索暴露得更少；说谎的成功性也随之提高，信息接受者要识别谎言就更加困难。

人们在说谎者和讲真话上有个体差异。根据 Ekman 等人对说谎线索的分类，DePaulo 和 Rosenthal 曾对人们的识别准确率从另外一个角度进行了研究：
①对是否有说谎行为的判断（deception detection）；②对说谎行为下所掩盖
的真实情感的判断（leakage accuracy）。前者的识别准确率显著高于后者
（DePaulo et al.，1979）。这说明，由于说谎者对于情感的控制更加严密，谎
言识别更困难。

9.2.2　外部形象

信息发送者的外部形象是影响信息接受者判断真伪的重要因素。Zukerman
等人首先提出"仪表偏见"（demeanorbias）的概念。研究发现，一些人无论
他说谎与否，都会被判断为说谎，而另外一些人总会被判断为没有说谎。这
些偏见有可能源自一些稳定的外表特点，给人造成无辜或有罪的直观印象，
就是说，对方的外在形象会被观察者直接视为判断其可信度的静态线索。对
静态线索的研究主要集中在说谎者的外在魅力、面部特征和性别年龄等因素
对识别者判断准确率的影响方面。

仪表更有吸引力或外表显得更加老实的人更容易给人以诚实的感觉，更
容易行骗成功。外表有魅力的人由于高于普通人的自信，在许多方面都具有
较强的能力，他们在说谎时表现更加娴熟自然，更善于控制自己的非语言行
为（包括举止和表情）（Langlois et al.，2000）暴露更少的线索。

研究揭示，说谎判断的结果更多的是依赖于说谎者（liar）本身，而不是
其他的个体差异。社会知觉的生态学理论认为，人在社会活动中的知觉具有
适应和演化的功能，如果某种外在的生理特征所揭示的内部心理品质，对某
个物种的生存或对某个个体的社会适应具有重要作用，他就会影响印象的形
成。如，人们觉得婴儿的可信度不如成年人；当具有婴儿面部特征的人不是
婴儿的时候，这些特征仍然会起到刺激源的作用，使人产生相应的回应。这
种现象被称为"娃娃脸概括效应（babyface overgeneralization effect）"。有关娃
娃脸和识别者判断准确率的研究表明，当书面陈述和具有娃娃脸特征的成年
人照片（被称是书面陈述的作者）同时呈现在判断者面前，人们更倾向于判
断书面陈述是真实的（Masip et al.，2003）。对说谎者性别和年龄因素的研究
表明，女性似乎更擅于交际，更容易获得信任（Zukerman et al.，1979）；儿

童和年长者更容易被判断为不诚实（Edelstein et al.，2006）。

9.2.3　个体内在特征

个体内在特征也是影响说谎判断的重要因素。Bond 和 DePaulo（2008）：当人们在说谎或说真话时，一些人比别的人更容易被别人所识别。个体人格特质上的差异会带来说谎线索的差异。通常情况下成功动机水平高的说谎者由于情绪强度和认知负荷的影响，暴露的线索更加明显，更容易被识别，被称为"动机损害效应（motivational impairment effect）"（Depaulo et al.，2006）。

个体的自我监测度也会影响到别人对谎言的识别。自我监测度高的人非常注意自身的形象，注重别人对自己的评价。他们喜欢成为被外界关注的焦点，因此，他们在别人面前的一言一行都非常注意，尽量不让别人抓到自己的把柄，容易使他们自己的言行适应周围的环境，善于操纵别人对自己的看法。结果他们通常善于说谎。而与此相比较，自我监测度低的人，更注重自己的内心世界，他们的一言一行在不同情况下的表现始终一样。他们的言行更多的是由他们内在的思想和价值观控制，不太注意对周围其他人的影响。他们在生活中通常较少说谎，所以这类人不善于说谎，所说出来的谎言很容易被别人所识破。谎言识别与个人的道德品质很有关系。一般来说，道德品质比较高尚的人，让别人更容易相信。他们的谎言更加难以识别。而道德不良者比较难以让别人信赖，所说的谎言更容易被别人所识别。

9.3　信息判断者因素对说谎判断过程的影响

9.3.1　个体资源拥有状况

个体资源信任方拥有的资源状况也会影响信任水平的高低。吉登斯（1991）认为，占有大量资源可以使人具有一种更加开放、更加乐观、更富同情心、更自在的人生态度，而这种人生态度可以增强对他人的信任感。反之，缺乏资源可能导致对他人充满疑心，因为其相对易损性高，他人失信带来的潜在损失可能是灾难性的。Luhmann（1994）认为一个人掌握的资源越少，其"灾难阈限"（disaster threshold）越低，相对易损性越高，他越不愿意冒险信任他人；相反，一个人掌握的资源越多，其"灾难阈限"越高，相对易损性越低，他越愿意冒险信任他人。资源包括收入和财富、稳定的工作、权力、教育和社会网络。这些资源都有助于降低相对易损性，增加人们的信任感（韦慧民、龙立荣，2008）。

9.3.2　个体倾向性特征

说谎判断者的倾向性也影响着对信息真伪的判断。Bond 和 DePaulo（2008）：说谎判断研究关注，对在没有具体线索支持的真实情境中个体判断陌生人的诚实性的情况表明，判断他人说话真实与否的倾向性差异大于说谎判断能力的差异。不同的人格类型、发展经历和文化背景使个体具有不同的信任倾向（disposition to trust）（Jones，1999）。信任倾向具体体现在两个方面：对人性的信心（faith inhumanity）和信任立场（trusting stance）。对人性的信心反映了个体在一定程度上相信非特定他人是可信的，这种特征将可能影响信任信念（Ekman & Friesen，1969）。信任立场指个体在不同环境下对待不同的人总是一贯地从人们是善意和可靠的角度出发的态度。高信任立场的人有意识地选择去相信他人，相信不管对方是否可靠，只要把人们当成善意的、可靠的去对待，就可能得到更好的人际交往结果（DePaulo，1992）。这种信任倾向在影响着谎言的识别准确率。

大多数已经公开发表的研究认为人们对说谎行为的判断准确率低于或接近50%，而对真实陈述的判断准确率则显著高于50%。之所以出现这样的结果，根据 Schul 等人的研究，在人际交往过程中，当人们面对不确定性因素时，假如结果是由人为因素所决定，这时人们就会试图探讨对方的行为规律，以其以往的做法推断其真实性，以期达到比概率更高的结果，但是恰恰是这种倾向反而会影响人们做出符合事实的判断（Schul et al.，2005），导致与概率相当甚至低于随机概率的结果。通常情况下，人们倾向于相信他人传达的信息为真，这一现象被称为"取真偏好"（truthbias）（Levine et al.，1999）。这种信息沟通中存在的"取真偏好"可以解释"辨真效应"（veracity effect），即对真话的识别准确率显著高于对谎言的识别准确率。另一方面，对监狱在押犯人的研究表明，他们在判断对方陈述的真伪时持有"谎言偏见"，导致其对谎言的识别准确率显著高于 50%，由于监狱犯人所在的特殊环境而造成的这一现象被称为"辨真效应的反式"（reversed veracity effect）（Bond et al.，2005）。

9.3.3 个体的刻板印象

众多的研究发现，人们存在着一种有关说谎者行为表现的刻板印象（stereotype），如说谎者减少目光接触、不断地变化身体姿势等等。美国心理学家 Charles Bondo 为了检验说谎者行为刻板印象是否具有跨文化的普适性，通过征集全球不同国家的研究者，组建了一个全球欺骗研究团队，共进行了两个研究，包括一个开放式测查和一个封闭式问卷的进一步检验，研究结果表明，人们对于说谎者行为刻板印象具有泛文化特点（pan-cultural stereo-type）。所有文化背景下的人们都相信说谎的人会表现出害怕、害羞或消极的困难。

欺骗判断与刻板印象相联系。人们常常根据自己已有的刻板的说谎者印象（stereotypic liar）去判断对方是否在欺骗，表现出与说谎者刻板印象相似行为的就会被判断为说谎。Vrij（2000）的实验研究就发现，个体如果表现出人们通常刻板印象上与说谎相联系的行为的话，常常会被判断为欺骗。

但是有关说谎者行为表现特征的这些观点可能并不都是正确的。尽管说谎者的行为表现都被作了刻板地特征归纳，但是实验研究表明被认为与说谎相伴随的行为中只有少数行为特征对于判断说谎是比较可靠的，而有关于说谎者行为表现刻板印象中所包括的许多行为经实验研究发现并不是最能反映欺骗或者说是欺骗标志的行为。如最普遍的刻板印象就是说谎者会转移目光（avert gaze），然而对于有关说谎实验研究文献的一个元分析结果却表明，目光转移与说谎几乎不相关。尽管人们常依靠行为刻板印象，试图通过行为去推断是否说谎，但是实践表明，这种企图常常是很难成功的。也就是说，人

们常常依靠个人的外部行为表现去判断说谎与否，但是这种判断发生偏差的
可能性也较高。

9.4　互动对说谎判断的影响

9.4.1　互动方关系

人际信任作为一种态度，受到双方的互动、互动发生的背景以及双方
的特征的影响（Whitener et al.，1998）。这种信任关系会直接影响说谎的
判断。

信任也反映了对对方动机、意图、人品的评价（Tyler et al.，1992），包
括对对方仁慈、正直、公正、可信的判断。信任会随着个体之间的互动而建
立或者削弱（Lewicki et al.，1996），因为这些互动让他们开始了解彼此的目
标和意图。在信任程度比较高的情况下，个体对于对方说谎的判断阈限值会
较高，表现为出现信任违背的情况下个体更多的归因于外部原因，而不是说
谎方主观的内部原因。而在同样的说谎程度下，低信任的个体往往更明显地
怀疑对方的真实性。

在新工作关系中，组织提供的环境正常化（situational normality）和结构
保证（structuralassurances）可能有助于促进高水平信任意向的产生。个体相
信环境正常和有序有利于产生轻松自在的感觉，进而对处于这一情境中的被
信任方形成信任意向。

为解释信任的脆弱性（fragility），Slovic（1993）指出有多种认知因素有
助于解释信任建立（trust-building）过程与信任破坏（trust-destroying）过程
的不对称。首先，负面事件（信任破坏）比积极事件（信任建立）更突出、
更明显。其次，信任破坏事件比信任建立事件来说，在判断上具有相对更大
的权重。这是一个不对称的原则。他探讨了假设的新闻事件对信任判断的影
响作用，发现负面事件对于信任判断比积极事件有更大的影响作用。信任可
以反映个体由于保证、安全网或者其他结构而感受到的对于环境的安全感。

不信任有时可能仅仅因为行动者行为发生的环境背景。

9.4.2 互动过程

互动过程由于可以彼此观察到双方的各种信息而影响谎言的识别。没有任何准备的说谎者，其作答之前的思考时间显著长于说真话时的表现；而有充分准备的说谎者，其作答之前的思考时间又会稍短于说真话时的水平。这些因素都会明显地影响对所表达的信息的判断。交流时间的持续也会使说谎者的应答趋于简短，思考时间增加、音调偏高，使谎言更容易被识破。Jr. Bond 和 DePaulo（2008）在实验室中，判断者只能依靠说谎者展示的行为与语言来判断说谎，而在实验室之外，人们还可以从其他形式的证据中推论说谎（infer deception），包括动机性信息、身体信息以及第三方提供的信息。人们在使用非行为线索判断说谎上的能力可能存在着差异。在非实验的自然情境中，人们的说谎可能性对于不同的互动方表现出不同的特征。如一些人可能倾向于与高可探测性的说谎者互动，而另一些人可能倾向于与那些谎言不明显的人互动。如果这样，前者可能比后者可以达到更高水平的真实世界谎言探测。Jr. Bond 等（2008）在真实互动过程中的说谎判断过程可能伴随着一些不自觉的怀疑。要判断谎言，个体必须首先怀疑说谎的存在。预先的怀疑（prerequisite suspicion），可能就是一种个体差异。这些因素都会影响说谎的判断。

9.5 管理启示与未来研究展望

9.5.1 启示

研究表明，人们判断说谎的能力并无显著差异，接受过说谎鉴别训练的人与一般的人在判断说谎的准确性方面相比，并没有表现出高明的地方。另外，说谎判断的准确性受到信息发送者和信息判断者各种特质的影响。具体来说信息发送者对信息的控制性、可信性和个人倾向都会影响信息的判断；而信息判断者的敏感性和取真偏好及谎言偏见都会影响说谎判断。

已有研究显示，人们的说谎识别的准确率并不显著高于随机判断的概率。Jr. Bond 和 DePaulo（2008）的元分析研究揭示，个体说谎判断的识能别力并不存在着显著性的差异。可以说人们在社会交往过程中，由于说谎的普遍性，说谎行为判断也是社会交往过程中的一种普遍现象，并且说谎行为判断偏差也是常见的现象。导致这一偏差出现的原因是多样的。基于说谎判断过程的分析，可以为说谎行为的判断提供一定的参考，也有助于判断偏差现象在一定程度上的控制。

Jr. Bond 和 DePaulo（2008）发现，人们在非互动背景下，没有谎言识别的线索时，识别低风险谎言（low-stakes lies）的能力几乎没有差异，然而，个体在判断动机性谎言（motivated lies）、判断互动性谎言（interactive lies），在判断那些曾经被识别过的谎言时，人们的说谎探测能力（lie detection ability）还是存在着一定的差异的。人们在说谎判断能力上的差异可能与判断者是否具有说谎者（liar）说真话时的表现方式方面的基础信息（baseline information）相联系。在现实生活中，为了能够更好地识别谎言，人们要尽量多地了解日常生活中各种谎言的表现形式，让人们在面对谎言时有一种判断的依据。人们在互动过程中，由于互动经历、双方信息，包括说真话的基础信息，可以为个体后期互动中的说谎识别提供判断谎言与否的一个衡量标杆。

9.5.2　进一步研究展望

说谎是一个普遍的社会现象，说谎识别的研究具有重要的研究意义。长期以来，人们的研究方向主要是在说谎的识别和识别的准确性方面。说谎研究要想更好地为生活和社会实践服务，就必须提高研究的效度，加强提高说谎识别能力的研究。特别是随着互联网的进一步普及和发展，一种新型说谎形式——网络说谎越来越普遍，由于网络的虚拟性，难于分辨或近距离观察信息发送者的各种线索，它的隐蔽性更强，信息发送者的说谎焦虑水平更低，更难于识别信息的真伪，更有利于说谎的成功。如何探究网络虚拟世界的心理和行为特点，探讨其社会行为模式和说谎的新规律，成为心理学家们将来要研究的重要课题。

在已有的有关谎言识别的研究中，主要通过的是在实验室背景下没有互动历史的双方，人为制造的谎言识别，其中的识别过程可能不同于真实互动背景下的谎言识别过程。因为已有研究表明，个体说真话与说谎区别的基础信息可以为后期互动提供判断的标准，这是与陌生人中谎言识别的不同之处。未来研究可以进一步探测互动背景下的个体说谎识别过程。

人们在对可能有一些可疑性表现的一些线索上的反应性（responsiveness）可能存在着差异。对于说谎的警觉性比较高，会成为一种普遍性的不信任，那么这可能是真实互动过程中个体说谎判断准确性方面的一个显著的个体差异。这种差异可能是实验室说谎识别与判断研究中没有有效探讨的一个因素。因为在实验室研究中，研究者会告知被试研究过程中将会看到一些说谎，要求他们考虑是否所得到的每一个信息是不是谎言。不过这种个体差异还需要未来进一步的研究加以验证。

10 程序公平效应及其对员工
行为管理的启示

10.1 引　言①

　　有关组织公平研究的元分析表明，程序公平影响众多组织结果变量，如工作满意度、组织承诺、对权威的评价、信任、绩效和组织公民行为等（Colquitt, Conlon, Wesson, Porter & Ng, 2001）。程序公平导致人们对自己有更积极的情感和评价（De Cremer & Tyler, 2005; Brocker et al., 2008）。Ambrose 等（2007）的中介模型研究发现，程序公平通过影响对具体事件的态度，进而影响对组织的态度。正是由于程序公平的重要影响作用，组织和管理学者对程序公平给予了极大的关注。

　　工作场所中，员工得到不利结果的情况可能是比较普遍的。以往关于程序公平效应研究中存在着一些矛盾。概括起来，有关结果有利性和程序公平交互作用、影响员工工作态度和行为的研究产生了两种对立模式的结果（Chen et al., 2003）。第一种模式，高程序公平降低结果有利性对于个体反应的影响作用（Folger, Cropanzano & Goldman, 2005）。这就是所谓的程序公平效应。第二种模式，高程序公平会提高结果有利性对于个体反应的影响效应（Chen et al., 2003）。这也就是所谓的反程序公平效应（Brockner et al., 2003; Holmvall & Bobocel, 2008）。

　　调和上述矛盾的研究结果的一个有效途径就是深入探讨在什么情境下，程序公平会引起正面反应或负面反应。这也是最近一些学者提出的程序公平效应的有限情境问题。他们指出，进一步的组织公平研究应该关注什么时候程序公平会显得更为重要或者较不重要。如有研究发现当程序公平但产生的是不利结果时，人们会表现出更多负面的反应，如降低的结果公平知觉，更多的抗议等。即表现出与所谓的程序公平效应相反的现象（Holmvall & Bobocel, 2008）。

　　以往试图理解什么时候程序公平导致积极反应还是消极反应，主要关注的是因变量的性质，具体来说，强调程序公平效应更可能出现在因变量是对

---

① 部分内容参见：潘清泉，韦慧民. 程序公平效应有限情境研究 [J]. 企业经济, 2013 (2)。

决策、决策制定者或组织的支持时，而反程序公平效应更可能出现在因变量是自尊等自我评价时（Brockner，2002；Brockner et al.，2003）。而最近有关程序公平效应有限情境的研究表明，除了因变量之外，还有一些情境因素和个体因素影响着程序公平效应的有限性（Chen et al.，2003；Brockner，2002）。关注于程序公平效应的局限性及其发生情境，有助于研究者更好地澄清和理解有关程序公平效应不一致的研究结果，同时也有助于管理实践者采取实际措施促进程序公平效应的发生。基于此，本研究试图在对程序公平效应的相关实证支持及其理论进行梳理的基础上，进一步概括程序公平效应有限情境研究的新进展，最后对全文总结并指出未来的研究方向。

10.2　程序公平效应的实证支持与理论解释

10.2.1　程序公平效应的实证支持

组织公平研究从关注于分配公平到关注于制定决策的程序公平的范式转变导致了大量的实证研究探讨所谓的程序公平效应。Folger（1977）很早之前就提出，使用明显的公平程序可以提高对于权威决策的接受。之后，程序公平效应相继得到了许多研究的支持。如 Lind（2001）的公平启动理论，关注于群体、组织或者政治团体中的公平对待与归属感和安全感的联系，认为在群体中所做的决策，通过程序公平传递了决策方对于决策影响方的尊重，这使得群体中的个体感觉到自己是这一群体中的真正一员，从而使得那些经历程序公平的个人感觉到有更强烈的责任去接受权威所做的决策。另外，Folger、Cropanzano 和 Goldman（2005）的研究也发现，程序公平正向影响对结果的接受，并指出这是因为对程序公平的道德期待（moral expectation）的影响作用，即使用公平程序的权威更加受到喜爱，他们的决策更可能被接受，是由于程序公平被看作是推进普遍接受的道德规则。

已有的公平研究文献中比较有代表性的观点是，当结果不利的时候，程序公平对于个体反应的影响作用更为突出，即产生结果的程序如果被认为是公平的时候，对不利结果的负面反应会有所缓和（Brockner & Wiesenfeld，2005）。Aquino、Tripp和Bies（2006）的研究发现，程序公平抑制对职场冒犯行为的报复反应。高程序公平会降低结果有利性对于员工的决策支持、决策制定者支持和对组织支持的影响作用。高程序公平时，结果有利性与人们对决策、决策制定者以及组织的支持的相关性均弱于低程序公平的情况（Brockner et al.，2002）。如员工在得到较差的绩效评价或者没有得到所渴望的晋升时，他们的态度和行为特别易受到产生这些结果的程序知觉的影响。在管理实践中，管理者常常通过强化决策程序是公平的以减轻不利决策的负面效果。

10.2.2 程序公平效应的理论解释

程序公平效应的理论解释关注于程序公平影响效应的潜在动机，主要包括工具性理论观（instrumental perspective）和社会/心理动机观（social/psychological motives）（Brockner，2002；Bcokner et al.，2005）。

最初对于程序公平效应的解释源自于工具观。这种观点认为程序公平较受偏爱是因为个体预期程序公平会导致更有利的实际结果。之后提出的社会心理模型则关注于人们彼此之间的互动与关系。其中的群体价值模型（group-value model）强调了人们关注于程序公平是因为程序公平传递了与个体自我和身份相关的信息。如提供发言权意味着受到对方的尊敬和重视，提高了个体的自尊和认同感，从而产生积极的影响作用。另外一种社会心理观认为，公平是人们在社会交往中希望得到肯定的基本人类价值观（Folger，2001）。人们关心程序公平不仅是因为它是达到更好的经济结果的方式，而且还是理解彼此关系的方式，其直接结果是自我感和认同感，并且程序公平本身就是追求的一种目标。程序公平通过确定个体与权威之间的高质量关系从而提高自尊、被接受感和被尊重感并可能产生积极的情感，进而提高对决策的接受或者产生更有利的结果评价（Tyler & Blader，2003；Van den Bos，2003）。

迄今为止，上述理论都得到了一些实证研究的支持。工具观和社会心理模型都有助于解释程序公平知觉对于人们态度与行为的影响效应（Brockner et al. , 2005）。未来公平理论发展的重要关注点不再是这些理论正确与否，而是什么条件下某种理论的解释力更大，能更有效地解释人们对于程序公平的反应。

10.3　程序公平效应的有限情境

尽管程序公平效应有着较多的研究支持，但是最近的一些研究开始探讨什么时候程序公平不能够改善对于不利结果的负面反应，即研究程序公平效应的有限情境（boundary conditions）。面对不利结果时，有些情境下，程序公平所能产生的影响效应是非常有限的。Brockner、Ackerman 和 Fairchild（2001）表示，组织公平研究发展的一个重要方向就是识别出什么条件下程序公平影响作用更大或者更小。

10.3.1　互依性与独立性自我解释的影响作用

人们对于积极自我关注（positive self-regard）的需要是非常普遍的（Pyszczynski, Greenberg, Solomon, Arndt & Schimel, 2004；Sedikides, Gaertner & Vevea, 2005）。程序公平可以有两种方式影响个体的积极自我关注。一是通过影响个体的接受感（feelings of acceptance）。因为程序公平传递了一种被他人接受和尊重的信息，这能够提高积极自我关注感，从而产生积极的反应。二是通过影响对结果的责任感（feelings of responsibility）。因为程序公平意味着他们对于不利结果负有个人责任。这种内部归因可能负面影响自尊和自我效能感，降低积极自我关注感（Brockner, 2002），从而产生消极反应（Brockner & Wiesenfeld, 2005）。对于程序公平的这一矛盾反应，即对于程序公平而结果不利的正面反应或者负面反应的原因可能是人们的自我解释（self-construals）在发挥着重要的影响作用（Holmvall et al. , 2008；Johnson, Selenta & Lord, 2006）。

自我解释指的是关于自己与他人的关系，以及自我与他人的区别的一组思想、感觉和行动的集合，可分为互依性自我解释（interdependent self-construal）

和独立性自我解释（independent self-construal）两个不同的维度（Brockner et al.，2005）。前者强调自我与他人的联系和契合，反映个体基于自己与重要的他人的关系来定义和评价自己的程度（Chen，Brockner & Chen，2002）。后者则突出自我的独立以及独特性，强调内在的能力和特征以及自己目标的实现（Holmvall et al.，2008）。

Brockner、De Cremer、Van den Bos 和 Chen Ya－Ru（2005）的研究，从社会心理观出发，探讨了互依性自我解释对于程序公平效应大小的影响作用。实验研究结果表明，对高互依性自我解释个体，发言权与贡献行为、积极情感的相关性更强，具体表现为高互依性自我解释组中，发言权与贡献行为（$\beta = 0.59$，$p < 0.005$）和积极情感（$\beta = 0.61$，$p < 0.04$）均显著相关，而低互依性自我解释组，有无发言权与贡献行为（$\beta = -0.08$，ns）和积极情感（$\beta = -0.35$，ns）均无显著相关。这可能是因为高互依性自我解释的个体，更多关注并重视与对方的关系，而程序公平表明对方可以被信任在行动中遵守基本的道德价值观，从而使得个体产生更积极的反应。因此，高互依性自我解释的个体更可能表现出程序公平效应（Chen，Chen & Xin，2004）。

Holmvall 和 Bobocel（2008）通过三个实验研究，探讨了自我解释对于程序公平效应的影响作用。他们认为具有高互依性自我解释的个体通过受到他人的尊重和接受来获得自我价值和认同，因此更敏感于来自他人的接受和拒绝的表现。Holmvall 等（2008）的研究结果发现，高互依性自我解释的个体，表现出程序公平效应，即高互依性自我解释的个体在程序公平比程序不公平时知觉负面结果更公平。而对于弱互依性自我解释的个体，程序公平效应并没有出现。Brockner、Chen、Mannix、Leung 和 Skarlicki（2000）也发现，程序公平减轻人们对于不利结果的负面反应对于具有互依性自我解释而不是独立性自我解释特征的人更为突出。Holmvall 等（2008）的研究结果也表明，高独立性自我解释的个体更可能表现出反程序公平效应，即在程序公平条件下，知觉结果显著更不公平（$\beta = -1.24$，$p < 0.01$），对结果更不满意（$\beta = -1.89$，$p < 0.01$）。而弱独立性自我解释的个体，不管程序公平与否，结果满意度（$\beta = 0.25$，$p > 0.10$）以及对于结果公平的评价（$\beta = 0.33$，$p > 0.10$）均相似。这可能是因为具有高独立性自我解释的个体通过个人成就，如表现比他人更好，来获得积极的自我关注，因此更敏感于对于不利结果的个人责任。他们的表现可能与所谓的程序公平效应相矛盾，即对于程序公平有更多负面的反应。另外，他们的中介作用分析显示，自尊完全中介了独立性自我解释和程序公平对于结果满意度的影响。这说明高独立性自我解释的个体在程序公平时对不利结果的反应更负面是因为降低的自尊。这可能是因为高独立性自我解释的个体，程序公平提高了对于负面结果的个人责任感，从而导致自尊的下降。

10.3.2　调节点倾向的影响

已有研究关于不利结果时程序公平和自我评价之间关系的结论是不一致的。当结果不利时，有些研究表明程序公平与自我评价之间的正向关系显著下降，而另外的一些研究发现程序公平与自我评价在面对不利结果时是负相关的（Brockner et al. ，2003）。人们分配越多的心理意义（psychological significance）给不利结果，则这些结果越可能降低他们的自我评价。影响人们心理意义分配的一个重要因素就是调节点倾向（regulatory focus orientation）。调节点倾向可能影响着在不利结果条件下的程序公平对于自我评价的影响效应。

根据 Higgins（1998）的调节点理论（regulatory focus theory），自我调节，即用相应的目标和标准匹配行为和自我概念的过程，可以有两种不同的方式，即提升调节点（promotion focus）和防御调节点（prevention focus）。两种方式的重要差异就是在自我调节的过程中，他们分配给不同类型结果的具体意义是不一样的（Brockner et al. ，2008）。在提升调节点时，人们分配更大的重要性给有利结果，即更受到知觉到的获益的影响，而在防御调节点时，人们分配更大的重要性给不利结果，即更受到知觉到的损失的影响（Idson, Liberman & Higgins，2004）。

Brockner 等（2008）通过了三个研究探讨调节点倾向对程序公平效应的影响作用。研究一采用情境实验，发现防御调节点和程序公平对于自我评价的交互作用显著，防御调节点被试的自我评价在有发言权时比没有发言权时更少有利（t = 1. 56，p < 0. 06），而提升调节点的被试在有无发言权时的自我

评价并没有显著差异（t = 1.20，p > 0.10）。由于研究一的结果相对较弱，只有边际显著。他们认为这可能是由于情境实验，采用假设的情境，导致被试投入不足引起的。为了进一步检验假设，促进被试更投入到研究情境中，研究二进行的是实验室的研究，被试真正体验了不利结果和程序公平，结果也表明调节点和程序公平对于自我评价的交互作用显著，防御调节点的被试在有发言权时相对于没有发言权时对自己的感觉更不好（t = 2.53，p < 0.01），而提升调节点的被试自我评价在有无发言权时没有差异（t < 1）。研究三进一步探讨不同结果条件下调节点倾向与程序公平的影响作用，结果发现，在不利结果条件下，程序公平和防御调节点交互作用显著，具体来说，高防御调节点个体的程序公平与自我评价之间是负向的边缘显著相关（β = − 0.67，p < 0.10），然而对于低防御调节点个体则表现出显著正相关（β = 1.53，p < 0.01）。在中性结果和有利结果条件下，程序公平和防御调节点的交互作用不显著。总的来说，Brockner 等（2008）的三个研究支持了调节点和程序公平对于个体自我评价的交互作用，防御调节点个体比提升调节点个体、程序公平与个体自我评价表现出更高的负相关。并且，程序公平和防御调节点交互作用影响人们的自我评价主要是在结果不利条件下，而结果中性或者有利时，交互作用是不显著的。Idson、Liberman 和 Higgins（2004）的研究也发现，高防御调节的人对不利结果比低防御调节的人感觉更糟糕。防御调节点使得人们分配更大的心理意义给不利结果，表明在面对不利结果时，程序公平和自我评价的负向关系更可能发生在那些高防御调节点的人身上，而对于那些较少防御调节点或者更多提升调节点倾向的人，在面对不利结果时程序公平较少可能与人们的自我评价负向相关。Brockner 等（2008）的研究有助于探明程序公平和自我评价在面对不利结果时产生的不一致结果的原因。

10.3.3　个体相对地位的影响作用

互动方的地位差异是组织中普遍存在的一种现象。Chen Ya – Ru、Brockner 和 Greenberg（2003）指出，高地位人与低地位人使用程序公平信息时表现出不同的目的。低地位方更多关注他人（other-focused），使用程序公平信息更多的是去推论对方多大程度上是可信的（Van Prooijen et al.，2004）。因为知觉地位较低的人常常处于一种不安全的位置。相对于高地位方，他们控制较少的资源。为了更好地应对这种依赖状况，低地位人更关注于高地位方可以信任多少。

高地位方更多的自我关注（self-focused），使用程序公平信息更多的是推论多大程度上他们能够维持自我地位的知觉。维持已有的自我概念可能对于那些自我知觉有利的人更重要，如拥有较高地位的人。因此，相比低地位方，高地位方更关注于如何维持现有的地位，对于肯定他们高地位的互动产生友好的反应。

正是由于程序公平信息对于不同地位个体的不同意义，互动双方的相对地位可能影响结果有利性和程序公平的交互作用性质。Chen Ya–Ru、Brockner 和 Greenberg（2003）采用了三个实验研究探讨了互动双方的相对地位对于程序公平效应的影响作用。他们的两个谈判实验研究表明，对于低地位知觉的个体，相对于低程序公平，高程序公平降低了结果有利性对于进一步交往愿望的影响作用，即程序公平较高时，结果有利性与进一步交往的愿望之间的关系较弱。对于高地位知觉个体，程序公平高比程序公平低时，结果有利性与进一步交往的愿望之间的关系更强，即高程序公平提高了结果有利性对于进一步交往愿望的影响。另外，互动双方地位相对平等时，结果有利性与程序公平并没有表现出交互作用。研究一以个体为单位进行谈判，研究二以团队为单位进行谈判，采用不同的谈判任务，但结果是高度一致的。在一定程度上支持了结果的普遍性。研究三的薪酬分配练习研究也发现，对于低地位方，结果有利性与进一步交往的愿望之间呈正向关系，当程序公平高时显著较低。对于高地位方，结果有利性与进一步交往的愿望之间呈正向关系，当程序公平较高时显著较高。双方地位都是高或者低时，即地位相同时，结果有利性与程序公平的交互作用并不显著。Chen 等（2003）的三个研究结果支持结果有利性和程序公平对进一步交往意愿的交互作用性质，会因为双方地位的不同而有所差异。总的来说，结果有利性和程序公平的交互作用，在个体的地位相对于互动方较高或者较低时均显著。具体来说，对于低相对地位知觉的个体，相比较起低程序公平，高程序公平会减小结果有利性与跟对方进一步交往愿望之间的正向关系，即结果有利性和进一步交往愿望之间的正向关系较少明显。对于高相对地位知觉的个体，相比较低程序公平，高程序公平会提高结果有利性与低地位方进一步交往愿望之间的正向关系，即结果有利性和进一步交往愿望之间的正向关系变得更为突出。但是当互动双方地位一样时，结果有利性和程序公平的交互作用就不显著了。

10.3.4 群体认同的影响作用

程序公平可能涉及宏观的方面，即程序主要影响群体而不是具体的个人。如工作背景中的裁员决策（Brockner et al.，2004）、社会问题和政策制定等（Leung，Tong & Lind，2007）。这些政策在许多情况下对于组织或者社会中的大多数成员所产生的直接而实际的影响可能是非常相似的，结果使得大多数人更多关心的是这些决策的集体结果（collective outcome）而不是个体结果（individual outcome）。群体认同（group identification）在这一背景下可能发挥着作用，影响人们的判断。

Leung、Tong 和 Lind（2007）采用了三个调查研究，结果发现，强烈的群体认同强化了集体结果效应而减小了程序公平对于决策赞同的影响作用。群体结果有利性比程序公平，对决策赞同影响作用更大。当个体将其看作群体的一部分时，他们更多地关注于群体结果，此时，群体结果比程序公平变得更重要。即群体层次的决策较少根据决策程序的公平性进行评价而更多地根据群体结果进行评价。当对个体所属的群体的结果是不利的时候，个体将会贬低程序公平的价值。并且，随着对群体认同的增加，程序公平的重要性会下降，同时也更加强调了集体结果有利性的重要性。

此外，他们的研究还同时比较了群体背景与个体背景下的程序公平的影响作用。群体背景下，被调查者评价政府主要官员所实施政策的责任制度，而在个体背景下，同样的被调查者则是评价其所在公司的训练制度。结果发现，对制度赞同，背景和程序公平的交互作用显著（t = 5.87，p < 0.01），并且群体背景下的程序公平影响效应小于个体背景（β 群体 = 0.058，β 个体 = 0.574）。但是，对权威的评价，背景与程序公平的交互作用并不显著，表明在群体和个体背景下程序公平对权威评价的影响作用没有差异。

总之，群体认同将会改变集体结果有利性与程序公平在群体背景下的相对影响作用。成员强烈认同所在的群体将会更多的关心群体的利益，从而更可能强调集体结果的有利性。因为有关群体认同的研究表明，如果群体成员强烈认同所在的群体，那么他们将会非常关心自己所在群体相对于其他群体的地位。成员的自尊与骄傲与所在群体的社会地位是强烈一致的，从而导致强烈的群体内外区分，倾向于认为自己的群体比其他的群体更好。可以说，对群体利益的关心可能进一步减少程序公平的相关性知觉，从而导致较小的程序公平效应。

10.4　认同违背与程序公平知觉

10.4.1　认同违背效应的理论解释

Skitka（2003）有关公平推理的可接近认同模型（accessible identity model，AIM）强调了有关自我的两个重要成分，即个人认同（personal identity）和社会认同（social identity）。个人认同指个体在追求个人目标时逐渐积累起来的自我感觉，包括自我对道德敏感性（moral sensibility）和良心的关注，对成就和能力等的渴望，以及最终的自我实现（self-actualization）。社会认同指个体源自于不同群体的成员身份的自我部分。人们对自己的一部分认识来源于其工作的群体和组织。对群体的依恋是很重要的，因为它可以满足个体对于归属的基本需要、被接纳的渴望以及获得身份和地位。当个体强烈的认同一个社会群体的时候，他们以相似的方式看待自己和他们的群体，并且定义自己为群体的一部分（Tyler & Blader，2003）。

个体会努力保护和支持自己的个人认同和社会认同。当个体对积极的个人认同和社会认同的需要得不到满足时，就可能产生认同威胁（identity threat）（王沛、刘峰，2007）。进一步发展就会产生认同违背，认同违背是认同威胁的一种极端特例。在认同违背中，个人的认同已经受到实际的违抗，而不仅仅像在认同威胁中只是存在着违背的可能性。

所谓的认同违背效应（identity violation effect），即当决策结果违背了个体的个人认同或者社会认同的时候，客观的公平程序对于公平知觉的影响作用较小。当决策结果违背了个体的认同时，个体将会被激发产生更具批判性的信息处理过程，努力寻找程序中的缺陷，以证明对于决策结果的不安是合理的，或者这些程序产生的结果是错误的（Skitka，2002；Mullen & Skitka，2006）。程序公平知觉更可能受到决策是否支持个体认同的影响，而不仅限于程序是否客观公平（Haidt，2001）。群体认同具有满足个人自尊的作用，针对群体的攻击可以在某种程度上等价于对个人的攻击。因此，当决策违背了个人的社会认同时，客观的公平程序可能对于程序是否被知觉为公平的影响作用就变得微不足道了。在组织背景下，考虑认同违背，特别是社会认同违背是否也会压制程序公平的效应是特别有意义的。

10.4.2　认同违背效应的实证研究

Skitka 等（2002）的价值保护模型（value protection model，VPM）是为了寻求解释个体是如何确定决策是否公平的。根据 VPM，个体拥有道德要求（moral mandates），即一种态度或者立场，这种态度或立场源自于对某件事是否道德的一种道德认识（Mullen & Skitka，2006）。一种道德要求（moral mandate）就是对于一个具体问题的自我表达的立场，而不是对世界的一种普遍性的倾向（Skitka，2002）。Skitka 等人采用真实或者虚拟的法庭案例研究被试的反应。一系列的实验室研究发现，当审判结果违背了被试的道德要求时，客观的公平程序并不能改善被试的程序公平知觉（Mullen & Skitka，2006；Skitka，2002，Skitka & Mullen，2002）。这一结果被称为道德要求效应（moral mandate effect）。当个体对事件拥有一种道德要求时，事件结果是否支持个体的道德要求比起决策程序是否公平，对个体会可能产生更大的影响，即当结果与道德要求不一致时，个体会被激发去保护个人认同，倾向于认为产生结果的过程是不公平的。

Skitka 等人（2002）的价值保护模型主要关注个人认同的道德成分，即道德认同（moral identity）。Mayer、Greenbaum、Kuenzi 和 Shteynberg（2009）认为，结果可能与个体的道德观没有联系，但是确实违背了个人认同或者社会认同，这可能会使得程序公平变得不重要了。他们采用了两个实验研究检验了认同违背效应。研究一，以学校对学生的管理决策为主题，采用 2（发言权 vs 无发言权）×2（结果有利 vs 结果不利）的被试间实验设计。结果表明，发言权与个人认同违背对程序公平知觉的交互效应不显著（$\beta = -0.09$，ns，$\Delta R^2 = 0.00$），但是，发言权与社会认同违背对程序公平知觉的交互作用显著（$\beta = -0.45$，$p < 0.05$，$\Delta R^2 = 0.03$），并且对于低水平社会认同违背的被试，发言权与程序公平的相关更高。为了检验"研究一"所得结果的普遍性，Mayer 等（2009）进行了研究二，即让被试回忆真实工作经历中发生的一件事，在真实工作背景下检验程序公平效应的有限性，同时还检验意见是否被考虑的怀疑（doubt opinions considered）在其中的中介作用。层级回归分析的结果表明，发言权和个人认同违背对于程序公平知觉有着显著的交互作用（$\beta = -0.30$，$p < 0.05$，$\Delta R^2 = 0.02$），并且对低水平个体认同违背的被试，发言权与程序公平的相关更强。发言权与社会认同违背对于程序公平知觉（$\beta = -0.35$，$p < 0.05$，$\Delta R^2 = 0.02$）的交互作用显著，并且对于低社会认同违背的被试，发言权与程序公平的相关强于高社会认同违背的被试。此外，意见是否被考虑的怀疑完全中介发言权与个人认同违背的交互作用与程序公平知觉（$\beta = -0.13$，$p < 0.05$）以及发言权与社会认同违背的交互作用与程序公平知觉（$\beta = -0.19$，$p < 0.05$）之间的关系。

总的来说，研究结果证实了认同违背效应，即当结果违背了个体的认同时（包括道德认同、个人认同和社会认同），客观的公平程序对于程序公平知觉并没有显著影响。对于这一效应作用机制的一个可能解释就是，个体倾向于怀疑意见是否被做决策的管理者所考虑，从而致使程序公平知觉较低。

10.5　基于程序公平效应提升的员工行为管理措施

程序公平可以提高员工的组织承诺、领导信任，增加员工的组织公民行为，改善员工的绩效。程序公平效应特别强调了在员工获得不利结果的情况下，程序公平有助于降低员工对于不利结果的负面反应。但是，程序公平的进一步研究发现了反程序公平效应的存在，这也就是研究者提出关注程序公平效应有限性的出发点。那么，就组织管理实践来说，应该如何更有效地发挥程序公平效应，提高程序公平效应的积极影响作用呢？下面根据程序公平效应有限性的研究结果，简要提出促进程序公平效应的组织人力资源管理措施。

第一，基于个体自我解释影响作用的启迪。

自我解释的实证研究结果发现了自我解释情境启动效应的存在，即环境启动使得互依性自我解释更易产生，从而互依性自我解释能更好地发挥作用。组织人力资源管理可以创造一个环境，启动个体的互依性自我解释。虽然在程序公平文献中，作为程序公平的显著标志——发言权，对于人们的态度和行为的正向影响作用得到了最为稳定的支持，但是值得注意的是，Brockner 等人（2005）的研究结果表明，提供发言权给低互依性自我解释的人对他们的贡献行为和情感状态并没有任何显著的影响效应。相比较起来，强互依性自我解释的个体更容易出现程序公平效应，程序公平知觉对于高互依性自我解释和低互依性自我解释的人具有不同的影响效应。具体来说，提供发言权等公平程序的正向影响作用可能更体现在高互依性自我解释的个体而不是低互依性自我解释的人。因此，管理者可以通过创造一种强调员工与他人关系的工作环境，启动个体互依性自我解释反应，从而促进程序公平效应的出现。

第二，基于个体调节点倾向影响作用的启迪。

调节点倾向对于程序公平效应的实证研究发现了提升调节点和防御调节点影响着个体对于结果的意义理解。提升调节点的个体更关注于有利结果，而防御调节点的个体则更多关注于不利结果。并且防御调节点的个体感觉不利结果更为糟糕，程序公平与自我评价之间有着更高的负相关。组织管理实践中，管理者在对待不同调节点倾向的个体时可能需要区别性的对待。虽然程序公平有利于降低个体对于不利结果可能产生的负面情感和消极的行为反应。由于防御调节点倾向的个体关注于不利结果，程序公平时更可能出现消极的自我评价，而有研究表明低自我评价可能产生消极情感和低自我效能感。针对这一情况，管理者需要对防御调节点倾向的个体给予更多的积极关注和主动沟通，使得他们能够更全面更客观地对待所得到的结果，如在程序公平之外，还可以采取互动公平方式，体现出对他们的尊重和积极关注，提高他们的自尊和自我效能感等，从而产生积极的自我评价。

第三，基于互动双方相对地位影响作用的启迪。

在组织背景下，不同地位的员工如何保持彼此良好的关系是一个极大的挑战。特别是在双方交往中所产生的结果不利时，这一挑战变得更为尖锐。Chen 等（2003）的研究表明，互动双方的相对地位对于程序公平和结果有利性联合作用影响进一步交往意愿具有重要的影响效应。当对方高地位时，程序公平对于关系保持影响作用较小。高地位者可能体会到不利结果和公平程序联合威胁他们的高地位，因此降低与对方进一步交往的意愿。当然，这不是说当结果不利时，低地位方采取程序不公平的方式与对方打交道，而是，除了程序公平之外，低地位方可能还需要采取其他行动，以便向高地位方表示出支持他们高度关注的高地位。

第四，基于认同影响作用的启迪。

程序公平效应有限性的研究在管理实践中有着重要的意义。管理者必须意识到只是通过强调用于决策的程序是公平的，并不是总能够有效地缓解不利决策和结果所可能产生的负面影响作用，管理者必须意识到当决策或者结果破坏了个体的认同的时候，仅仅提供发言权或者提供一致的程序是不可能缓解问题情境的。当决策违背了员工的个人认同或者社会认同的时候，管理者必须要准备采取措施以最小化员工可能的负面反应，如通过社交解释或者合理化的方式证明管理者对于决策没有控制权。另外，通过人际公平，以尊重的方式对待员工，可能在认同违背效应中也会起着一定的缓解作用。此时，管理者表现出对于互动方的移情和关心，可能比提供发言权等公平程序将会更为有用。

10.6 分析与展望

10.6.1 讨论与分析

程序公平效应强调高程序公平可以降低结果有利性对于员工反应的影响，当结果不利时，程序公平有着重要的影响作用（Brockner，2002）。但是，在面对不利结果时，程序公平并不是一律有效的。对于程序公平的积极和消极反应都有文献支持。近年来开始关注程序公平效应的有限情境，即什么时候结果有利性和程序公平交互作用可能出现彼此对立的两种结果，即积极或者消极反应（Holmvall et al.，2008；Mayer et al.，2009）。

有关程序公平效应有限情境的研究提供了更深入的理解什么时候程序公平效应更好地发挥作用。程序公平效应是存在着有限性的，程序公平并不总是能够达到预期的正向效果。程序公平效应有限情境的研究对理论和现实均有着重要意义。从理论上看，它有助于调和先前程序公平效应研究中不一致的结果。在管理实践方面，这给管理者提供了更多的思考。因为决策者在宣布不利结果时，所得到的典型的建议就是通过程序公平以产生较少的负面反应或者更多的积极反应。考虑到程序公平效应的有限情境，管理者还需要深入了解在什么条件下，程序公平效应更可能发生。

具体来说，个体的自我解释、调节点倾向、相对地位和群体认同可能是程序公平效应有限情境的重要影响因素。高互依性自我解释的个体在程序公平时更可能有积极反应；高独立性自我解释的个体在程序公平时更可能产生负面反应（Holmvall et al.，2008）。个体的防御调节点越高，程序公平越可能降低不利条件下的自我评价（Brockner et al.，2008）。对于低地位方，高程序公平降低结果有利性对于进一步交往意愿的作用。对高地位方，高程序公平会提高结果有利性对于进一步交往意愿的影响作用。在相对平等地位的双方，程序公平效应没有出现（Chen et al.，2003）。当结果不利时，个体将会贬低程序公平的价值，并且，随着对群体认同的增加，程序公平的重要性会下降（Leung, Tong & Lind，2007）。另外，当结果违背了个人认同或者社会认同时，客观的公平程序对程序公平知觉的影响常常是不显著的（Skitka，2002；Skitka et al.，2005；Mayer et al.，2009）。这可能是由于程序公平，但是认同违背的时候，个体可能提高对管理者的怀疑，从而使得程序公平知觉较低。

10.6.2　管理启示

程序公平可以提高员工的组织承诺、领导信任，增加员工的组织公民行为，改善员工的绩效。程序公平效应特别强调了在员工获得不利结果的情况下，程序公平有助于降低员工对于不利结果的负面反应。但是，程序公平的进一步研究发现了反程序公平效应的存在，这也就是研究者提出关注程序公平效应有限情境的出发点。就组织管理实践来说，为了更有效地发挥程序公平效应，提高程序公平效应的积极影响作用，管理者需要关注程序公平效应的有限情境，采取针对性的人力资源管理措施。

首先，组织可以创造一个环境，启动个体的互依性自我解释。虽然在程序公平文献中，作为程序公平的显著标志——发言权，对于人们的态度和行为的正向影响作用得到了最为稳定的支持，但是值得注意的是，Brockner等（2005）的研究结果表明，提供发言权给低互依性自我解释的人，对他们的贡献行为和情感状态并没有任何显著的影响效应。相比较起来，强互依性自我解释的个体更容易出现程序公平效应。由于程序公平知觉对于高互依性自我解释和低互依性自我解释的人具有不同的影响效应。具体来说，提供发言权等公平程序的正向影响作用可能更体现在高互依性自我解释的个体而不是低互依性自我解释的人。因此，管理者可以通过创造一种强调员工与他人关系的工作环境，可以启动个体互依性自我解释反应，从而促进程序公平效应的出现。其次，组织管理实践中，管理者在对待不同调节点倾向的个体时可能需要区别性的对待。虽然程序公平有利于降低个体对于不利结果可能产生的负面情感和消极的行为反应。由于防御调节点倾向的个体对不利结果而程序公平时更可能出现消极的自我评价，而有研究表明低自我评价可能产生消极情感和低自我效能感。针对这一情况，管理者需要对防御调节点倾向的个体给予更多的积极关注和主动沟通，使得他们能够更全面更客观地对待所得到的结果，如在程序公平之外，还可以采取互动公平方式，体现出对他们的尊重和积极关注，提高他们的自尊和自我效能感等，从而产生积极的自我评价。另外，在组织背景下，不同地位的员工如何保持彼此良好的关系是一个极大的挑战。特别是在双方交往中所产生的结果是不利时，这一挑战变得更为尖锐。Chen等（2003）的研究表明，互动双方的相对地位对于程序公平和结果有利性联合作用影响进一步交往意愿具有重要的影响效应。当对方是高地位时，程序公平对于关系保持影响作用较小。高地位者可能体会到不利结果和公平程序联合威胁他们的高地位，因此降低与对方进一步交往的意愿。当然，这不是说当结果不利时，低地位方采取程序不公平的方式与对方打交道，而是，除了程序公平之外，低地位方可能还需要采取其他行动，以便向高地位方表示出支持他们高度关注的高地位。最后，管理者必须意识到，只是通过强调用于决策的程序是公平的并不是总能够有效地缓解不利决策和结果所可能产生的负面影响作用，管理者必须意识到当决策或者结果破坏了个体的认同的时候，仅仅提供发言权或者提供一致的程序是不可能缓解问题情境的。当决策违背了员工的个人认同或者社会认同的时候，管理者必须要准备采取措施以最小化员工可能的负面反应，如通过社交解释或者合理化的方式证明管理者对于决策没有控制权。另外，通过人际公平，以尊重的方式对待员工，可能在认同违背效应中也会起着一定的缓解作用。此时，管理者表现出对于互动方的移情和关心，可能比提供发言权等公平程序将会更为有用。

10.6.3　未来研究的展望

目前，有关程序公平效应有限情境的研究还处于一个初步阶段，而理解和促进程序公平产生正向的影响效应具有重要的意义。因此，未来研究需要投入更多地努力以更明确地把握程序公平效应发生的情境，促进程序公平效应的产生。

已有的研究表明，程序公平效应有限性的一个表现就是，当结果破坏了个体的个人认同和社会认同时，程序公平的影响效应很小。在其中值得特别指出的是在 Mayer 等（2009）的研究发现，社会认同违背比个人认同违背对于程序公平知觉的影响作用更大，而有些背景下个人认同违背效应是不显著的。这可能意味着认同违背效应主要体现在社会认同违背中。鉴于研究探讨的是组织背景下的决策。因此有可能在组织背景下，社会认同违背作用可能更为突出。未来还需要进一步通过实证研究检验认同违背效应中个人认同违背与社会认同违背在组织背景下和一般的社交互动背景下影响效应的相对大小。Mullen 和 Skitka（2006）的研究发现，愤怒情绪可以用以解释为什么对于个体道德要求的违背会引起程序公平知觉下降。但是 Mayer 等（2009）的研究并没有支持愤怒情绪的中介作用。未来研究还需要深入探讨认同违背在程序公平效应有限情境中的中介作用机制。未来研究可以深入探讨程序公平效应和反程序公平效应的内在机制。如可能社会认同过程可以很好解释程序公平效应的发生，而归因过程可能更能解释反程序公平效应的作用机制。当然这还需要实证研究进一步检验。

研究探讨了程序公平效应的有限情境，包括个体的自我解释、调节点倾向、相对地位、群体认同以及认同违背的作用。未来研究可以更深入地探讨什么时候结果会被认为很不利以至于程序公平都不能减轻个体的负面反应，如不同形式的负面结果在程序公平效应有限性中的作用。Mayer 等（2009）的研究提出了怀疑意见是否被管理者考虑作为认同违背效应的中介机制。怀疑可以说是对管理者不信任的表现，未来研究也许可以探讨在程序公平效应有限情境中的管理者信任的中介影响作用。

Leung 等（2007）指出，群体认同对于程序公平效应的影响，在因变量是决策赞同和权威评价时所起的作用是不同的。公平研究中存在着两种范式，即事件范式和社会实体（social entity）范式。决策赞同明显是基于事件的，而权威评价则是基于社会实体范式的，因为对权威的评价常常是一种总体的评价。两个研究结果发现，群体认同调节程序公平对于决策赞同的影响，但是，有关群体认同对于程序公平对权威评价的调节作用的结果是不一致的。高群体认同会减少程序公平知觉对于权威的评价。究竟在权威评价时的程序公平效应是否受到社会认同的影响还需进一步研究检验。

再者，最近发展的程序公平效应有限性的研究，不管是探讨个体差异变量（如自我解释）还是外部情境因素（如认同违背），主要采用实验室实验的研究范式，虽然这种研究方法可以最大化内部效度，也可以更好地探讨因果关系，但是未来研究还需要配合工作情境的现场研究以检验程序公平效应及其有限性研究结果的外部效度。

10.7 结　语

程序公平影响众多组织结果变量，如工作满意度、组织承诺、领导信任、绩效和组织公民行为等。基于程序公平对于组织及其成员的积极影响作用，组织行为学者和企业管理者均对程序公平产生了极大的兴趣。早期关于程序公平研究得到的代表性观点就是，高程序公平降低结果有利性对于个体反应的影响作用。具体来说，当结果不利的时候，程序公平对于个体反应的影响作用更为突出，即产生结果的程序如果被认为是公平的时候，对不利结果的负面反应会有所缓和。这也就是所谓的程序公平效应。由于在工作场所中，员工得到不利结果的情况是较为普遍的，如在绩效考核中得到了较差的评价结果，在职业晋升过程中遭遇挫折和失败等。正是出于程序公平效应的支持，管理者常常通过强调管理决策程序的公平以减轻或者缓解员工不利结果可能带来的员工对于组织和管理者的负面态度和消极行为反应。

但是，最近一些学者提出了程序公平效应的有限情境问题。他们指出，进一步研究应该关注什么时候程序公平会显得更为重要或者较不重要。如有研究发现当程序公平但产生的是不利结果时，人们会表现出更多负面的反应，如降低的结果公平知觉，更多的抗议等。即表现出与所谓的程序公平效应相反的现象。基于此，本研究对程序公平的最新研究进展进行梳理，探讨程序公平效应有限性的影响因素，并在此基础上提出组织人力资源管理实践的具体建议。

在组织管理研究中，尽管程序公平效应有着较多的实践研究的支持，但是之后较多研究也发现了反程序公平效应的存在。因此，程序公平研究的未来发展将不再只是关注于程序公平效应是否存在，而是将进一步深入地探讨什么时候程序公平不能够改善对于不利结果的负面反应，即研究程序公平效应的有限性。

Brockner 和 Wiesenfeld（1996）指出，面对不利结果时，有些情境下，程序公平所能产生的影响效应是非常有限的。Brockner Ackerman 和 Fairchild（2001）也表示，组织公平研究发展的一个重要方向就是识别出什么条件下程序公平影响作用更大或者更小。以往研究发现，程序公平效应更可能出现在因变量是对决策、决策制定者或组织的支持的情况，而反程序公平效应更可能出现在因变量是自我评价时。而最近有关程序公平效应有限性的研究表明，除了因变量之外，还有一些情境因素和个体因素会影响程序公平效应有限性。

总的来说，调和程序公平效应与反程序公平效应的矛盾关系对理论和实践均有着重要的意义。从理论上说，强调程序公平有限性是对先前研究普遍认为的高程序公平将引起正向反应的一种挑战；从管理实践来看，这给管理者提供了一些深入的思考，即通常决策者在宣布不利结果时，所得到的典型的建议就是通过突出程序公平以带来较少的负面反应或者产生更多的积极反应。但是程序公平效应有限性的研究提示了管理者除考虑程序公平之外，还有其他的个体和情境因素的思考。出于程序公平效应与反程序公平效应均有着较多研究结果的支持，研究者需要更深入地了解反程序公平效应出现的可能条件，关注于程序公平效应的局限性及其发生情境。这将极大地促进研究者更好地澄清和理解有关程序公平效应不一致的研究结果，同时也有助于管理实践者采取实际措施促进程序公平效应的出现。

11   自恋型领导行为的影响效应
     及其管理启示研究

无论是在商界、政界还是在学术界，越来越多的领导者被贴上自恋的标签。他们因富有魅力、大胆创新、感召力强、具有远见卓识等而赢得他人赞扬，也因傲慢、自我、好大喜功、缺乏移情等特性而遭人鄙夷。自恋型领导近年来引起了越来越多学者们的关注和重视。本研究在此将对自恋型领导行为的概念及其影响效应进行剖析，并在此基础之上探讨自恋型领导行为对于管理实践的一些启示。

11.1　引　　言

美国著名杂志《科学》曾报道，职场中自恋者给人留下的印象比内敛者高出 50%。自恋者凭借他们超常的激情与信心表达自己对自我能力和世界的认知，更易令听众信服，获得领导的赏识，进而有助于其晋升，更易走向领导岗位。近年来，自恋得到了学者们越来越多的研究关注，探究自恋与组织中的个体行为的关系，自恋与领导有效性、工作绩效方面的关系等（Bromiley，1991；Wiseman，1998）。

对自恋这一术语的研究始于临床医学和心理学。随着对自恋相关问题研究的增加，学者们开始关注组织环境下的自恋问题。综合心理学、组织行为学等多个研究领域，可以概括出自恋者的特点：具有迷人的外表、较强的统御能力、外向、高度自信、高姿态、高自尊等优点，以及自我、自负、过度追求他人的赞美、理想趋于极端化、善于隐瞒自己内心的冷漠与无情等缺点（Rosenthal，Pittinsky，2006）。组织中的领导者与自恋者在自信、自我效能、自我以及控制力和外向性方面具有高度的一致性，特别是在危机或是不确定环境中，自恋者表现出的自恋特质容易使人们将其与领导者联系起来（黄攸立，李璐，2014）。Brunell（2008）和 Schnure（2010）的实证研究支持了这一观点。自恋型领导者遍及各界。最具典型的有历史风云人物项羽、亚历山大等，政治领袖布什、麦凯恩等以及商界传奇马云、乔布斯等（杵凤清、高林，2014）。

目前关于自恋型领导的研究已经成为领导研究的一个新焦点。不过，自恋型领导对组织影响的相关研究效应并没有达成一致（黄攸立，2014）。例如，一些学者指出高自恋者具有较低的变革性（Khoo & Burch，2008），而另外一些学者则发现领导的高自恋水平与变革性之间存在正相关关系（Judge，Lepine，Rich，2006）。事实上，自恋型领导既有破坏性的一面，也有建设性的一面（Resick et al.，2009）。为了更好地发挥自恋型领导者的积极作用，需要深入把握和分析自恋型领导的特点及其影响。据此，本研究将深入探讨国内外学者对自恋型领导的研究成果，归纳总结自恋型领导的内涵、自恋型领导的测量方法，分析其产生的正面效应和负面效应，并提出进一步的研究建议，以期对我国自恋型领导的研究和管理实践有所借鉴。

11.2 自恋型领导行为的内涵及其测量

11.2.1 自恋型领导行为的内涵

自恋一词最早来源于罗马史诗，于 20 世纪初被学者们用来形容一个人对自己过度欣赏而无法自拔。Ellis（1898）首次明确了"自恋"的定义，之后弗洛伊德将自恋引入到心理学领域，并系统地阐述了自恋的形成原因，掀起了自恋理论的研究热潮。另外，他还发现自恋与领导之间存在着密切的联系。因为自恋者有强烈展现自我优越感的意愿，是自身正能量的良好遗传者，对他人的尊敬和仰慕充满强烈的渴望，他们擅长将远大的志向、坚定的信念和迷人的气质包装自己，努力提升个人的形象和名声，而这些品性恰恰是许多领导者所必备的。尤其是在组织环境不稳定的情况下，自恋者的这种给人正面能量和希望的特点使其显得格外瞩目，并在关键时刻赢得他人的赞赏和追随。在心理学的研究领域中，自恋被视为一种负面的个人特质，也由此引起了研究领导者破坏性领域的学者们的兴趣。

自恋被引入到领导学领域后，学者们的研究大都集中于把自恋作为领导者的一种个人特质，以及领导者的这种自恋特质给组织或机构带来的不利影响（Pittinsky，Rosenthal，2006）。Rosenthal 等（2006）将自恋型领导定义为：若领导者的行为理念服从于自利的个体需求和意愿，而非以组织群体的整体利益为导向，该类型的领导称为自恋型领导。最著名的自恋与领导的关系研究是 Ketsde 等（2010）学者利用心理分析手段探索被测者的主观世界来描述自恋的起源和相关行为。自恋的领导者更迷恋权势和成功，夸大自己的重要性，缺乏同情心以及对他人的关心，这种过度的自我肯定导致他们对风险、绩效等结果持有相对自信和乐观的态度，对各种方案做出的决策也往往具有高估倾向（Sanders，2001；Yukl，2002）。

呈现正面效应的自恋型领导的相关案例不断涌现，据此，部分学者指出自恋型领导虽然多数展现出反向或消极性的一面，但是也存在正向或建设性的一面（Glad，2002），只是自恋型领导者的消极特质多于积极特质（Resick et al.，2009）。从特质理论方面来看，自恋型领导以追求权势和他人的赞赏为动机，较少甚至漠视对其所领导的组织或机构的移情关注，却也具有超一般的领导魅力和远见卓识（Charles A. O'Reilly et al.，2014）。然而，自恋型领导的这种特质仅限于某一个体，在领导理论研究中常存在冲突，阻碍了对领导风格、领导方法、领导动态过程以及追随者等因素作用的考察。为了打破这种冲突，提高自恋型领导理论的适用性，Pittinsky 和 Rosenthal（2006）突破以往学者们只对自恋型领导进行优缺点分析的思维，给出了新的定义：自恋型领导以自我为中心的利己行为远远高于其对所领导组织或团体的付出，他们往往根据自己的需求来采取不同的领导行动。为了使理论更具操作性，Gerard（2010）提出了自恋型领导的五要素，即魅力、智力抑制、欺诈性动机、利己主义和假装关心。

目前，自恋型领导的五要素理论内涵较为丰富，但五要素之间却存在重叠部分。因此，后继学者深入研究发现，自恋型领导的核心内涵主要有人格魅力、蒙蔽意愿、智育控制和自利趋向四个方面（黄攸立、李璐，2014），对自恋型领导的外在行为特征进行了恰当的描述。其中，自恋型领导的人格魅力的外在展现，往往为广泛的社交技能，是众人拥簇追求的方向标（Kanungo，1998；King，2007），倾向于大胆颠覆现状以及展望未来（Rosenthal，Pittinsky，2006），富有整洁和魅力的外表（Vazire et al.，2008）；自恋型领导的蒙蔽意愿寄托着自恋型领导虚荣情感，拥有虚荣情感的自恋型领导往往假装被下级蒙蔽（Post，1986），而享受其中带来的满足感，却停止了自我的成长进步（Campbell，2004）；自恋型领导者采取智育控制策略（Glad，2002；

Barry, 2006; Martinez, 2008)往往出于其对来自他人尊敬的强烈意愿和对消极信息反馈的屏蔽; 拥有自利趋向的自恋型领导易在组织群体中形成利己效应(Zuckerman & O'Loughlin, 2006), 难以实施情感转移或换位思考, 无法接受与自我不一致的态度或行为观念。

此外, 有学者提出亚自恋的说法, 认为对于自恋者来说只要没有产生人格障碍都属于亚自恋(马国亮, 2006)。对于自恋的领导者而言, 若不能正确看待自己、他人以及其所领导的组织或团体, 则被认为是不健康的。健康的自恋型领导善于反思并对现实的检验持有乐观态度, 不健康的自恋型领导只会一味地想要得到他人的推崇(Goleman, 2011)。自恋型领导者集创造力和破坏性于一身, 当创造力大于破坏力时, 领导力的积极效应占主导, 若破坏力大于创造力, 他们将会受到追随者们的厌弃和轻侮(马浩, 2015)。领导者是否自恋、自恋到何种程度以及如何将健康的自恋和不健康的自恋区别开来仍有待研究。

11.2.2   自恋型领导的测量

国内外对自恋型领导的测量主要运用一般自恋个体测量法。测量自恋的工具主要有三个来源, 即临床诊断、自恋症状诊断标准(diagnostic and statistical manual of mental disorders, DSM)、明尼苏达多项人格测验(minnesota multiphasic personality inwentory, MMPI)的子自恋量表。现用量表主要由DSM – Ⅲ(精神疾病诊断与统计手册)和 MMPI 衍生而来。1988 年, Raskin 和 Terry 编制了自恋人格问卷(narcissistic personality inventory, NPI)并被学者们广泛应用于社会及人格心理学的研究中。NPI 最初是根据 DSM – Ⅲ 对自恋人格障碍标准衍生出来的, 包含 54 个项目, 以二择一的方式对自恋/非自恋进行选择, 后来被 Raskin 等学者修改为 40 个选题。若被试者在 NPI 测量中得到较高的分数, 则说明他善于交际、有表现欲、以自我为中心和很强的控制欲。但是 NPI 只能测量到显性自恋者的行为, 所以 Emmons、Ames、Anderson 等人(2006)对 NPI 进行了改进, 成为当前广泛应用的量表。

加州心理量表(california psychological inventory, CPI)自恋子量表是包含 49 个条目的自陈式量表, 可以测量自恋者在权威性、注意寻求、自我评估等方面的特质（Gough，1996）细化了对自恋者的测量。Hogan（2009）针对自恋者的特征开发了"冒险性"量表，适用于夸大型自恋者的同时亦可用于易损型自恋者。郑涌和黄藜等（2005）将量表分成显性自恋和隐性自恋两个维度，编制了自恋人格问卷。周晖等（2009）根据问卷、访谈等方法编制了中国普通人群都适用的自恋人格量表，但只能测量出自恋者的表面上的显性特征。总的来说，目前学术界对测量自恋的问卷尚未达成一致。自恋研究者普遍认为对自大型自恋和优越型自恋应运用不同的量表区分测量（Miller，2012）。

11.3　自恋型领导行为的积极效应

有研究表明，越来越多的自恋型领导活跃于商界、政界和教育界。虽然自恋型领导会给组织造成消极影响，但他们对企业乃至社会做出的巨大贡献依旧受到广大员工们深深的喜爱。有学者指出，在团队能力评比中高自恋型领导的得分比低自恋型领导的得分要高很多，而且企业在面临变革或危机时尤其需要自恋型领导。可见，自恋型领导之所以被需要和被喜爱，是因为其能够带来积极的一面。

11.3.1　提高领导者良好的自我形象

自恋型领导在生活和工作中往往会更加注重提升个人形象，如穿着整洁、时髦、上档次等（Vazire et al.，2008）。曾有学者将自恋放到对总统的言语的相关研究中进行分析，结果发现自恋的领导者给人们的感觉更具有魅力（Deluga，1997），且拥有成功领导的基本能力素质——社交技能、感染力和号召力（Khoo & Burch，2008）。追根溯源，自恋型领导的独特创新能力、凝聚力、战略性眼光和执着追求（O'Connor，1995）及其在追求道路上承受风险的魄力（Chatterjee & Hambrick；2007）造就了其良好的个人形象。

11.3.2　获得追随者更高的认可度

自恋型领导具有两大独特优势，即丰富的想象力和能够号召大量的追随者的能力，组织中应该大力提倡自恋型领导的这两大优势（Maccoby，2007）。一方面，自恋型领导的丰富想象力使得他们能够看到更宏伟的蓝图、大胆展望未来，这种宏大的愿景和超凡的魅力使他们获得众多追随者的青睐。另一方面，追随者们能够满足自恋型领导对赞美和颂扬的需求，进一步加强了自恋型领导的自信和对未来愿景的坚定。这种善性循环不断强化了追随者对自恋型领导的肯定与认可。

11.3.3　具有更强的下属感染力

自恋型领导们高超的社交技能和人格魅力对他人产生了有效的感染力，使得领导有效性进一步加强（Khoo & Burch，2008）。有研究表明，自恋型领导不仅在特殊环境中发挥积极作用，在稳定环境中同样具有积极作用，自恋者拥有的自信、魄力、凝聚力、统筹力等多种领导者基本素质，给人形成一种天然领导者的典范（Judge，2006；Brunell，2008）。另外，自恋型领导者的远见卓识、果断勇猛和大胆追求成功的坚定与执着，感染着其所带领的组织和团队，使得下属们充满活力，不畏挑战与困难。

11.3.4　提高危机与变革情境下的企业绩效

1986 年，Post 指出在特殊条件（组织变革、组织内外部危机）下，自恋型领导与配合默契的下属会给企业带来有益的结果。有研究表明，在企业面临内部危机或者外部威胁时，自恋型领导以他们的高度自信和对未来的大胆追求使得员工不会因企业环境而降低工作热情。他们善于清晰地表达自己的意愿，大胆地改变目标导向，对激发团队创造力和增强团队承担风险的能力有重要作用（仵凤清、高林，2015）。在高度动态的产业中，自恋型领导者给企业带来的绩效和价值远远超出非自恋型领导者（Maccoby，2005）。而在这项研究之前，Nevicka 等也通过自恋人格量表把自恋者按照得分高低分成两类，经实证发现，高自恋者更易成为领导者，而且在报酬依赖性较高的团队中高自恋型领导所在团队的绩效高于低自恋型领导所在的团队。此外，自恋型领导对自我荣誉和权力的强烈追求会将其引入到积极大胆和变革创新的道路上，而变革创新对组织绩效存在显著的正向影响（杨艳等，2015）。

11.4　自恋型领导行为的消极效应

自恋在心理学的研究领域中被学者们视作消极、阴暗的个体特质，所以自恋被引入到领导学领域后依旧承载着许多负面的暗示。一些学者指出，自恋者为了达到预期目的，即使没有达到入选资格，也会采取一定的手段和技巧（欺诈、威胁、操作等）来获得领导地位，所以他们会卷入到自己编织的脆弱的组织系统中，被人际关系所束缚，给组织带来众多消极影响（Hogan，1990）。

11.4.1　破坏上下级关系

虽然自恋者比起非自恋者更易成为领导者，但是并不一定说明自恋者能够成为一个具有有效领导力的领导者。领导学家波耶特曾提出，自恋型领导倾向于贬低他人，抬高自己，不主动与下属交流亦不同情下属。自恋型领导善于运用夸张的手法炫耀自己的成功，并容易把错误和失败推给下属（Hogan et al.，1990），这种以自我为中心、抵触下属意见、不愿承认错误等特征的领导者，长此以往会破坏他们与下属的关系（Judge et al.，2006）。另外，也有学者提出，在自恋型领导统治的组织环境中，下属通常会加大与其领导的心理距离感，很难对领导产生信任和认同，进而大大增加了下属的离职意愿（庞晓萍，2015）。

11.4.2　增加非伦理行为

有学者提出，自恋者的自大、自负、过度自信等特点使得他们缺乏一定的道德感（Roberts，2001）。因此，自恋的领导者更多的表现是为自己工作，阻碍了公司道德目标和愿景的实现（Hornell & Fredericks，2005）。自恋型领导为了赢得他人的尊重和赞扬，往往不惜代价的为一些部门获取资源，却很少考虑成本的消耗。他们拒绝一切与自己不同的意见，寻求特权，唯我独尊（Rosenthal，Pittinsky，2006）。甚至有学者提出，自恋型领导独断专行，一心追求权势和地位，很可能导致剥削、违反伦理行为的产生（Nevicka et al.，2011）。

11.4.3 做出更多不必要的高风险性决策

自恋不仅与过度自信有关，而且与不着边际的自我评估有着密不可分的关系（Campbell et al.，2002）。Campbell 曾运用格鲁吉亚博弈任务（georgia gambling task，GGT）证实了自恋者对自己的能力过度自信，并认为即使在某些方面他们做出了风险性的赌注，但在相同的任务上他们依旧要比内敛者做得更好。自恋型领导者做出的决策具有一定的风险性，这种风险决策在某些组织情境下虽是有利的，但在另外一些情境下则会不利（Foster & Trimm，2008）。具有高自恋特质的领导者倾向于认可一些被大部分人认为高风险甚至不可行的方案，并且试图颠覆传统的行为，这种选择性解释的环境使得领导者更加自大，"听其想听，看其想看"。Thompson 认为这类领导偏好动态性的战略和扩大性的规模，进而会忽略组织的积累和长期稳定性。他们提倡的宏大且动态的战略行动会使企业绩效处于极端状态（Bromiley，1991；Wiseman，1998）。同时，自恋型领导的高风险行为使其做出风险性决策，进而使企业绩效水平处于忽高忽低的稳定状态（Chatterjee，Hambrick，2007）。而且，他们为达目的往往使用欺骗、压迫等手段以致下属对其失去信任，这方面的缺陷使得他们在危机或关键时刻无人与其交流，只能根据自己的判断做出决策，最终导致组织绩效减退（Banson，Hogan，2008）。与此同时，一些学者通过实证研究发现，自恋型领导者偏爱、坚信自己已获得的信息，不愿理会团队其他成员的不同观点，一意孤行，以致做出错误性决策，给组织绩效带来负面影响。

11.4.4 破坏组织的良好氛围

研究表明，自恋型领导者可能会破坏良好的组织氛围（Goldman，2006）。

自恋型领导对批评敏感、对他人缺乏移情性、傲慢、自我、善于剥削他人成果、好大喜功等特征，不利于形成良好的组织氛围（Rosenthal，Pittinsky，2006；Campbell，2009）。一方面，他们在追求目标的时候常给人一种咄咄逼人、不惜代价的形象，选择性的对员工施以同情心，必要时会漠视对他人的感受，一心追求成功，导致下属严重缺乏来自领导的关爱与重视。另一方面，自恋型领导渴望得到别人的推崇，喜欢专制，擅长培养自己的亲信，容易做出不寻常的行为，从而导致其他下属丧失信心。另外，自恋型领导不务实和浮夸的思维往往给下属留下的印象是行动具有新颖性、决策具有规模性，增加了下属的工作负荷，使组织面临业绩大幅度变动的挑战。然而，对于下属来说，信心能够使他们在工作中充满激情、决心和毅力，进而出色地完成组织任务。相反，如果缺乏信心，他们就会对工作失去动力，畏缩不前，担心失败，进而降低组织绩效。而且，自恋型领导喜欢听好消息，对员工反馈的负面消息产生反感，从长期来看，整个组织的员工都会倾向于剔除坏消息、过滤真实信息、歪曲事实，从而满足自己的集体荣誉感（丹尼尔·戈尔曼，2011）。

11.5　自恋型领导行为的管理启示

西方学者一直热衷于对自恋型领导的研究，虽未形成完整地研究体系，但却取得了丰硕的成果；我国学者对自恋型领导的研究起步较晚，取得的成果进展主要集中在近两年且十分有限，尚未获得较大突破。可见，自恋型领导有巨大的研究空间。基于此，本书对国内外研究成果进行了探究，并对一下几个方面进行了思考。

11.5.1　自恋型领导的选拔与任用

研究自恋型领导的意义在于充分挖掘自恋型领导的潜在优势，使其在适当的时间和环境中给组织带来最大效益，但是目前的研究成果距离研究自恋型领导的最终目的还相差甚远。有研究表明，自恋型领导通过影响下属对领导的认同感进而影响下属的离职倾向（庞晓萍，2015）。所以企业在挑选领导时，应充分了解其特质是否适合企业的发展，尤其是对高科技企业来说，应加强这方面的考察。如果已经是高自恋型领导，企业董事会应趋利避害，并在合适的时间对自恋型领导的权势加以控制，将不利影响控制在一定的范围内，以避免企业遭受损失（Walumbwa et al.，2010）。因此，如何精准地测量出自恋型领导各方面的特质并将这些特质充分运用到最优状态变得尤为重要。然而，目前学术界尚未开发出测量自恋型领导的专门工具，未来的研究可以对此方面多一些关注。

11.5.2 自恋型领导消极影响的预防与控制

超自恋型领导玩世不恭的态度使得员工们偏好于阿谀奉承，对上司报喜不报忧，长期下来，员工们为了维护自己的集体荣誉感也会慢慢变得自恋，如果组织中的每个员工都有自恋倾向，将导致企业文化也产生自恋倾向（陈力，2015）。其实，在2009年Duchon等人就表明，组织为了保护自己的合法性、维护集体荣誉感也会表现出自恋行为。自恋型群体是一个独立的小社会，他们遵从自己的道德标准，追求一切自己想要的，对自己追求的目标和采取的手段坚信不疑。这种恶性的集体自恋给员工带来恶劣影响的同时也会给公司的生存带来致命的危害。所以，就如何对自恋型领导的负面影响进行预防和控制，抑或者如何教导员工不要盲目追从领导者进行分析和探讨具有一定的理论价值和实践意义。

11.5.3 关注财务报告质量

自恋型领导与公司财务有着密切联系。财务会计的言语表达、行为作风等特性致使自恋型领导的一些不道德行为的产生，并且增强了自恋型领导的自恋程度（Amernic & Craig，2010）。为了支持以上观点，后继学者通过财富500强公司的面板数据，对领导者的自恋与财务披露的每股盈余（earnings per share，EPS）的关系进行了实证性检验，研究发现领导者的自恋程度与EPS存在正相关关系，且自恋型领导善于通过操纵EPS指标或是对外披露的会计信息中获得下属及他人的肯定和敬仰（Olsen et al.，2013）。但是以上研究并未提及领导者的自恋与 EPS 存在怎样的因果关系，即自恋型领导是否会倾向于利用数字游戏操纵其所在公司盈余或者自恋型领导是否会增进其所在公司在业绩，抑或者两者都可能存在（刘建伟，2014），都有待于后继学者继续关注和研究。这里需要提醒的是，应当注意自恋型领导所在公司财务报表的叙述方式是否存在财务欺诈的可能性。

目前已有学者提出自恋型领导研究模型，但依旧存在大量的理论空白需要填补，如自恋与绩效评估之间的关系被不同学者做出不同的结论。不一致的研究结果暗示了中介变量和调节变量存在的可能性。未来研究仍需就自恋型领导对组织、绩效等影响的作用机理进行深入研究和实证性检验。只有充分理解并掌握自恋型领导的内涵，深入且全面地挖掘其给组织或机构可能带来的正面或负面影响，弄清自恋型领导的形成因素以及对组织影响的内在机理，并结合外部环境构建完整且丰富的理论框架，才能发挥出自恋型领导的最大优势，进而有利于组织的发展。

12 领导的下属信任、风险知觉及权力距离对授权行为的影响

12.1 引　言

　　全球竞争的加剧、组织的急剧变革、市场快速反应的需求，使得组织必须关注于灵活性和效率的全面改进。在这一背景下，授权（empowerment）开始成为组织管理的一个重要关注点，同时也得到了管理实践的关注与运用。授权被认为是高卷入管理（high involvement management）的关键（Pfreffer，1994）。授权管理可以促进员工和组织的双赢。一方面，授权能够提高员工的自我控制感，提高员工对工作环境的适应性和接受性，增强员工的工作动机，释放员工的潜能，发挥员工的创造性和想象力（Forrester，2000；Ahearne et al.，2005）；另一方面，授权可以最小化管理层级障碍，加快组织反应速度，提升组织的灵活性和效率，促使组织管理更流畅，成本更低（Mathieu et al.，2006）。可以说，授权是组织有效性的一个重要驱动因素（Spreitzer，1995），有助于维持组织的可持续竞争优势（Matthews，2003）。

　　授权的魅力在众多组织中得以彰显，但同时也不得不承认许多组织难以进行真正意义上的授权。究竟是什么原因使得授权成为一个充满吸引力同时又迟迟不能有效实施的概念呢？如何才能促进管理者有效的授权，是值得研究者和管理者进一步探讨的重要问题。虽然 Boren（1994）指出授权行为是管理者基于对下属的信任而采用各种技能提高下属能力的行为，授权行为是一种信任行为。Lee 和 Koh（2001）指出，授权行为需要基于信任的基础。授权使得领导对于下属的控制有所下降。由于不知道员工是否能够恰当地使用所授予的权力，领导授权给员工，就承担了一定的风险。此时，信任的概念也变得更为重要。Butler 也表明，取得上级的信任是下级获取支持和权利的一个重要条件。但是，Johnson – George 和 Swap 就指出，信任行为是有差异的。信任一个人并不意味着在所有方面都信任他。可能是对不同的人信任不同的方面，表现为不同的信任行为。上级对下属的信任是否直接导致授权行为，以及对不同维度的授权行为的影响大小仍然需要实证的支持。并且信任与信任行为存在着差异，信任不一定导致信任行为，而是受到知觉到的风险大小的影响。风险知觉指在考虑了与对方（被信任方）的关系之外，对于收益与损失可能性的认识（Mayer et al.，1995）。Sitkin 和 Pablo（1992）指出，在一个具体情境下的利害关系，如可能的收益或损失，将会影响对其中涉及的风险的知觉。除了对下属的信任水平之外，领导对于授权可能带来的风险知觉也可能影响着其是否愿意采取授权行为。授权行为作为一种信任行为与信任及风险的关系如何还需要进一步探讨。另外，个体的心理变量，如个体层次的权力距离感也可能影响信任与授权行为之间的关系。Farh 等（2007）指出，个体层次上的权力距离（individual-level power distance）指个体对于组织中权力的不平等分配所能够接受的程度。权力距离涉及有关个体对于上下级关系中什么是可以接受的观念，反映了对于组织中各种角色的一种定位。高权力距离的信念有可能产生对于员工自我管理的抵制（Kirkman et al.，2001）。拥有高权力距离价值观的人主张较大的权力距离，强调上下级之间的地位和权力差异，对于员工的角度期待就是员工表现出的顺从，有可能更不愿意授权。

本研究正是基于此，试图通过情境实验的方法，探讨在不同风险情境中，领导对于下属的信任和授权行为之间的关系，以及领导的权力距离感在其中的影响作用。希望借以探讨影响领导授权行为的原因，一方面促进授权理论的深入发展，另一方面可以有助于组织的人力资源管理实践，指导领导授权的有效实施。

12.2　理论基础与研究假设

在组织行为学中，授权主要包括两层含义。根据情境观（situational view），授权指在组织管理层级中自上而下采取的赋予员工执行任务的决策权和责任的一组管理实践活动（Leach, Wall & Jackson, 2003）。具体内容包括赋予员工更多的权利与责任，分享更多的信息（Quinn & Spreitzer, 1997；Spreitzer, 1997；Ahearne, 2005；Arnold et al.，2000）。而授权的心理观（psychological view）则强调员工对授权的心理感知，主要指心理授权（Spreitzer, 1995, 1996）。Matthews 等（2003）强调有效的授权需要考虑授

权的情境观和心理观。有关心理授权的前因与结果变量已有较多的研究。而
有关影响领导授权行为的研究，尤其是实证研究还相对较少。并且有研究
表明，心理授权可被看作是情境授权，即授权行为的一种结果，领导的授
权行为是取得授权成功的重要环节，值是深入研究（Druskat et al.，2003；
Ahearne et al.，2005；丁琳等，2007）。

　　Boren（1994）以及 Lee 和 Koh（2001）指出，授权行为需要基于信任
的基础。授权使得管理者对于下属的控制有所下降。由于不知道员工是否
能够恰当地使用所授予的权力，管理者授权给员工，就承担了一定的风险。
此时，信任的概念也变得更为重要。Butler（1991）也表明，取得上级的信
任是下级获取支持和权利的一个重要条件。信任是个体基于对他人意图和
行为的积极预期而愿意向他人暴露自己的弱点并且不担心被利用的一种心
理状态（Rousseau et al.，1998）。信任的水平高低影响着信任方愿意在双
方关系中承担风险的大小，如领导者愿意授权的程度（Mayer，1995）。领
导者对于下属的信任水平影响着他对于授权行为可能带来的风险的承担意
愿。信任提高了信任方愿意接受被信任方的行为对自己影响的可能性。但
信任与信任行为是有区别的，两者之间最根本的区别就在于风险承担（risk
taking）的意愿与实际的风险承担行为。信任作为一种心理状态，不是承担
风险本身，而是承担风险的意愿，而真正暴露自己的弱点，使自己接受对
方的影响才是风险承担。风险承担是信任最为直接的行为结果和表现
（Mayer et al.，1995；Ross et al.，1996）。授权行为作为一种信任行为，即
是由领导者对下属信任而产生的风险承担行为。信任的结果可能是信任方在
与被信任方的交往中的实际风险承担行为。信任水平越高，信任方会产生更
多的风险承担行为。即领导者对于下属的信任水平越高，领导者愿意承担越
多的风险，也就可能表现出更多的授权行为，包括决策参与（participative de-
cision）、信息分享（informing）和指导（coaching）等（Arnold et al.，2000；
Johnson & Remond，2000；Serva et al.，2005；丁琳等，2007）。基于此，本
研究提出如下假设：

　　H1：领导的下属信任正向影响授权行为。高下属信任导致更多的下属决
策参与、信息分享和对下属的指导。

　　领导者常知道授权重要，却常难以实施，因为授权不当往往比不授权造

成的后果更为严重，而这种结果常常需要领导者本人承担。对于领导者来说，授权即承担着一定的风险，将权力授予他人、与他人分享敏感或者重要的信息可能带来风险。这种风险来自于一方将责任传递给了另一方，导致了对对方的依靠。当领导者采取决策参与或者信息分享等授权行为后，相应也就形成了对下属的依靠关系，产生了风险。因为下属有可能在决策参与时没有履行应承担的责任或滥用权力，或者下属可能再将所分享到的重要信息传递给他人，对所在的群体或组织产生不利影响，甚至帮助了外界的竞争对手。当授权对于领导者而言是一件可为可不为的事时，是否采取授权行为可能考虑多方面的因素。

信任提高了在双方关系中承担风险的可能性，即更可能表现出具体的信任行为。信任可能导致在双方关系中的风险承担行为，但是所承担风险的具体形式或者内容还取决于具体的情境。管理者在授权给下属时，可能承担着两种主要的风险：下属不可信的风险，即对方不按预期表现的风险；轻率的风险，即对方可能将重要信息与他人分享的风险。这种风险来自于一方将责任传递给了对方，导致了对对方的依靠（Sheppard et al.，1998）。是否承担风险受到信任程度以及对于具体行为可能面临的风险大小的影响，如对下属授权涉及到的风险知觉。风险知觉指在考虑了与对方（被信任方）的关系之外，对于收益与损失可能性的认识（Mayer et al.，1995）。Sitkin 和 Pablo（1992）指出，在一个具体情境下的利害关系，如可能的收益或损失，将会影响对其中涉及的风险的知觉。评价在一个具体情境中的风险性的大小，需要考虑背景因素，如权衡可能发生的积极和消极的结果的可能性（Coleman，1990）。除了对于下属的信任水平之外，领导者对于授权可能带来的风险知觉也可能影响着其是否愿意采取授权行为。为此，本研究提出如下假设：

H2：领导者的风险知觉负向影响授权行为。高风险知觉导致更少的下属决策参与、信息分享和对下属的指导。

H3：领导者的风险知觉与下属信任交互作用影响授权行为。

尽管 Hofstede（1980）认为文化价值观的研究仅在社会层次上才有意义，但是研究者们发现 Hofstede 价值观 4 个维度中的每一个在个体之间都有很大的变异，这些个体差异直接影响着许多结果（Clugston et al.，2000；

Kirkman & Shapiro，2001）。其中权力距离在个体层次上同样也存在着较大的差异，常被用作个体差异变量（individual difference variable）。Farh 等（2007）指出，个体层次上的权力距离（individual-level power distance）指个体对于组织中权力的不平等分配所能够接受的程度。权力距离涉及有关个体对于上下级关系中什么是可以接受的观念，反映了对于组织中各种角色的一种定位。有关上下级之间权力距离的观念影响上下级之间关系的性质。高权力距离倾向的人认同上下级之间权力不平等的合理性，认为领导者应该拥有超过下属很大程度的权力；相反，权力距离倾向低的人认为领导者拥有较少的权力才是合适的（Lee，2000）。因此，它是领导者对下属信任与授权行为的一个相关的概念。高权力距离的信念有可能产生对于员工自我管理的抵制（Kirkman et al.，2001）。拥有高权力距离价值观的人主张较大的权力距离，强调上下级之间的地位和权力差异，对于员工的角度期待就是员工表现出的顺从，有可能更不愿意授权。领导者的权力距离感可能影响信任与其授权行为之间的关系。高权力距离倾向的个体可能在上下级间的互动中可能更受角色的限制（role-constrained）（Tyler et al.，1995）。领导者拥有的权力和独有的信息可能是一种地位的象征，对于高权力距离倾向的领导者来说更看重，因而可能更不愿意采取授权行为，包括分配权力、分享信息、指导员工。因此，本研究提出如下假设：

H4：领导者的权力距离感负向影响授权行为。高权力距离感导致更少地下属决策参与、信息分享和对下属的指导。

H5：领导者的权力距离感与下属信任交互作用影响授权行为。

见图 12 - 1。

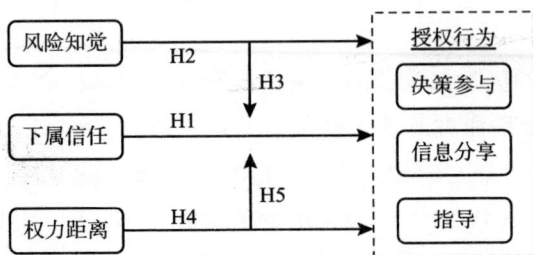

图 12 - 1　领导授权行为的心理影响模型

12.3　研　究　方　法

12.3.1　被试的选择

本研究选取了武汉 2 所高校的部分 EMBA 学员以及 5 家企业的不同层级管理者作为样本。共施测 180 人，回收有效样本 156 份，回收率为 86.67%。其中，男性 96 人，女性 58 人，还有 2 人没有注明性别；高层管理者 60 人，中层管理者 61 人，基层管理者 24 人，另有 11 人没有注明管理职位。

12.3.2　实验设计与程序

本研究采用 2（风险：高风险 Vs 低风险）×2（下属信任：高信任 Vs 低信任）的完全随机实验设计。即每名被试随机分配接受四种刺激情境中的一种。其中风险变量，分为高风险和低风险两种水平。信任变量分为高信任和低信任两种水平。因此构成 4 种实验处理。

风险知觉指在一个具体情境下对于个体收益与损失可能性的认识（Sheppard，1998；Coleman，1990）。在此操作风险知觉为收益的程度。高风险条件下，个体面临着能否晋升的结果。低风险条件下，个体没有晋升或者处罚的结果，即没有面临着收益或损失的问题。

信任是基于对他人意图和行为的积极预期而愿意向他人暴露自己的弱点并且不担心被利用的一种心理状态，具体包括对于对方正直、能力和仁慈的信任（Rousseau et al.，1998；De Cremer et al.，2007）。相应地在操作中体现出信任的这三个维度，即信任是对他人可靠性、能力的预期及对自己利益的关心程度。高信任条件下：下属是可靠的，专业能力很强，不需要监督其工作表现的，相信他会为领导的利益考虑。低信任条件下：下属不是很可靠的，专业能力不是很强，常常不得不去监督其工作表现，不相信他会为领导的利益考虑。

正式实施研究之前通过指导语告诉被试，研究采取不记名方式，结果仅用于研究，会绝对保密，要求被试按照自己在情境故事中的真实想法作答，研究不会对他们产生任何不利影响。四种情境材料随机发放，同时注意保证每种情境材料在被试人数、性别和管理层级上的平衡，平均每种情境被试人数为 39 人。

实验时，让被试阅读一个情境材料，想象他们正在经历所描述的事件。在被试阅读完情境材料之后，做出授权行为决策之前，提供给被试一些相关信息。包括风险变量和下属信任变量的操作。最后是操作检测及因变量测量。

12. 3. 3 变量测量

变量测量包括两部分。第一部分是有关被试个体特征变量的测量，即个体的权力距离感。个体层次的权力距离感的测量在情境实验研究之前进行，采用 Farh 等（2007）和 Dorfman 等（1988）开发的量表，共有六个项目。项目如"领导做大部分决策时都不需要与下属商量"和"领导使用权威与下属打交道常常是必要的"。本研究中的 Cronbach α 系数为 0.745。

第二部分为操作检测及因变量的测量。包括风险知觉和信任水平两个自变量的操作检测，以及授权行为这一因变量的测量。参照 Branzei 等（2007）对于风险知觉的测量，本研究的风险知觉的测量有 3 个项目，其 Cronbach α 系数为 0.731。信任有 4 个项目，包括了对信任的直接测量和对正直、仁慈和能力的三个维度的测量，其 Cronbach α 系数为 0.914。由于授权行为研究中决策参与、信息分享和指导三个维度是许多研究者都共同强调的维度（Bowen et al.，1992）。所以本研究中对于领导授权行为的测量主要包括了这三个维度，其测量项目来自 Arnold 等（2000），包括决策参与 6 个项目，信息分享 6 个项目，帮助指导 11 个项目，Cronbach α 系数分别为 0.860、0.836 和 0.948。

所有变量测量均采用李克特 7 点量表（1 = "完全不同意"；7 = "完全同意"）。正式施测项目均在试测基础上，经修订而成。对因变量的正式实验数据进行验证性因素分析，考察三因素模型和单因素模型（三个变量合为一个因子)。从表 12 - 1 所示的模型比较结果看,三因素模型对于数据的拟合较佳,RMSEA 小于 0.1,SRMR 小于 0.08,IFI、CFI 和 NNFI 均高于 0.90,卡方和自由度的比值小于 3,而单因素模型对于数据的拟合较差,各指数均未达到临界值。因此,授权行为量表结构效度较好,三种授权行为的确不同,可分别考虑前因变量对三种授权行为的不同影响作用。见表 12 - 1。

表 12 - 1 授权行为项目验证性因素分析结果

模型	χ^2	df	χ^2/df	RMSEA	SRMR	IFI	CFI	NNFI
三因素模型	466.80	227	2.056	0.083	0.062	0.92	0.92	0.91
单因素模型	1214.57	230	5.281	0.165	0.11	0.73	0.73	0.70

12.4 研 究 结 果

12.4.1 操作检测

在对研究假设进行检验之前,首先检验变量的操作是否成功。对于风险知觉的问题进行了 2×2 的方差分析,结果显示了显著的风险知觉的主效应,$F(1, 152) = 87.366$,$p < 0.001$,$\eta^2 = 0.365$。高风险条件下,被试知觉到的风险高于低风险条件下被试所知觉到的风险($M_{高风险} = 5.423$,$M_{低风险} = 3.902$)。对于信任问题的 2×2 方差分析,结果显示了显著的下属信任主效应,$F(1, 152) = 91.098$,$p < 0.001$,$\eta^2 = 0.375$。在高信任条件下,被试比低信任条件下的被试更多地信任下属($M_{高信任} = 5.282$,$M_{低信任} = 3.452$)。总之,被试体验到的风险和信任与所接受的实验处理方向一致,说明实验操作有效。

12.4.2 描述性统计

对四种实验处理条件下的结果进行描述统计,包括均值、标准差、相关系数及内部一致性系数，具体结果见表 12-2 和表 12-3。

表 12-2 变量的描述性统计 （N=156）

变量	M	SD	1	2	3	4	5	6
1. 权力距离	3.241	1.128	(0.745)					
2. 风险知觉[a]	0.500	0.502	0.162*	1				
3. 下属信任[b]	0.500	0.502	−0.130	0.070	1			
4. 决策参与	5.253	1.039	−0.490**	−0.269**	0.314**	(0.860)		
5. 信息分享	5.589	0.929	−0.301**	−0.160*	0.321**	0.518**	(0.836)	
6. 帮助指导	5.847	0.791	−0.360**	−0.013	0.272**	0.481**	0.671**	(0.948)

注：括号里的数字是内部一致性系数。[a]0=高风险，1=低风险；[b]0=高信任，1=低信任。 $* p < 0.05$， $** p < 0.01$。

表 12-3 四种实验处理下因变量的平均数对照表 （N=156）

风险	信任	决策参与		信息分享		帮助指导	
		M	SD	M	SD	M	SD
高风险	高信任	5.359	0.568	5.754	0.760	6.138	0.629
	低信任	4.316	1.111	5.013	1.041	5.599	0.993
低风险	高信任	5.874	0.715	5.821	0.578	5.895	0.570
	低信任	5.464	0.989	5.767	1.032	5.754	0.829

12.4.3 领导的下属信任与风险知觉的主效应以及交互作用分析

由于各因变量（决策参与、信息分享、帮助指导）之间显著相关，所以首先通过 MANVOA 多元方差分析，对实验假设进行检验。多元方差分析的检验统计量通常用 Wilks 的 "Λ"，得到精确的 F 值。首先考虑全模型，表 12-4 所示结果表明，领导的风险知觉和下属信任的主效应和交互效应显著。进一步采用一元方差分析（post hoc univariate ANOVAs）来对实验假设进行检验，结果见表 12-5。

表 12 - 4　　　　对领导的风险知觉与下属信任的多元方差分析的结果（全模型）

	Λ	F	df	p
风险知觉（A）	0.714	20.036	3.000	0.000
下属信任（B）	0.846	9.089	3.000	0.000
A * B	0.949	2.680	3.000	0.049

注：* p < 0.05，** p < 0.01。

表 12 - 5　　　　　　　　各因变量的变异分解与比较

变量	df	决策参与		信息分享		帮助指导	
		MS	η^2	MS	η^2	MS	η^2
风险知觉（A）	1	26.950	0.189	6.564	0.053	0.074	0.001
下属信任（B）	1	20.584	0.151	6.160	0.050	4.498	0.047
A * B	1	3.900	0.033	4.619	0.038	1.542	0.017

　　高信任条件下，领导的决策参与行为显著高于低信任条件下的领导（$M_{高信任}$ = 5.617，$M_{低信任}$ = 4.89，$F(1, 152)$ = 27.032，$p < 0.001$，η^2 = 0.151）；高信任条件下，领导的信息分享行为显著高于低信任条件下的领导（$M_{高信任}$ = 5.788，$M_{低信任}$ = 5.390，$F(1, 152)$ = 8.049，$p < 0.01$，η^2 = 0.050）；高信任条件下，领导的帮助指导行为显著高于低信任条件下的领导（$M_{高信任}$ = 6.016，$M_{低信任}$ = 5.677，$F(1, 152)$ = 7.524，$p < 0.01$，η^2 = 0.047）。即领导对下属的高信任导致更多的决策参与、信息分享和帮助指导等授权行为。

　　高风险条件下，领导的下属决策参与显著低于低风险条件下的领导（$M_{高风险}$ = 4.838，$M_{低风险}$ = 5.669，$F(1, 152)$ = 35.392，$p < 0.001$，η^2 = 0.189）；领导的信息分享显著低于低风险条件下的领导（$M_{高风险}$ = 5.384，$M_{低风险}$ = 5.794，$F(1, 152)$ = 8.577，$p < 0.01$，η^2 = 0.053）。而高风险时领导对下属的帮助指导与低风险条件下的领导没有显著差异（$M_{高风险}$ = 5.868，$M_{低风险}$ = 5.827，$F(1, 152)$ = 0.124，$p = 0.725$，ns）。

　　领导的下属信任与风险知觉的交互作用效应分析结果表明，仅仅是在参与决策（F = 5.122，p = 0.025）和信息分享行为（F = 6.036，p = 0.015）

上，领导的下属信任与风险知觉的交互效应显著（见图 12 - 2 和图 12 - 3），
而领导的下属信任与风险知觉对于帮助指导的交互作用不显著（F = 2.580，
p = 0.110，ns）。

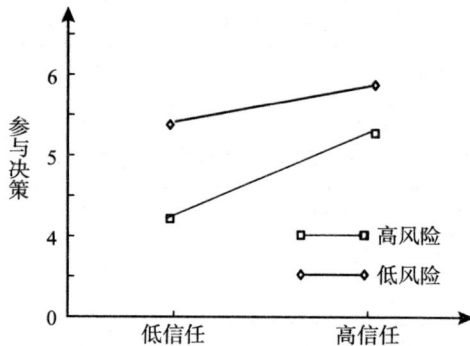

图 12 - 2　领导的下属信任与风险知觉的交互作用

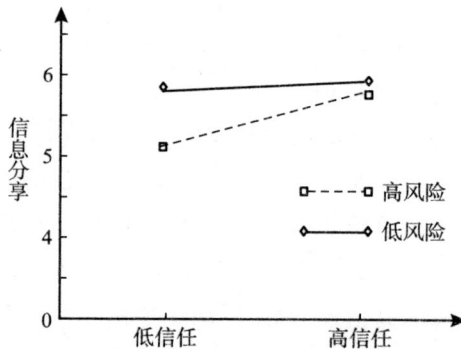

图 12 - 3　领导的下属信任与风险知觉的交互作用

　　对于领导的下属信任与风险知觉对参与决策的交互作用进一步用 MANOVA
做简单效应分析，在高风险时，高信任时领导的下属决策参与显著高于
低信任时的领导（$M_{高信任} = 5.359$，$M_{低信任} = 4.316$，$F(1, 153) = 22.73$，
$p < 0.001$）。在低风险时，信任高低对领导的下属决策参与没有显著的影响
（$M_{高信任} = 5.874$，$M_{低信任} = 5.464$，$F(1, 153) = 3.52$，$p = 0.063$，ns）。对于
领导的下属信任与风险知觉对信息分享的交互作用进一步用 MANOVA 做简单
效应分析，在高风险时，高信任时领导的信息分享极其显著地高于低信任时

的领导（$M_{高信任}=5.754$，$M_{低信任}=5.013$，$F(1, 153)=13.35$，$p<001$）。在低风险时，信任高低对领导的信息分享没有显著的影响（$M_{高信任}=5.821$，$M_{低信任}=5.767$，$F(1, 153)=0.07$，$p=0.793$，ns）。

12.4.4 领导权力距离感的主效应及与下属信任的交互作用分析

为了检验领导对于下属的信任与权力距离感的交互作用的假设，我们进行了层次回归。第一步同时加入下属信任和权力距离感两个自变量，第二步加入了下属信任与领导权力距离感的二向交互项。结果如表 12 - 6 所示，领导的权力距离感在授权行为的决策参与（$\beta=-0.443$，$p<0.001$）、信息分享（$\beta=-0.272$，$p<0.01$）和帮助指导（$\beta=-0.333$，$p<0.001$）三个维度上均有显著的主效应。领导的权力距离感越高，其授权行为越少。另外，领导的下属信任与权力距离感对于决策参与（$\beta=-0.247$，$p<0.001$）、信息分享（$\beta=-0.159$，$p<0.05$）和帮助指导（$\beta=-0.150$，$p<0.05$）三个维度授权行为的交互作用显著。为了进一步阐明二向交互项的影响效应，我们采用中位数划分（median split）的方法，将被试分成高权力距离组和低权力距离组。如图 12 - 4、图 12 - 5 和图 12 - 6 所示，高权力距离时，高信任时领导的决策参与（$M_{高信任}=5.396$，$M_{低信任}=4.406$，$F(1, 153)=26.86$，

表 12 - 6　　领导的授权行为对下属信任和权力距离感的层次回归

自变量		因变量		
		决策参与	信息分享	帮助指导
第一步：	下属信任[a]	- 0.274***	- 0.167*	- 0.158*
	权力距离感	- 0.443***	- 0.272**	- 0.333***
第二步：	下属信任×权力距离感	- 0.247***	- 0.159*	- 0.150*
	R^2	0.372***	0.142*	0.175*

注：$*p<0.05$，$**p<0.01$，$***p<0.001$。[a]0 = 高信任，1 = 低信任。在信任程度中取高信任为参照类。

p < 0.001)、信息分享（$M_{高信任}$ = 5.738，$M_{低信任}$ = 5.065，$F(1，153)$ = 13.43，
p < 0.001）和帮助指导（$M_{高信任}$ = 5.883，$M_{低信任}$ = 5.454，$F(1，153)$ = 8.07，
p < 0.01）都显著高于低信任时的领导。低权力距离时，信任高低对领导的决
策参与（$M_{高信任}$ = 5.740，$M_{低信任}$ = 5.551，$F(1，153)$ = 2.43，p = 0.121，ns）、
信息分享（$M_{高信任}$ = 5.815，$M_{低信任}$ = 5.833，$F(1，153)$ = 0.10，p = 0.755，ns）
和帮助指导（$M_{高信任}$ = 6.091，$M_{低信任}$ = 5.981，$F(1，153)$ = 1.10，p = 0.296，
ns）没有显著影响。

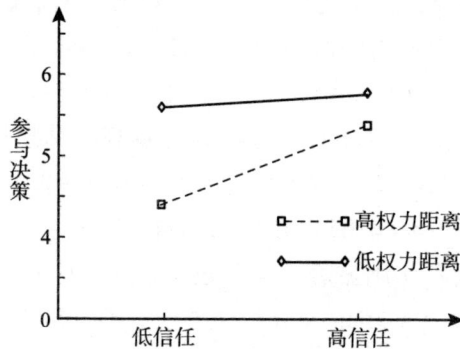

图 12 - 4　领导的下属信任与权力距离感的交互作用

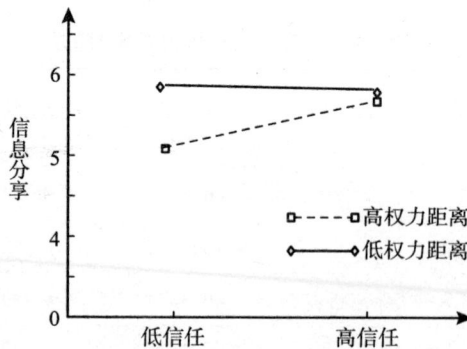

图 12 - 5　领导的下属信任与权力距离感的交互作用

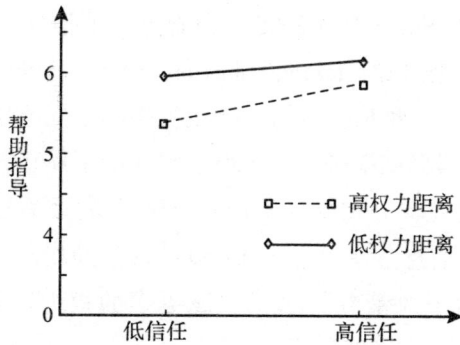

图 12 - 6　领导的下属信任与权力距离感的交互作用

12.5　分析与讨论

12.5.1　下属信任对于领导授权行为的作用

本研究从信任行为视角出发，探讨了领导的授权行为与领导对下属的信任之间的关系，以及风险知觉和权力距离在其中的影响作用。虽然 Boren（1994）指出授权行为是管理者基于对下属的信任而采用各种技能提高下属能力的行为，授权行为是一种信任行为。许多研究者们都认为授权行为作为一种管理行为，要基于信任的基础之上。从信任角度分析，授权行为作为一种信任行为，受到领导对下属信任水平的影响。但是信任作为一种心理状态，不同于信任行为，两者之间存在着差异。对于信任与授权行为之间的联系还缺乏实证的支持。本研究通过情境实验方法探讨了信任与授权行为不同维度之间的关系。实验结果支持了 Mayer（1995）所提出的信任作为一种心理状态影响管理者的授权行为的理论观点。同时，本研究也进一步验证了 Serva 等（2005）信任与授权行为强相关的研究结果。缺乏信任导致更多的监控。信任导致更多地授权行为。本研究结果证实了，信任与授权行为之间正相关关系，即领导的下属信任水平越高，对下属采取的授权行为越多，包括决策参与、信息分享和帮助指导三个维度。并且本研究也呼应了 Johnson - George

与 Swap（1982）以及 Serva 等（2005）的观点，即信任行为是有差异的。信任是某些风险承担行为（risk-taking behaviors）的显著预测变量，但不是所有的风险承担行为。作为一种信任行为，授权行为的不同维度虽然均受到信任水平的影响，但是实证研究结果进一步发现了领导的下属信任对于不同维度的授权行为影响作用所有差异，领导的下属信任对于决策参与行为（$\eta^2 = 0.151$）的影响作用大于对于信息分享（$\eta^2 = 0.050$）和帮助指导（$\eta^2 = 0.047$）的影响效应。这可能是由于决策参与赋予下属更多的权力，其承担的风险更大，因此需要对于下属更高水平的信任。

12.5.2 风险知觉与权力距离感对领导授权行为的作用

风险知觉和权力距离与授权行为密切相关。作为一种信任行为，领导的授权行为除了与信任相关之外，还可能受到风险知觉以及权力距离大小的影响作用。本研究结果表明，领导的风险知觉仅与决策参与和信息分享行为显著负相关，而且与领导的下属信任交互作用显著；但是领导的风险知觉与指导行为相关不显著。这可能是由于决策参与和信息分享相比较起帮助指导行为而言，将使得领导承担的风险更大，而信任水平影响着风险承担的意愿，因此领导对下属的信任水平的高低正向影响领导对下属的决策参与及信息分享行为。同时，研究还发现，在高风险条件时，领导的下属信任水平与下属决策参与及信息分享行为显著相关，但是低风险条件时，信任高低对授权行为的影响不显著，即高风险条件时，领导采取授权行为更需要对下属的信任，尤其是对于承担风险更大的授权行为，如决策参与和信息分享。此外，本研究结果还发现领导的权力距离负向影响授权行为的三个维度。这一结果支持了 Kirkman 等（2001）的观点，高权力距离的领导可能产生对于下属自我管理的抵制，高权力距离的领导更不愿意授权，包括下属决策参与、信息分享和帮助指导。这可能是由于高权力距离的领导得强调上下级之间地位和权力的差异，由于其将权力作为一种地位的象征，对于权力更为重视，因此不愿将权力给下属分享，而信息分享和帮助指导可能是一种对于未来的可能威胁，下属的成长可能意味着对其权力地位构成的一种竞争。本研究还进一步发现，领导的权力距离作为个体的一种内在特征，影响着领导的下属信任与授权行为之间的关系，高权力距离的领导，对于下属的决策参与、信息分享和指导等授权行为更需要对于下属的信任。这也从另一个方面说明了，高权力距离者不愿意授权，更可能是担心权力的丧失，其授权的前提是对于下属的信任，即相信下属未来会做出对自己有益至少是无害的行为。

12.6　结　　语

本研究通过情境实验方法对领导的下属信任、风险知觉及权力距离感与授权行为之间的关系进行了实证研究。具体来说，采用 2（风险）×2（信任）的情境实验探讨了领导的下属信任、风险知觉与权力距离感对于不同维度授权行为的影响作用，以及风险知觉和权力距离感对于领导授权行为的调节效应。主要得到如下结论：领导的下属信任正向影响授权行为，包括决策参与、信息分享和帮助指导行为，并且信任对于决策参与的影响作用更大。领导的风险知觉仅与决策参与和信息分享行为显著负相关，而且与领导的下属信任交互作用显著。风险知觉较高时，领导的下属信任显著影响决策参与和信息分享行为；而风险知觉较低时，领导的下属信任的高低对决策参与和信息分享行为没有显著影响。领导的权力距离负向影响授权行为的三个维度，而且与领导的下属信任交互作用显著。高权力距离时，领导的下属信任显著影响决策参与、信息分享和帮助指导行为；低权力距离时，领导的下属信任水平高低对决策参与、信息分享和帮助指导行为均没有显著影响。

13 家庭友好人力资源实践的
问题与应对策略

随着全球竞争的加剧和信息技术的发展，"朝九晚五"或"八小时工作"的工作时间安排已被打破，加班已经成为许多员工的常态。而基于互联网的 Web2.0 环境使得工作的时间和空间不再受约束，工作和家庭开始相互渗透，员工已经难以在工作和家庭生活之间划下明确的物理和心理边界（Mesmer - Magnus et al.，2006）。另外，随着女性进入职场、双收入家庭的普遍存在，"男主外女主内"的传统家庭角色分工受到挑战。男性和女性都承担着工作和家庭的角色，都在奋力挣扎以兼顾满足工作和家庭责任。工作—家庭冲突已经成为职场人面临的突出问题，对个人、家庭和组织都可能产生负面的影响（Davis & Kalleberg，2006）。当代员工渴望工作和生活都能参与，工作不是生活的全部，要实现快乐工作和快乐生活，渴望高质量的工作生活。在这一背景下，如何帮助员工实现工作—生活平衡已成为企业人力资源管理的一个重要问题。基于人本主义视角，关注员工的工作和生活，帮助员工达到工作和家庭相互促进的积极溢出效应，已经成为人力资源管理提高企业竞争优势的一种重要途径（Kreiner et al.，2009）。因此，许多企业提出了家庭友好人力资源政策和实践，如灵活工作时间、远程办公、职场托儿中心等，旨在支持员工履行家庭角色应承担的职责，减少员工的缺席和离职，提高员工的工作满意度和工作绩效。

13.1 家庭友好人力资源实践的内容与影响①

13.1.1 家庭友好人力资源实践的内容

Ngo 等（2009）提出，家庭友好人力资源实践（family-friendly human resource practice）是企业设计用以帮助员工管理工作和私人生活需求的政策和项目。也有研究者用其他的一些概念表述，如家庭友好雇用实践（family-friendly employment practices）（Davis et al.，2006）、家庭友好支持（family-

---

① 部分内容参见：韦慧民，潘清泉. 家庭友好人力资源实践的问题与应对策略［J］. 中国人力资源开发，2012（1）。

friendly supports）（Hammer et al.，2005）、家庭友好项目（family-friendly pro-grams）（Wang et al.，2007）等。实际上，这些概念的内涵都是企业采取的人力资源管理方式，旨在解决员工的工作—生活冲突，对员工家庭生活角色提供一定的支持，以应对当代员工工作和家庭生活领域相互渗透、密切联系的现状。因此，笔者在此统一称为家庭友好人力资源实践。

家庭友好人力资源实践的内容通常包括灵活工作时间、远程办公或在家办公、休假政策、老人或儿童护理以及生活咨询服务等。

第一，灵活工作时间。灵活工作时间是最普遍的一种家庭友好人力资源实践。灵活工作时间就是允许员工对于什么时候工作有一定的控制权，而不是完全由企业限定。灵活工作时间给员工在工作的时间安排上有一定的自主权，希望借以帮助员工协调好工作与家庭生活，避免工作—家庭冲突。如日本东芝公司为员工提供了灵活的工作时间选择，公司指出，"我们的商业需要运作，不可能给员工提供无限的灵活性，但是我们在上下班时间上给予员工自己调整的机会。"员工也认为，"我下班以后，能与孩子一起分享快乐时光，在孩子睡觉后，我可以用电脑继续工作。这种灵活的工作安排可以兼顾工作和孩子。"

第二，远程办公。高科技的发展使得很多员工在家里或公司外的任何地方都能工作。美国 IBM 公司指出，员工不一定非要到办公室上班，他们的公司有 40% 的员工不在公司坐班。在家办公可以免去了浪费在路上的时间和金钱，同时还可以照顾家庭。正是如此，使用远程通信进行工作的员工越来越多。

第三，休假政策。除了政府规定的休假政策之外，有些企业为了更好地照顾员工的工作和家庭生活平衡，增加了一些特色的休假政策。如日本东芝公司为已为人父母的员工提供父母休假制度和额外假日规定。父母休假制度是公司规定员工可以在他们的子女五岁以前享受 3 个月的父母休假；额外假日制度是指父母可以选择每年 30 天的休假，在这 30 天中他们的收入只比平时上班时略少一点。

第四，护理服务。帮助员工照顾孩子或者老人，使员工能够更好地集中注意力到工作上，包括提供职场托儿中心、老人照顾援助、提供孩子或者老人照顾的经济补助、社区日托护理相关信息提供等。如有些企业就对那些为

人父母的员工给予更多的照顾，特别是那些孩子还小的年轻父母，帮助员工
支付部分子女幼儿园费用、对需要照顾家里年长亲人的员工给予适当的宽松
政策等措施，都能使员工工作更加愉快。

总的来说，家庭友好人力资源实践的内容很多，而其实施有效性的基础
就是企业要树立尊重员工家庭生活的价值观，包括取消性别歧视、倡导家庭
工作的同等重要性、鼓励员工热爱家庭生活等（张丽珂，2010）。

13.1.2 影响

工作倦怠、工作压力已经成为职场人不得不面对的问题，职场人的亚健
康状态已非常普遍。"家庭是每个人心灵的避风港"，保持工作—家庭平衡是
员工复原力的一个重要来源。但现实情况是，职场人的工作—生活冲突问题
日益突出，由于工作和家庭生活之间的冲突带来了许多负面的影响，包括个
人的身体和心理健康问题，父母角色职责不能很好履行，由于缺席、怠工等
带来的工作绩效下降、离职等（Mesmer - Magnus et al.，2006）。正是在这样
的背景下，企业不再当员工的"私人生活仅仅是他自己的事"，而是开始关
注员工家庭生活与工作之间的紧密联系。

家庭友好人力资源实践的提出就是企业应对这一发展趋势的反应。家庭
友好人力资源实践在一定程度上可以降低工作和家庭要求之间的冲突，减少
旷工、病假、离职等行为（Glass & Finley，2002），可以改善员工对于工作的
态度和行为，如提高工作动机、组织承诺、工作满意度以及工作绩效等。另
外，家庭友好人力资源实践向现有和潜在的员工提供了一种有关企业的价值
观和管理哲学的信息，影响他们对于该企业的知觉。家庭友好人力资源实践
强调了企业和领导对于员工非工作的关注程度，特别是当企业自愿实施而不
是政府或者法规强制要求的时候，员工会感觉受到了特别的友好待遇，享受
了企业特有的福利。这将有助于企业形象的积极提升，提高企业招募和保留
企业所需人才的能力（Hammer et al.，2005）。

在当前，人才流失较为严重的背景下，企业为提高员工的忠诚度与敬业
度，迫切需要关心员工，帮助员工实现高质量工作生活，达到工作和生活的
平衡。调查发现，员工评价最佳雇主的一个重要标准就是企业是否关心员

工的工作—家庭平衡。家庭友好人力资源实践即是企业对此需求的一种积极响应。

13.2 家庭友好人力资源实践的常见问题

为了帮助员工达到工作和家庭生活之间的一个平衡状态，许多家庭友好人力资源实践被引入到企业的人力资源管理活动中。虽然这些家庭友好实践在一定程度上改善员工的工作态度、工作效率，更好地吸引和保留员工，但是有些实施效果并不如愿，并非所有的家庭友好人力资源实践都带来积极的效果。其中可能出现的具体问题表现为以下几个方面。

13.2.1 实施过程中的差别待遇

有些企业虽然有家庭友好人力资源实践，但是并非所有的员工都有同等的权利享受企业提供的这一待遇。如企业的中高层管理者可能更多地享有灵活工作时间安排，可以不受上下班打卡的限制。但实际上年龄较大的女性员工可能更需要家庭友好人力资源实践的支持（Perry – Smith & Blum，2000）。Konrad 等（2000）就指出，企业中的女性员工和专业人士比例较高时，家庭友好人力资源实践更有助于提高企业生产率。由于家庭友好人力资源实践实施过程中的差别待遇可能带来一种受歧视的感觉，产生更大的负面作用，甚至导致不同群体关系的对立。

13.2.2 员工个体差异带来的评价差异

员工可能并不总是认识到家庭友好人力资源实践的好处。如个体在对待工作和家庭领域整合程度上的偏好有很大的不同（Kreiner et al.，2009）。偏好分割的人更倾向于工作和生活的分离，对于企业采取的家庭友好人力资源实践可能并不认同，甚至可能觉得这是对员工私人生活的过多干预。另外，Hammer 等（2011）发现，管理者采取的家庭友好支持行为只是对于有高度家庭和工作冲突的员工才产生积极的效果，而对于家庭和工作冲突不明显的员工反而带来负面的影响。企业在面对多样化员工的个体差异时，采取的家庭友好人力资源实践可能会带来不同的反应。

13.2.3　灵活性可能带来的非预期损失

企业采取灵活工作时间本意是为了帮助员工协调工作和家庭生活，但是这种灵活性可能并没有带来积极的效果。有关在家办公的研究发现，在家办公人员体验到更大的工作—家庭冲突（Glen et al.，2009）。在家办公员工由于工作和家庭领域的相互渗透更容易、更便捷，导致工作干扰家庭生活，同时家庭也妨碍工作的进展。

13.2.4　员工对于企业家庭友好人力资源实践的疑虑

员工对所在企业实施的家庭友好人力资源实践项目可能会心有顾忌而影响实践项目的具体实施效果。如员工可能担心因为家庭事情休假，带来年终对于自己工作绩效的负面评价，从而不敢用这一实践政策，致使家庭友好人力资源管理如镜中花水中月，可看却不能用。

13.3　家庭友好人力资源实践效果提升的应对策略

家庭友好人力资源实践是企业人力资源管理对于员工"高水平工作生活质量"追求的一种响应，其追求的价值目标是提升员工的工作态度和工作行为，减少工作—家庭冲突、缺席、离职等。但是企业人力资源管理在实施家庭友好实践项目中，可能会遇到种种问题，如果没有针对性地采取相应的保障措施作为支撑，其效果可能并不尽如人意。为了提高家庭友好人力资源实施的效果，企业还需采取一定的支持保障措施，以应对实施过程中可能产生的问题。为此，笔者提出如图 13 - 1 所示的家庭友好人力资源实践的整合模型。

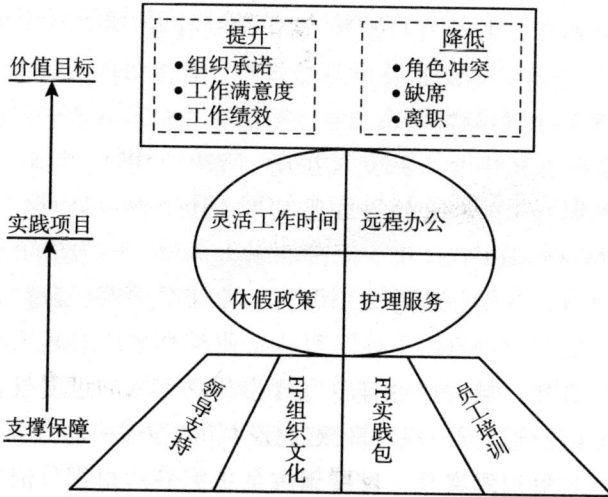

图 13-1　家庭友好人力资源实践的整合模型

（1）领导的支持。

领导的管理价值观是决定家庭友好人力资源实践的一个重要因素（Wang et al.，2007）。企业领导，特别是高层领导常被员工看作是企业的代理人。领导对于员工工作—家庭问题的态度反映了企业的一种管理价值观，在很大程度上影响了领导对于家庭友好实践的支持。如果企业高层领导认为关心员工的家庭生活是现代企业的一种社会责任，而且家庭友好人力资源实践也有助于组织目标的更好实现，就更有可能提供实践所需要的相关资源，保障家庭友好实践的实施效果。如领导认为员工私人生活是他自己的事情，与企业无关，只是由于国家政策的相关规定必须制定相应的企业政策，那么这种外加强制性的政策是无法得到员工真正认可的。而如果领导能积极主动地展示出自己对于员工生活的关心，提供家庭友好人力资源管理实践帮助员工平衡工作和家庭生活。员工对此知觉到是企业自愿行为，真诚关心自己，会对组织做出更多的贡献作为回报，最终实现工作和家庭生活相互促进。如美国庄臣公司规定领导不得在每天早上的 9：30 分和下午 5 点之后召集下属开会，以便员工能有时间接送孩子上下学。麦当劳公司举办员工欢乐夜，会邀请员工及其家属作为贵宾参加，领导要充当服务员，为参加欢乐夜的员工及其家属提供服务，呈上亲手制作的汉堡和鸡翅。领导的这些人性化的规定和亲力亲为的做法，就为员工提供了真实可信的榜样，传递了对于员工家庭生活的真诚关注。

（2）营造家庭友好组织文化。

家庭友好组织文化指的是组织成员的一种集体知觉，反映了企业对于整合员工的工作和家庭生活的支持与重视程度（Thompson et al.，1999）。企业提供家庭友好人力资源实践并不一定会让员工认可，因为当企业缺乏相关文化的时候，如享有这些福利的员工年终绩效考评都很差，会被员工认为这是企业应付政府规定的一种表面工作。有些企业具有将长时间工作看作是员工对企业承诺高的文化，员工就会有压力要避开对家庭的过多投入，否则可能影响晋升或者薪酬待遇。这一结果可能比没有家庭友好人力资源实践还要差。因此，营造家庭友好组织文化，发展尊重员工家庭的组织价值观，员工与企业形成互信关系，让员工相信家庭友好人力资源实践是可信的，不会为此带来负面的影响，这是员工敢于运用企业提供家庭友好人力资源实践的基础。如宝洁公司实施的"宝洁员工家庭同乐日"活动，邀请员工家属到公司参观和举办聚会活动，旨在感谢支持员工工作的家属们，让员工家属通过活动了解公司，感觉就像一个大家庭。这样的活动一方面可以获取员工家属对于员工工作的更大支持，另一方面传达了公司的理念和价值观，即工作和家庭是相互促进的，保持工作和家庭的协调是一种双赢的策略。

（3）实施家庭友好实践整合包。

家庭友好人力资源实践包括各种内容，这些内容有些是相互补充、密切联系的，通过多个实践项目的有机整合可以帮助员工更有效地管理家庭角色（Perry – Smith et al.，2000）。因此，企业在开展家庭友好人力资源实践时，为了达到更好的效果，可以考虑综合实施，实现协同效应。同时，家庭友好实践整合包的具体内容构成可以有一定的弹性和灵活性，可根据不同年龄阶段员工的特殊要求，构建更有针对性的内容。如年轻的妈妈职员可能更需要的是幼儿护理支持、一定程度的灵活工作时间。中年职员面对着上有老下有小，需要老人护理、孩子的学业和就业发展支持等。如麦当劳公司既有为全体员工提供的普遍性福利，也有特殊需求员工需要的特殊照顾。公司为员工提供大病保险、雇主责任险等，以解除员工的后顾之忧；给员工提供餐券用于请家人或朋友来麦当劳用餐。此外，还为公司员工14周岁以下的独生子女报销 50% 的医疗费，如配偶无收入或本人离异的，其所带的独生子女医药费全部报销。

（4）开展员工培训。

家庭友好人力资源实践的实施效果需要员工的合作。企业可以开展相关的员工培训指导员工更好地运用家庭友好实践政策。如指导员工关注由于灵活工作时间、在家办公享受自由所可能带来的损失，学会在工作和家庭领域之间构建适度的边界，指导灵活工作时间的员工学会时间管理，远程办公的员工学会为工作构建适度的空间区域，以免工作和生活过度重叠而导致相互妨碍。另外，可以培训员工的情感管理技能、人际关系和婚姻关系知识，实现工作—家庭人际资本化，与家人分享工作中的积极和快乐，对家人能做出积极的回应，使得家庭关系更变得更为密切。让这种积极的家庭情感扩散到工作，提高工作的热情。再者，进行企业文化培训和制度培训，通过培训让员工明确企业实施家庭友好人力资源实践是企业对于员工家庭生活的关心，员工应该回报企业以更好的工作绩效，从而形成双方的一种心理契约，如违背会带来预先制度规定的惩罚，以尽可能减少员工可能的投机行为。

14 工作与家庭边界模糊化下的
人力资源管理及其启示

　　员工的工作与家庭边界模糊化策略推动企业人力资源管理的同时也引发了人力资源管理的新困境。本章在分析工作与家庭边界模糊化背景下企业人力资源管理的优势与危机的基础上，剖析了促进工作与家庭边界模糊化的双重驱动力，并分别从企业和员工层面提出了基于边界管理视角的危机对策。

14.1　引　言[①]

　　在企业现代化的发展进程中，员工的家庭生活与其所承担的工作之间的相互影响日益凸显。在这一背景下，许多企业采取将员工的工作和家庭边界模糊化的管理对策，如远程办公、弹性工作制等。科技的进步和信息技术的发展使得这一模糊化策略得到了极大的推进。员工借助于现代技术突破时间和空间的约束，在家工作，将工作渗透入家庭生活；同时，也可以在工作时间与地点借助于新媒体与他人或外部环境进行双向交流，从事与工作无关的事情，如网络聊天、发微博甚至网络购物，发展起了虚拟化的沟通方式和生活模式，将家庭生活不知不觉渗透到工作中。可以说，当前环境下员工已经很难在工作和家庭间刻画出明确的物理和心理边界（Kreiner et al.，2009）。但是需要特别关注的是，这种模糊化工作和家庭边界的人力资源管理策略原本期望帮助员工兼顾工作和家庭生活，提高员工的工作生活质量以及组织绩效的目的并没有完全达到。由于过度融合了员工的工作和家庭角色，导致角色之间的相互干扰，员工的角色绩效表现不尽如人意。对此，一些企业开始走向另一个极端，如采取强制手段切断员工的互联网联系、禁止员工上班时间收网购的快件等。虽然企业有较大的权力控制员工的工作和生活边界，但是完全融合或者分割的做法显然并不能解决现实问题。工作和家庭边界关系管理不当引发的多角色冲突使得员工出现了焦虑、超负荷等影响心理健康的问题。对于Web2.0等现代技术的疏与导还可能引发员工对企业管理的抵触等。企业人力资源管理在这种特殊的环境下，面对上述问题与危机，

---

　　① 部分内容参见：潘清泉，韦慧民. 企业人力资源管理危机与对策——基于工作与家庭边界模糊化视角分析［J］. 中国人力资源开发，2013（7）。

如何应对新形势的变化，顺势而为，提升企业人力资源管理的实效，已经成为企业人力资源管理面临的一个新的重要课题。

14.2 工作与家庭边界模糊化带来的企业人力资源管理优势与危机

14.2.1 工作与家庭边界模糊化策略对企业人力资源管理的推动

当前背景下，关心员工的家庭生活已经成为现代企业的一种社会责任。为了帮助员工兼顾工作与家庭角色的双重责任，越来越多的企业采取了工作与家庭边界模糊化策略。正如 Stroh（2005）所说的，"要更好地理解有关于工作和生活融合的方式，必须找到一种手段来达到工作和家庭的平衡。"如有企业采取远程办公、灵活工作时间、企业健身中心、育儿中心等等。Web2.0 完全改变了 Web1.0 单一的发布和传播的功能，员工可以在任何时间、任何地方进行工作。他们不用待在一个特定的物理工作场所，在家或在办公室外的第三空间办公都成为可能。许多员工对灵活工作时间安排感觉到很满意，认为这种模糊化策略有助于自己灵活的安排工作和家庭生活，实现双赢。

有些企业基于"公司社区化"发展的视角，将员工的家庭生活与工作尽可能有机地联系起来，不再将员工与企业之间的关系定位为纯经济交换，而是努力构建起高质量的社会交换关系，关心员工家庭生活，实现员工家庭生活对于工作角色的积极推动效应。为此，企业可以借助于基于 Web2.0 的互联网双向沟通与传播平台，通过网络转播、网络视频与博客等方式促进管理者与下属、员工之间的多渠道双向互动交流与沟通，不仅交流工作、还包括家庭和情感等内容，这种方式超越了时间和空间的约束，使得彼此更多更便捷地为对方所接触，了解彼此想法等。这一方式为员工之间的情感交流和资源共享提供了一个很好的平台，有利于提高员工的凝聚力，降低员工的流失率。这也是企业改善人力资源管理实效，突出人性化管理的有益尝试。

由于工作和家庭通常被认为是职场人所担负的最重要的两种角色。如果职场人能够很好地解决这一问题，就能实现"工作—家庭之间的平衡"，满足员工高水平"工作生活质量"的追求（Hecht & Allen，2009）。工作和家庭边界模糊化的策略就是为了帮助员工解决这种冲突。从管理实践来看，这一策略确实帮助员工在需要的时候能够较为方便地从一个角色转向另一个角色，减轻了工作和家庭角色冲突，实现工作和家庭平衡。

14.2.2 工作与家庭边界模糊化策略引发的企业人力资源管理危机

工作和家庭边界模糊化策略在推动企业人力资源管理的同时，也引发了企业人力资源管理的一些新困境。

（1）对于企业而言。

Web2.0 等现代技术在帮助员工融合工作和家庭边界的同时，如果没有很好地运用，也可能为企业带来负面效应。Web2.0 环境带来了信息传递与获取的革命。在 Web2.0 环境下每个人都可以成为信息传递的主导，而且双向多主体之间的传递方式使得传递速度加快。但是，有关危机管理的研究发现，激烈竞争环境下的企业面临的一个重要危机就是信息危机。Web2.0 环境下公司的机密较容易在不经意间被泄漏。并且有时企业内部员工在互联网上不恰当地信息发布，如企业的裁员计划等，也可能导致企业面临声誉损害等风险。另外，Web2.0 环境为员工提供了一个发表意见和想法的平台，而不只是被动地接受企业发布的信息。这在提供便利让企业获取员工真实想法和意见的同时，也可能带来负面的问题。部分员工对企业管理的不满情绪和不当想法的任意公开宣泄，可能会在 Web2.0 环境下形成一种负面观点的极化，引导社会公众或者企业内部成员产生一种有偏差的极端化观点，对企业管理产生难以控制的不良影响。

（2）对于员工个体而言。

家庭是一个人心灵的避风港，保持工作—家庭之间的平衡是提高个体复原力的一个重要手段。然而，工作和家庭边界模糊化背景下企业员工的工作和家庭角色可能相互妨碍，导致冲突问题更加明显，由此引发出更多的负面结果，如身体和心理健康问题，各种角色责任无法履行，工作绩效下降、家庭矛盾等等。有研究就发现，Web2.0 环境下员工自身对于互联网等各种技术的不当使用会在客观上增加工作和家庭边界渗透，引发工作—家庭角色冲突，产生更多的焦虑和注意力不集中，降低工作绩效，也可能影响员工的同事关系，影响企业效益（Hammer et al.，2005）。有关模糊工作和家庭边界的研究表明，基于企业安排的在家办公或者远程办公的员工有着更多的工作—家庭冲突问题和体验；把工作带入家庭的个体以及使用网络在家办公的员工会体验到更高水平的工作和家庭相互干扰（Chesley，2005）。因为家庭办公更容易造成工作和家庭领域的相互渗透，使得两者之间彼此妨碍，既影响家庭生活质量，也影响工作效率。此外，Bulger 等（2007）研究指出，把私人事务带入工作，企业员工可能容易转移注意力，因为这些事情可能比较简单，可以在很短的时间内很快地处理完毕。对此，个体通常不会感觉到将非工作带入工作会影响工作绩效。而与此形成对比的是，当工作渗透进入到家庭时，员工会体验到更多的工作对家庭冲击，严重影响员工及其家庭成员对于和谐生活的体验（Hecht et al.，2009）。可见，工作和家庭边界模糊化策略可能对员工的工作和家庭生活均带来非预期的负面影响。并且员工在判断边界模糊化影响作用中还普遍存在一种倾向，即工作妨碍家庭要高于家庭妨碍工作。这种倾向使得员工对企业禁止员工在工作时间从事私人事务的规定不理解甚至抵触。为此，企业人力资源管理需要特别的关注。

14.3 工作与家庭边界模糊化背景下人力资源管理危机的驱动因素

工作与家庭边界模糊化已经成为一个客观现实。但显然模糊化并非总能带来积极的效果，也可能会引发企业人力资源管理危机。理解工作与家庭边界模糊化发展背后的驱动力，是有效管理工作与家庭边界，避免过度模糊化带来人力资源管理危机的基础。

14.3.1 企业驱动力

（1）组织制度。

企业的规章制度对于员工的工作与家庭边界的模糊化程度起着重要的决定作用。企业通过制度明确员工工作的时间与方式，规定了工作边界。如企业的制度严格限定员工上班时间必须待在办公室，将使得员工为了遵守规定，必须尽可能地避免在工作时间缺席去处理私人事情，从而限制了家庭向工作的渗透，使得工作边界非常明确，员工也将难以在工作时间兼顾家庭，这将可能引发工作与家庭冲突，影响员工的工作态度和投入。另外，企业规定经常加班，将使得家庭边界非常模糊，常出现工作向家庭的渗透，出现工作对家庭的妨碍，引发员工的家庭矛盾，进而间接影响员工的工作。

（2）组织文化。

组织关于工作和家庭关系的文化也会对员工的工作与家庭边界产生很大的影响，它常常会通过一种潜移默化的方式影响员工对工作和家庭边界关系的处理。如企业虽然有着较好的家庭友好人力资源政策，但是在绩效考核或者晋升过程中则是经常加班的员工才得到更好的结果，这种组织文化将使得员工会更多地投入到工作之中，以获得更好的职业发展，甚至不惜牺牲家庭生活。这种工作与家庭边界关系的处理方式，培养了工作狂。但是，这不是企业应该追求的目标。员工过度损害家庭关系的方式带来的是职业可持续发展力的损失，导致员工个人与企业双输的结果。

（3）工作性质。

员工所从事的工作性质不同，其独特的工作特征和要求可能从开始就决定了员工的工作和家庭边界可以模糊化的程度。如自主性较强的工作，包括营销人员和远程办公人员就有较大的自主权安排自己的工作时间和工作地点，因而他们的工作和家庭的边界更为模糊。这使得员工可以兼顾工作和家庭，但是潜在问题就是可能出现工作与家庭的相互妨碍。而对于事务性和常规化的工作，如行政办公人员、服务行业员工，常常需要在固定时间待在固定工作地点，甚至禁止接听私人电话，对他们来说，工作和家庭边界可能较为清晰。这种做法从表面上似乎避免了员工的私人生活影响工作，但是强制性的分割工作与家庭边界的措施可能会引发员工的强烈的心理抵触甚至产生反生产性行为。

14.3.2 员工驱动力

（1）员工的工作和家庭角色分割/整合偏好差异。

个体在工作和家庭角色间的分割或者整合程度的偏好上可能存在着显著差异（Kreiner，2006），而这种差异可能导致他们在对待工作和家庭关系的态度和处理方式上有着显著的不同。工作和家庭角色分割偏好的人往往尽可能的分离工作和家庭生活，如果工作和家庭之间的过渡模糊或相互渗透，他们容易被过多的跨角色行为打断注意力（Chen et al.，2009），影响工作，甚至容易引发安全事件。与之相比，工作和家庭角色整合偏好的人，则倾向于将工作和家庭生活融合起来，喜欢较为灵活的工作和家庭生活相互渗透，即模糊化的工作和家庭角色边界。这类人很容易陷入工作和家庭过度整合的状态，引发工作和家庭相互干扰而不自知。

（2）员工的工作和家庭角色负担的差异。

员工在工作和家庭角色负担上有明显的差异，这种差异使得他们对企业相关政策的感受不同。有研究发现，管理者采取的灵活工作时间或职场托儿所等政策只是对于有高度家庭和工作冲突的员工才产生积极的作用，而对于没有明显工作和家庭冲突的员工不仅没有促进作用，反而起着负面影响（Hammer et al.，2011）。企业可能好心办坏事，对于后一类员工的这种模糊化边界的政策可能引发员工的抵触。具有不同工作和家庭角色负担的员工在工作和家庭边界关系的应对上也存在不同。有着较重工作和家庭角色负担的员工，更可能接受工作和家庭边界模糊化的策略。对于这类员工，如果企业提供的是工作和家庭完全分割的人力资源管理政策，容易引发他们对消极情绪，从而带来管理危机。最近雅虎公司取消在家办公政策，引发员工强烈不满事件就是对此的一个强有力证明。

（3）员工的工作和家庭角色认同差异。

角色认同指个体根据自己的角色身份来定义自我，如"我是一名中层管理者"或"我是一个母亲"。个体的强烈角色认同有助于保护该角色不受其他角色的入侵（Ashforth et al.，2000）。员工会围绕着所认同的角色刻画出"心理边界"，使得自己的角色表现更为突出，在时间和精力上也会更多地投入到该角色。而员工的工作和家庭角色认同可能表现出差异。具有强烈工作角色认同的员工会将更多的时间和精力用于工作相关的活动之中（Riketta，2005）。他们可能将工作定位高于生活，为了更好地职业发展而不惜牺牲业余生活，从而表现出更明确的工作边界和较模糊的家庭边界，如常常在家庭生活时间和地点从事工作相关的事情，下班或周末时间经常加班，但如果这类员工过分投入到工作之中会影响到家庭生活，甚至会出现时下经常发生的工作中的"猝死"现象，影响企业的最终利益。与此相反，具有强烈家庭角色认同的员工更注重高质量的家庭生活，可能表现出更明确的家庭边界和更模糊的工作边界，如在工作时间和地点从事与工作不相关的活动，在家庭生活的时候则尽力回避工作的事情。如何激励这类员工更多地投入到工作中已经成为当前企业人力资源管理的一个棘手问题。

14.4 基于有效边界管理视角的企业人力资源管理危机对策

如今员工的工作和家庭生活的边界在空间、时间和心理上都在相互渗透（Clark，2000）。面对这一背景，企业目前较多的做法是将员工的工作和家庭边界模糊化，旨在促进员工兼顾工作和家庭。但是面对着家庭生活过多影响员工工作的现象，有些企业又回归到将员工的家庭与工作边界分割的做法，如在工作时间禁止员工接入互联网以从事与工作无关的事情，或者禁止在办公时间接收网购私人用品等。但是，实践表明，工作和家庭边界模糊化或者完全清晰化的做法都可能引发企业人力资源管理的危机，包括引发员工抵触、焦虑、离职等。如何响应工作和家庭融合的现实背景，结合具体情境因素实施有效的边界管理，是企业人力资源管理避免上述危机的应对策略与思考方向。

14.4.1　企业的边界管理对策

（1）正确认识。

制度有助于企业应对人力资源管理危机。但是，制度的制定需要适应现实的需要。组织采取的模糊化员工工作与家庭边界的措施并不总能达到提高员工的组织承诺、工作满意度等积极效果，也并非制度越多越好。对此，企业必须意识到工作和家庭边界模糊化的人力资源管理策略是一把双刃剑，高度整合可能危及工作和家庭各自的完整性。为了达到工作和家庭相互促进的目的，企业在采取工作和家庭边界管理策略时，必须考虑企业和员工的具体情况，才能因地制宜。

（2）个体差异化处理方式。

企业员工在能力与偏好上均存在着显著差异，因此企业人力资源管理在对待员工当前突出的工作和家庭关系问题上应该体现出个性化的差异管理方式，而不能盲目地模糊化工作和家庭角色边界。员工的工作和家庭的分割或者整合的偏好与组织边界管理政策的匹配是进行边界管理的一个重要指导原则（Kossek et al.，2006）。偏好分割的员工在职场托儿中心这种组织整合政策的情况下会产生被侵扰的感觉，满意度较低。他们对于工作和生活的环境与时间有着自己的安排偏向。而对于企业采取的过多融合工作和家庭的人力资源管理策略持强烈的抵触态度和不适应，甚至认为这是对私人生活的过多干预。而当员工偏好整合时，如果企业强制让员工完全将工作和家庭分割开将会使员工产生更多的焦虑、工作—家庭冲突、不满意感和较大的压力。可见，只有当企业提供的人力资源管理政策或环境适应员工的分割或整合偏好时，员工才会产生更高的组织承诺，更愿意创造性地为企业做贡献。为此，企业管理者需要考虑和尊重员工的需要和个体差异，允许员工在工作和家庭分割或整合程度上有一定程度又较为合理的自主权。考虑员工的分割/整合偏好以及客观的现实需要，采取差异化、精细化的人力资源管理措施才可能达到预期的积极效果。

（3）工作与家庭领域的合理化渗透。

工作和家庭领域之间的渗透具有不对称性（Hecht & Allen，2009）。在失业率较高、工作不稳定的背景下，工作边界可能比家庭边界更强，使得工作对家庭的渗透比家庭对工作的渗透更突出。同时，企业常利用权力要求员工投入工作，即使家庭时间也常被任意地打断以适应加班工作的要求。这一问题在 Web2.0 技术环境下变得更为普遍和突出。虽然这一做法似乎会使员工能够更多地为企业做贡献，但从长远来看，让员工无条件的放弃家庭生活以适应繁忙的工作安排与要求，可能会成为企业人力资源管理危机爆发的导火索，需要企业管理者加以警惕，因为工作与家庭平衡才是员工可持续发展的强大动力源。

（4）企业组织氛围的塑造。

企业良好组织氛围形成的强环境比起强制性的控制策略更能起着一个主动影响的作用，发挥员工的自律意识。在"强环境"下，组织成员用同样的方式解释环境，对于环境中的适当行为有着普遍的理解和认同。在这样的环境下，员工对于工作和家庭边界的管理方式有着几乎一致的理解，那么，这种无形的约束力将可以发挥很强的影响作用，如知道对于工作时间应该如何正确处理私人事情等。这种边界管理方式将成为一种潜移默化的超越制度强调性规定的有效尝试。

14.4.2 个体的边界管理对策

（1）树立明确的边界管理意识。

员工为了更好地承担起工作和家庭的多个角色，也常常主动地模糊化自己的工作和家庭边界，包括工作进入家庭，家庭生活也进入了工作。如员工在家中借助于电脑和互联网继续工作；在工作时间上 QQ 聊天、网络购物等。但是，员工也必须清楚地意识到，工作和家庭边界模糊化的做法常常带来频繁的跨角色中断和跨角色时间压力，出现工作和家庭领域之间的彼此妨碍。因此，员工需要树立明确的边界管理意识，有效管理工作和家庭生活的边界融合程度，以避免不必要的工作和家庭角色之间的转换，影响了各自的角色绩效表现。

（2）主动构建适度边界。

整合工作和家庭的做法引发了人力资源管理的种种危机，企业正在采取措施进行相应的调整，但作为员工也需要进行针对性的自我控制和边界管理，主动构建适度的工作和家庭边界。当前模糊化的背景下，员工主动地分割工作和家庭，也是一种应对工作和生活冲突压力的有效方式。有些员工虽然对于企业整合工作和家庭的人力资源管理措施很乐意接受，自己经常在工作和家庭角色之间进行频繁转换，但却对这种频繁转换角色引发的工作和家庭生活负面影响而不自知。另外，在家办公人员的工作和家庭生活边界是高度模糊的，但是本人也可以通过有意识的空间和时间边界构建在利用现代技术优势进行在家办公的同时，避免不必要的工作和家庭彼此妨碍。如创造一个工作空间，进行时间管理，规定接私人电话和做家务事的时间等。通过适度的边界创建在维持工作和家庭生活之间适度联系的同时，又避免了非预期的工作和家庭生活相互干扰。

（3）兼顾工作和家庭生活以提高工作生活质量。

员工的工作和家庭边界强度可能会有所差别。如有些员工的工作角色认同度较高，他们有着较强的工作边界，但家庭边界却较弱。这些员工可能很习惯于长时间工作甚至占用过多的家庭时间去追求高绩效工作表现。虽然这些员工会自觉地加班投入工作或者在家庭中也时常思考工作的事情，但从长远看这种做法会影响到员工的家庭生活，最终会影响到员工的职业可持续发展。与此相反，有些员工的家庭角色认同较高，表现出强的家庭边界和弱的工作边界，他们在工作的时间内常常做私人的事情，如利用便利的 Web2.0 环境所提供的角色跨越条件，更多的出现家庭对于工作的渗透，从而影响到自己的工作角色绩效。因此，员工需要有意识的根据自身情况，调整工作和家庭边界管理方式，兼顾工作和家庭，才能真正实现高质量工作生活。

（4）关注必要的边界动态调整以提高适应性。

员工的工作和家庭边界的强度具有一定程度的稳定性，但是员工在经历了角色的较大改变时，如结婚、生子、离异、变换新类型的工作，他们对于所承担的工作和家庭角色的要求可能有了新变动，原有的工作边界和家庭边界关系也就需要进行必要的调整，以应对新情况。因此，员工需要根据情况的变动，进行必要的动态性调整，使得工作和家庭边界整合的程度能够适应新的工作和家庭角色的变化和要求。

15 领导风格对团队有效性的影响机制及其管理启示

领导风格对团队有效性有着重要影响，把握其影响机制有助于更深入地理解和发挥领导对团队成员行为及绩效的积极作用。本研究系统梳理了相关文献，主要关注了四种团队领导风格，即家长式领导、变革型领导、魅力型领导以及柔性领导，并对不同领导风格的关键维度及其作用机制进行了深入评价，期望借此对团队管理研究与实践有所启示。

15.1 引　　言

积极心理学家发现，人们之所以需要团队，很可能是来自于越来越大的压力和人类的本能。当代的组织已经变得非常复杂，传统的金字塔式的层级结构已不能满足市场变化的要求，因此，团队逐渐成为现代企业最基本的工作单元。团队之间的协作配合直接影响着团队有效性。在组织管理研究领域，团队有效性（team effectiveness）一直是一个倍受管理学者和实践者关注的主题（Hiller et al.，2011）。现实中，有些团队是一盘散沙，有些团队却能高效运作。影响团队有效性的因素很多，如团队组成、工作关系、组织情境等。许多研究表明，团队领导风格与公司的绩效、员工工作态度和行为正相关，因此团队有效性提高的一个重要方面就是团队领导的作用。早在19世纪，国内外许多研究者就开始探讨不同领导风格在有效性方面的差异。但是直到20世纪初，研究者才开始对领导开展实证研究。领导风格与下属行为表现的相互关系无疑是值得研究的。科技社会不断进步的今天，哪种团队领导风格更能有效发挥效能，从而提高团队有效性呢？本章主要关注4种团队领导风格：家长式领导、变革型领导、魅力型领导、柔性领导。领导者偏好的行为风格特质影响着领导有效性，例如，有学者认为在中国组织情境下变革型领导可以显著提升下属的团队有效性，但也有研究发现二者的关系并不是明显的，研究组织领导者的行为对于下属及整个组织的工作效率是非常有意义的。一方面是由于领导者的权力会影响下属和团队的工作有效性，即领导者的权利越大，他们对下属的影响力越大，领导者在群体组织中的作用是无可替代的；另一方面原因是因为团队领导风格会影响组织公民行为（organizational citizenship behavior，OCB），进而影响工作氛围和团队有效性。基于此，本研究的主要目的在于探讨不同类型领导通过下属的信任影响团队创新绩效的路径与方式，以期初步揭示团队领导风格对团队有效性的作用机制。

15.2 家长式领导风格及其影响

家长式领导（paternalistic leadership）的文化根基是以"家"为核心的中华民族文化，是由台湾大学的郑伯埙教授等人提出的。它作为一种独特的领导风格，广泛存在于华人企业之中。家长式领导风格是一种表现在人格中的、包含强烈的纪律性和权威、包含父亲般的仁慈和德行的领导行为方式。具体说来，家长式领导有三个重要维度：威权、仁慈和德行。通过家长式领导使下属表现出敬畏顺从、感恩图报和认同效法。

事实上，并非只有华人社会才存在家长式领导，它同样存在于一些具有集体主义和高权力距离文化特征的西方国家，这种领导风格使得下属愿意信任并追随着领导者，从而有利于团队有效性的提升。中国的传统思想"父为子纲"是威权领导者的思想源泉，领导者扮演一个家庭中的父亲，像管理、控制儿子一样控制下属，既让下属畏惧他的权威又激发了下属的报恩心情从而听命于领导者，对其忠诚顺从。最后，在中国传统的人治环境中，权力上位者的德行是儒家社会差序结构得以维持的基础，领导者表现出高尚的操守和品德，能够赋予处于权力低位的下属更多的安全感，让他们愿意安分守己、维持现状（张新安等，2009）。

家长式领导分为三种：威权领导行为、仁慈领导行为、德行领导行为。研究表明，不同维度的家长式领导风格对于团队有效性的作用存在着差异性，如图15-1所示。

研究表明，团队领导者的威权领导行为对于团队有效性没有显著的影响，仁慈行为和德行行为对于团队有效性有积极影响，家长式领导对员工组织公民行为有显著影响（丁琳、席酉民，2007）。具体来讲，威权领导行为在某种程度上可能会降低下属在团队中的绩效表现，引起下属的逆反心理，从而表现出对组织的不满和行为偏离。威权领导会降低下属工作的积极性，使组织间的气氛变差，最终削弱团队的整体工作有效性。威权领导是华人企业组织中特有的领导风格之一，即使经过时代迁移这种权威性仍经由一种泛家族主义的历程而普遍出现于当代华人企业组织中。

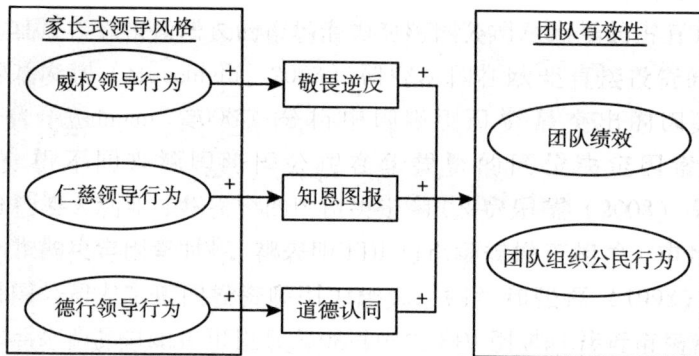

图 15 - 1   家长式领导风格对团队有效性的影响

仁慈领导通常有利于提升团队有效性，团队成员多受传统"知恩图报"价值观影响，工作中更易以组织集体利益为重，牺牲自我，努力提高团队整体有效性水平。领导者在工作中给予下属"个别体谅"（individual consideration），不仅关心员工遇到的个人问题还将这种关心扩展到私人生活，整个组织都很和谐。由此，我们给出：团队领导者的仁慈行为对团队有效性有正面的影响。

团队领导者的德行行为有可能成为团队有效性提升的催化剂。组织员工把领导者作为效仿的榜样，当他们认为领导者以身作则，光明磊落时，就会被他的优良品质感染，从而认同组织的整体价值观服从领导，为组织目标付出自己最大的努力。相反，当他们认为领导者腐败无能，不公不正时，就很可能导致整个团队的道德滑坡，从而影响领导有效性降低团队有效性。近年来，一种有别于传统垂直领导的理念产生了。Pearce（2005）指出，在领导活动中共享是有利于促进团队成员的工作积极性。

15.3   变革型领导风格及其影响

变革型领导（transformational leadership）是由政治社会学家 Burns 提出

的。该理论认为，领导者通过让员工意识到所承担任务的重要意义和责任，激发下属的高层次需要或扩展下属的需要和愿望，使下属为团队、组织和更大的政治利益超越个人利益。在这种领导模式下，组织的整体利益是大于下属的个人利益的，有利于提升组织的凝聚力。Bass 和 Avolio 的研究指出变革型领导有四个维度：领导魅力（charisma or idealizedinfluence）、愿景激励（inspirational motivation）、智能激发（intellectual stimulation）和个性化关怀（individualized consideration）。研究表明，不同维度的变革型领导风格对于团队有效性的作用存在着差异性，如图 15 - 2 所示。领导魅力激发员工的信任敬仰，愿景激励引领着组织目标，智能激发能够发掘下属的潜力，而个性关怀能促进员工洋溢着满腔的热情。

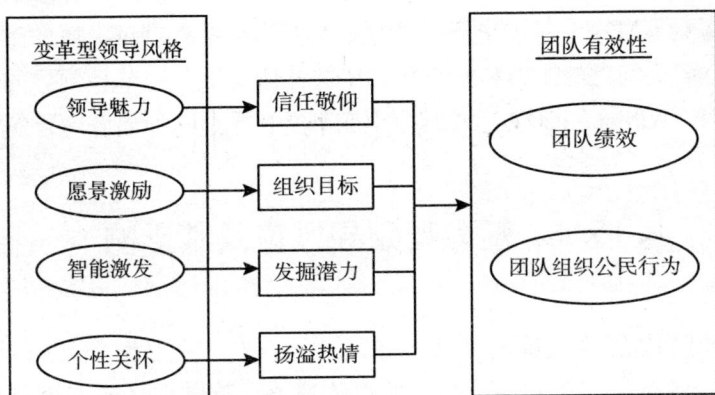

图 15 - 2　变革型领导风格对团队有效性的影响

变革型领导者倾向于把清晰的组织愿景描述给下属，妥善处理分权与授权，注重员工兴趣能力的培养，提高下属独立自主的办事能力。领导者更多的通过自己的行为表率来优化组织内成员的互动，营造一种变革创新的氛围，使组织在高效完成组织目标的过程中适时变革。德行垂范是中国特色变革型领导的宗旨，强调领导者要以德服人，以身作则。Bass 理论中的智能激发在中国组织情境中一部分归于领导魅力，另一部分则归于个性化关怀。变革型领导既发挥了领导者的指挥授权优势，又注重人文关怀，领导下属间和谐共进。

迄今为止，变革型领导对团队有效性的积极影响已得到广泛的认同，许多研究也表明变革型领导风格与员工组织公民行为有正相关关系。领导者的特质征服了下属，因此员工对领导者所产生的信任、敬仰使得他们愿意付出更多的努力。变革型领导能够激发下属对工作的内在动机和热情以及对集体愿景和目标的认可和接受（隋杨等，2012）。

　　虽然变革型领导在不同文化情境下都是有效的，但其效果的强弱还是会受到文化的影响。在中国情境下，一方面，变革型领导受到集体主义的影响，强调团队意识和组织整体目标，变革型领导者善于激发员工将自我价值观转化成团队价值观，激励下属的积极态度和行为反应。另一方面，权力距离也影响着变革型领导的有效性。Green（2003）指出，权力距离反映的是员工个体对组织中权力分配不平等情况的接受程度，员工由于心理上对权力距离和等级关系的认可，希望领导者在工作上能够给一些明确的指示或者是直接分配任务。这实际上又是与变革型领导存在冲突，因为变革型领导者看重对下属的激励，重视下属的独立解决问题的能力和创新性。在这种情况下，变革型领导的积极作用会受到削弱。William（2006）总结指出变革型领导是一种环境诱导模型。

15.4　魅力型领导风格及其影响

　　根据德国社会学大师马克斯·韦伯的定义，魅力型领导（charismatic leadership）就是"基于对一个个人的超凡神圣、英雄主义或者模范性品质的热爱以及由他揭示或者颁布的规范性形态或者命令"的权威。魅力型领导理论的内容主要包含：建立愿景，鼓动精神，支持进取。魅力型领导者有三种个人特征，即高度自信、支配他人的倾向和对自己的信念坚定不移。魅力型领导先形成组织的愿景赢得成员的信任和忠诚，从而能够带领着整个团队实现组织愿景，因为员工的信任和对组织的忠诚是一个企业发展的关键资源，魅力型领导的风格容易激发员工的这种情感。当然魅力型领导不一定是一个积极力量，时间长了，领导者周围会充斥着"唯命是从者"，组织意见失去代表性，员工也就自然的降低对组织的忠诚度从而影响自身和企业的长远发展。可见，领导信任和组织忠诚可能在魅力型领导风格与团队有效性之间起中介作用，如图15-3所示。

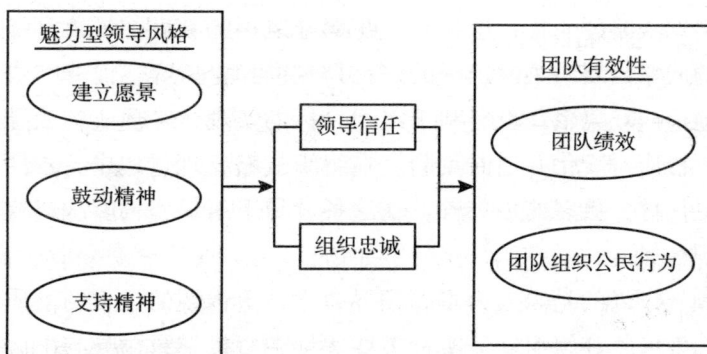

图 15 - 3　魅力型领导风格对团队有效性的影响

近年来，随着竞争日益激烈，企业面临着巨大挑战，需要提高员工忠诚度和团队有效性。魅力型领导是其中的一个关键因素，它对下属信任有重大影响。一些学者在研究魅力型领导对下属的影响时发现，魅力型领导风格对追随者的团队有效性、工作态度、工作满意度等有正向影响作用（周浩、龙立荣，2012）。国外关于魅力型领导风格与团队有效性之间关系的研究比较多，并且许多研究都表明，魅力型领导有助于提高团队有效性，但是国内有关这方面的研究还是欠缺的。领导有效性受研究情境影响，不同的情境，领导者的行为对团队有效性的影响也是不同的。所以，在中国的特殊情境下，魅力型领导与团队有效性呈显著正相关。魅力型领导是在下属的信任基础上通过自身的行为与态度来影响组织下属，Con-ger 等认为，追随者对魅力型领导者的尊敬，会提高追随者对领导的信任度。魅力型领导强调的是一种情感寄托，组织信任是一个关键的中介变量，一旦这种信任机制建立起来，下属会表现出更高的忠诚度和工作满意度从而提升团队有效性。因此，下属对领导的信任与魅力型领导存在一定的关系。

15.5　柔性领导风格及其影响

柔性领导（flexible leadership）是一种把组织意志变为人们自觉的行动的领导行为，是柔性管理情境、知识员工和领导者互动的产物。柔性领导充分考虑到了组织战略的变化，这是对传统领导风格的突破，不再是被动消极地执行既定的战略计划。柔性领导的宗旨是在操作中博弈，而非一成不变的计划，更好地适应环境变化也有利于组织目标的实现，在现实的领导活动中调整战略，积极应对变化并适时创新。在组织战略管理过程中，柔性领导表现出更强的灵活性，更多的创新性，在这种领导下组织将拓宽战略视野，更好地实现组织愿景。

柔性领导崇尚的是以人为本的领导哲学，更强调的是人的潜质和个人能力的成长与发展。在组织中，实行柔性领导会直接导致领导与下属直接的关系，从某种程度上说，柔性领导的柔性正引导着一种新型领导与下属关系的形成：平等、互信的新型对偶关系。柔性领导是在柔性管理情境中出现的新型领导，柔性领导以人本主义为领导哲学，以实现组织战略目标为使命，通过建立开放、平等、互信、动态的领导者与下属关系和组织氛围，来构建适合知识经济时代管理需要的和谐组织和组织文化（许一，2007）。柔性领导者具有很高的领导素质，善于打感情牌，在平常交往可以就建立起一种比较人性化的组织管理模式，引导着下属的战斗力。

柔性领导理论是社会发展的必然结果，它有利于充分调动下属员工的工作积极性，从而有利于提高团队有效性。柔性领导者通过个人魅力和人文关怀为员工提供一个轻松和谐的工作环境，让下属感受到上下级关系的平等，从而提高团队绩效，使员工表现出团队组织所希望的公民行为，推动组织目标的实现。柔性领导不会拘泥于任何已有的领导思维和行为定式，创新性、变化性和适应性是柔性领导的行为特征。研究表明，不同维度的柔性领导风格通过两个方面对团队有效性发挥作用，如图 15 - 4 所示。

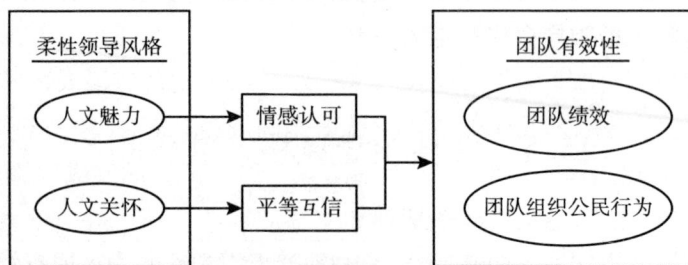

图 15 - 4 柔性领导风格对团队有效性的影响

柔性领导的有效性是受到领导者自身能力、利益相关者和组织环境所构成的柔性领导空间的制约。柔性领导其实是一个比较折中的领导方式，以组织的愿景为核心，在组织管理活动中寻求个人利益与组织目标的结合点，从组织间协作的角度重新界定组织的资源并且实现领导者的能力与组织内部资源的最佳组合。Green（2003）指出，在团队领导活动中沟通频率越大，团队有效性越大。

21世纪的今天，现代领导显示出柔性化的趋势，女性则具有担当领导者的优势，女性善于沟通协调，更容易倾听别人的意见，待人宽容，女性领导者把柔性领导的沟通协调功能发挥地恰到好处，使领导行为更有效。

15.6 管 理 启 示

领导是提高团队有效性的一个重要因素。团队的组建并非一定能达到预期"1+1>2"的目标。消极的团队或者是伪团队只是徒有团队的形，而没有团队的质，自然无法成为高绩效团队。如何避免团队的内耗，真正发挥团队的合力，是团队管理者必须慎重思考的一个重要问题。

研究表明，团队领导是团队的核心与灵魂角色。良好的团队领导的榜样与示范引领可以很大程度提高团队成员的凝聚力与追求目标的动力。其中，团队领导的风格又是一个重要的团队有效性提升的要素。团队领导可以有不同的领导风格，如家长式领导、变革型领导、魅力型领导以及柔性领导等。家长式领导包含仁慈、威权与德行三个要素。通过家长式领导的这三个维度的引领可以促进团队成员产生敬畏顺从、感恩图报和认同效法。变革型领导包含领导魅力、愿景激励、智能激发和个性化关怀四个维度。其中，领导魅力可以激发团队成员对领导的信任敬仰；愿景激励则能够激发成员围绕团队目标而努力；智能激发关注于团队成员潜力的挖掘，有助于成员创新性的完成任务；个性化关怀则让成员体验到领导的关爱，更能激发成员的热情投入。魅力型领导具有建立愿景、鼓动精神和支持进取的特征。魅力型领导可以通过激发团队成员的信任和忠诚，从而更愿意为实现团队的愿景而努力。柔性领导强调以人为本，有助于建立领导与团队成员之间的平等、互信的新型上下级关系。有研究表明，这种良好的上下级关系是社会交换的一个重要基础，可以促使成员互惠动机的提高，即更可能不计较的为团队而奋斗，从而促进团队有效性的提高。

概括而言，团队并非是一个神话。组建好的团队如果没有恰当的引导与管理，也有可能从"梦之队"变成无效的人员组合，甚至完全的内耗，远离团队的初衷。为此，团队有效性成为了管理学者和实践者都高度重视的一个问题。实际上，团队领导是提高团队有效性的一个重要抓手。如何将个体成员凝聚成一个团队，提高团队成员的认同感与向心力，是团队领导的一个重要任务。团队领导风格多种多样，也并不存在着最好的领导风格。正如组织管理研究中有关领导理论的发展所强调的，权变领导，即适合的领导最有效。不同领导风格，甚至是其中的不同维度对于团队成员的影响都可能有所偏重，如发展关系，提升信任，还是挖掘潜力，或者促进对团队目标的认同等。虽然上述各方面都有助于提升团队的有效性。但是管理者也不需要面面俱到，可以考虑团队的实际情况与需要，有针对性的发挥不同领导风格的各自优势特长，更好地促进团队的发展，从而提高团队的任务绩效与关系绩效，真正达到高绩效团队的目标追求。

15.7　结语及展望

领导问题一直是管理中的重点，国内学术界对领导理论的研究已有 20 多年的历史。本研究介绍了四种领导风格：家长式领导、变革型领导、魅力型领导和柔性领导。并结合团队有效性做了研究得出了一些有益的结论，对中国企业的发展有重要指导意义，中国企业环境下的领导行为研究也有力实现了对西方理论的本土化完善与补充。但是由于中国企业所面临的政治、经济、文化、社会、劳动力结构等都有一定的特殊性，所以要结合中国企业特点进一步研究。

本研究存在一些不足，有待后续研究完善。比如对中、西文化情境下领导有效性的比较相对粗糙，无法保证这种差异就是由文化导致未来研究可以基于特定企业类型、所属行业、所在地区和工作性质等情境，或针对不同类型的下属来考察特定领导风格的有效性或几种领导风格的相对有效性。传统领导风格大都让下属产生消极应对情绪，随着积极组织行为学（positive organizational behavior，POB）的兴起，传统的领导风格面临全新的挑战，积极组织行为学的应激研究中最核心的问题在于如何界定和激发积极应激（张淑敏，2012）。领导层应该建立双层应激管理模式，控制消极应激情绪，更多的激发员工的积极情绪，实现领导的有效性进而提高团队有效性等，这些问题都有待未来的进一步研究。

16 团队边界工作研究
及其管理启迪

基于系统观指导下的团队边界工作对于提升团队有效性有着重要的意义，在保证团队内部运作效率的同时，实现对外部环境的积极响应。本章在对团队边界研究内部观与外部观分析基础上，提出了基于系统观指导下团队边界工作同时重视内部导向与外部导向团队边界工作的发展趋势；梳理团队边界工作的内涵与分类，考察了团队边界工作的影响效应及其背景影响因素，进一步提出了团队边界工作的综合影响模型。最后指出内部导向与外部导向协调发展的团队边界工作对于组织管理实践的启迪。

16.1 引 言①

随着全球化竞争的加剧、信息技术的快速发展以及客户需求的不断提高，组织日益依靠团队去解决复杂、不确定和变化的任务。团队在组织中变得越来越普遍，已经成为组织的一种重要工作方式。虽然团队常被认为有助于提高成员的创造性和工作效率，是解决具有复杂性和挑战性的任务的最好的方式。但是实践却表明，并非所有的团队都能够自动发挥其潜能。如何发挥团队工作的最佳效果，提高团队的有效性成为组织管理和团队研究的重要问题。

对于团队有效性的研究，管理学者们最初仅仅关注于团队成员构成和互动特征的影响，如团队成员的性别和年龄等表层人口学特征、知识和能力等深层特征及其异质性构成、团队互动冲突等因素对于团队有效性的影响。随着无边界组织的发展，管理学者和实践者逐渐意识到团队与组织内外环境的密切关系，开始关注团队与外部环境的联系与协调的作用。在这一研究过程中，研究者们普遍认可了跨越团队边界可以带给团队在信息和资源方面的好处（Argote et al., 2003；Cross & Cummings, 2004）。但是，随着团队边界（team boundary）变得更有渗透性。团队及其成员面临着更高的要求（Golden & Veiga, 2005）。一方面，团队必须跨越边界以获得关键的资源，处理自己的产出；另一方面，团队必须缓冲自己以免受到来自于外界环境的干扰；必须不断地强化自己的边界以划分出自己的团队空间，建立团队认同感

---

① 部分内容参见：韦慧民. 基于系统观视角的团队边界工作研究评介 [J]. 商业研究，2011 (11)。

和明确自己的独特使命。

正如 Hackman（2002）所指出的，对于一个团队最基本的问题就是要创建一种边界，使得外部资源和信息可以顺利进入团队，但是又足以避免团队成员构成的不确定性以及团队成员对团队结果所负责任不明确的负面影响。由此可见，团队边界工作不应仅仅强调开放性观点，不应仅仅强调对外的团队边界跨越活动。正是基于此，本研究从系统观视角分析，结合团队边界研究的内部观和外部观，指出团队边界工作包括外部导向和内部导向两个维度共三种不同类型，结合团队边界工作的影响效应及其中可能存在的背景影响因素的分析，提出了团队边界工作影响效应的综合权变模型。

16.2　团队边界研究的内部观与外部观

有关团队边界的研究主要有两大传统。第一类传统是基于小群体基础之上的团队工作观研究，强调团队内部的运作过程对于团队有效性的重要意义（Marks，Mathieu & Zaccaro，2001）。传统的团队内部过程模型主要关注于团队是一个封闭的系统，作为一个背景环境影响团队成员的态度和行为（Ancona，1990）。第二类传统是基于外部观的研究，即通过一个开放的视角去看待团队，关注于外部环境与团队的边界划分问题，强调跨越团队边界活动的必要性。团队边界的研究表明，团队的有效性是团队内外部因素共同作用的结果。内部因素包括团队内部特征和内部流程；外部因素则是由团队所处的组织和环境决定的背景因素（Hyatt & Ruddy，1997）。内部过程和外部过程可能实现协同增效的结果，共同作用，提高团队的有效性（Choi，2002）。

所以，团队边界研究的内部观和外部观均为团队有效性研究提供了独特的视角和理解。Choi（2002）指出，外部观是对传统团队内部聚焦研究的一种拓展。组织中的团队为了更好地完成任务，必须积极主动响应外部环境的需求，包括组织内部和外部客户。研究发现，团队边界跨越对于团队获取必要的信息起着关键的影响作用。Ancona（1990）指出，组织中的团队具有开放性，采用面谈和问卷调查方法进行了一系列的团队外部活动的研究，识别出了团队成员所承担的外部角色，并在此基础上归纳出了不同的团队边界管理策略，包括相对孤立于环境的内部建设型团队、被动环境观察的阅兵型团队以及主动投入外部环境的探测型团队。他们发现，探测型团队绩效最高，但是团队成员的满意度和凝聚力则会受到损害。可见，外部导向的团队边界跨越活动有助于团队获取必要的资源，给外部重要的利益相关者提供反馈，但是开放观强调团队与外部环境的接触，而对团队向内的边界管理较少关注，外部导向的团队边界活动有可能导致团队凝聚力和满意度的降低。实际上，在识别团队边界本身所承担的多种角色的基础上，采取团队边界工作的整体观将会更为有益。本文将从系统观视角进行分析，强调团队边界工作的内部导向与外部导向维度。这一系统观分析将有助于整合团队过程研究与团队开放观研究。

16.3　团队边界工作的内涵及其分类

16.3.1　团队边界工作的内涵

边界（boundary）是一个多学科使用的概念。组织管理学者常常讨论系统边界，如组织边界。心理学家谈及心理边界，认为边界是解释自我开始和终止的地方，可以用以诊断人际关系的健康状态。边界常被用来界定不同实体（entity）间相互分离的界限，包括物理、时间、情感、认知以及关系等方面的界限。边界理论（boundary theory）指出，个体创造和维持边界，是使环境得以简化和秩序化的一种有效方式。团队边界包括物理边界与心理边界。团队物理边界主要强调的是团队成员的实际构成、团队工作的物理环境等。而团队边界对于团队有效性产生更为重要影响的是团队的心理边界。团队心理边界具有极强的灵活性和渗透性。团队心理边界的构建与强化需要建立在团队成员相互信任与沟通的基础之上，通过团队共同价值观与使命的明晰而形成的"我们团队"的认知界定。

团队边界工作（team boundary work）是团队所从事的旨在建立和维持团队边界，以及管理跨团队边界的互动行为（Faraj & Yan，2009）。团队边界工作的实施主体正日益由团队外部的组织管理层转到团队自身。团队开展边界工作的主要目的可以分成两个方面：第一，对外而言，获取信息和资源，管理团队与外部利益相关者的关系。第二，对内而言，保护包括团队成员的时间与精力在内的团队内部资源，避免不必要的浪费（Reagans & Zuckerman，2001）；同时，维持团队内部的边界，以保证团队成员对于自己所承担任务的持续承诺以及团队归属感（Druskat & Wheeler，2003；Hirst & Mann，2004）。

16.3.2　团队边界工作的分类

Faraj 和 Yan（2009）指出，团队边界工作是一个多维度的构念。根据团队边界工作的目的和行动内涵的不同，团队边界工作主要包括三种不同的类型，即边界跨越、边界缓冲以及边界强化。

第一，团队边界跨越。

团队边界跨越（team boundary spanning）指团队通过跟周围环境的联系以获得重要资源和支持的系列活动。团队边界跨越行为包括了各种外部导向的活动，如团队成员努力到外部环境中去寻找关键的信息和资源，影响关键客户和组织管理层等重要的外部利益相关者，建立关系网络等。团队边界跨越旨在通过这些边界跨越行为与外部行动方建立联系以及开展互动，帮助团队实现总体发展目标（Marrone，2007）。团队为了提高效能，改善工作成效，需要获取多种资源，包括物质资源、与工作密切相关的外界信息、组织高层和横向相关部门人员的支持。

第二，团队边界缓冲。

团队边界缓冲（team boundary buffering），即是团队通过封闭自我，不向环境暴露自己。边界缓冲作为一种保持团队核心运作流程的方式，是为了应付来自于环境的破坏性的影响。团队边界缓冲行动主要表现在团队努力转移来自外部的干扰和冲突性的要求，避免团队成员负担过重。团队边界缓冲可以采用正式的团队制度与程序以及非正式的团队内部互动规范，以排除或最小化对团队成员顺利完成任务可能产生负面影响的外部要求、外部压力或者干扰。

第三，团队边界强化。

团队边界强化（team boundary reinforcement）就是团队通过不断加固自

己的边界以划分出团队自己的空间,确定团队的身份和独特的使命。团队边
界强化行动的表现主要有团队内部的边界设置与强调,努力在团队成员中创
造一种边界意识,建立清晰而独特的团队身份,塑造团队认同。例如,团队
成员共同创造和维持一个明晰的团队身份和形象就可能强化团队的边界。团
队可以通过激发一种充分而持久的团队内在吸引力以稳定团队的边界。

总的来说,团队边界跨越和团队边界缓冲是外部导向的边界活动。帮助
团队有效应对外界的人或事,如团队关键资源的外部来源或者是对团队运作
可能产生破坏性的各种因素。与上面两类团队边界工作相比,团队边界强化
代表的则是另一种类型的团队边界工作,即内部导向的团队边界工作。团队
边界强化主要关注于团队内部的因素。

16.4　团队边界工作的影响效应

16.4.1　团队边界跨越的影响作用

团队很少能够在自己的边界内获取团队所需要的所有资源。团队边界
跨越在促进团队获取必要的信息与资源中扮演着重要的角色(Reagans &
Zuckerman,2001;Cross,Yan & Louis,2000)。Cross 和 Cummings(2004)
以及 Marrone 等(2007)对于团队的现场研究发现,团队成员的跨边界交
往是团队获取有助于提升团队绩效所必需的信息和重要资源的一种有效方
式。Ancona 和 Caldwell(1992)发现,团队从事的外部活动与团队结果密切
相系。有效的团队包括"使节"(ambassadors)、"任务协调者"(task coordi-
nators)以及"侦察员"(scouts)等角色。这些人都要跟团队所在的组织联
系以获取信息、资源和支持以完成团队任务。Guinan,Cooprider 和 Faraj
(1998)与 Keller(2001)的研究结果表明,团队边界跨越的程度与利益相关
者对团队绩效的评定正向相关。团队与外部进行的任务相关沟通正向联系着
利益相关者对于团队绩效的评价。Druskat 和 Wheeler(2003)对自我管理团
队进行的深度调查发现,团队从事的边界跨越活动,包括建立关系、搜寻信

息、说服他人支持团队工作等。这些活动极大地影响了团队绩效。通过团队边界跨越活动，团队越过边界去发现组织内外部环境的需求，寻找为满足这些需求所需的资源以及支持，促进团队运作，同时还可以在利益相关者中建立友好关系，最终帮助团队顺利完成目标，提升团队的有效性团队绩效。

16.4.2 团队边界缓冲的影响作用

相对于团队边界跨越这种积极投入的策略，边界缓冲则是一种脱离的策略，可以使团队不受到那些外部环境强加的与完成团队任务相对立的要求的干扰（Faraj & Yan，2009）。团队正是通过边界缓冲的边界管理策略帮助团队避开那些不确定性的因素和不必要的工作中断，从而提高了团队实施理性行为的可能性（Scott，1998）。Cross 等（2000）指出，一个系统（如团队）必须建立和维持明确的边界以保护系统不受干扰。这是系统存在的一个重要条件。随着无边界组织（boundaryless organization）的发展，边界工作或边界活动不但没有消失，相反变得更为重要。因为在这一背景之下，系统的边界变得更为灵活、具有更高的渗透性。所以，团队通过边界跨越获取信息和资源的同时，还必须适时采取团队边界缓冲策略。团队边界缓冲帮助团队成员有效地应对外界不必要的干扰，为团队成员创造了一种受保护的内部气氛，有利团队凝聚力的提升，团队内部运作的顺利进行，从而有助于促进团队有效性的提高。

16.4.3 团队边界强化的影响作用

团队必须创建一种独特的身份和形象，为团队成员培养积极的归属感，划分出与团队所在组织其他部门或其他团队不同的团队活动空间。正是出于这一目的，团队边界强化通过明确的边界设置，增强团队边界的突出性和清晰性，提高团队成员的边界意识，从而尽可能地减少团队重要资源的泄漏，提高团队内部的整合，推进团队工作。通过团队边界强化建立突出而明确的团队边界，使得团队能够吸引和保持团队成员的精力和对团队的依恋，从而能够专注于执行团队任务，提高团队绩效。团队边界强化有助于营造一种积极和相互支持的气氛，为团队成员创造出一种独特的归属感与认同感，提高团队成员对团队的满意度、团队承诺以及团队心理安全感（Edmondson，1999）。心理安全是团队内部环境质量的一个重要标志，使得团队成员能够彼此更好地合作。心理安全感是个体想念他人会对问题、错误或者是反馈寻求提供积极的反应。心理安全感提供了一种暗示，使得个体能够投入到有他人支持的创新和学习之中。基于对团队所产生的这些积极情感，团队成员会更加主动地投入到团队建设与发展之中，共同努力塑造团队愿景，通过建立团队自己的标志提高团队凝聚力，改善团队内部的信息沟通与交流（Beal，Cohen，Burke & McLendon，2003）。同时，在高度的心理安全感和团队承诺的支持之下，团队成员的注意力更易保持与团队使命和任务的始终一致，推动团队内部的集体学习，增强团队成员的创造力，进而提升团队的创造性（Lovelace，Shapiro & Weingart，2001）。

16.5　团队边界工作效应的背景影响因素

研究表明，团队边界工作可能是背景依赖的、任务特定的（Ancona，1990）。许多背景因素，如任务不确定性、资源稀缺性等，可能会影响团队边界工作的具体效应。关注于团队边界工作效应的背景权变因素，将能够更全面的认识和把握团队边界工作对于团队有效性的具体影响作用。

16.5.1　影响团队边界工作效应的任务因素

在团队承担的任务具有高度不确定性的条件下，团队边界工作，包括边界跨越、边界缓冲和边界强化，对团队有效性的提升具有更为重要的影响作用。团队在面对高水平的任务不确定性时，更需要团队边界跨越。非常规任务需要复杂的问题解决，是高度不确定的，是不能采用已有的方法和程序按部就班地完成的。通过团队边界跨越，团队与外部环境有了更多的直接接触。这将有助于团队更好地理解外部的需求，增强与外部的沟通与协调，并获取所需的信息和资源，以顺利解决当前所承担的高度不确定的复杂任务。Ancona 和 Caldwell（1992）提出，应对不确定任务的边界跨越包括信息搜集、网络建立、侦察、使节活动等。如新产品开发团队、管理咨询团队，通过这些边界跨越活动，随时跟进和了解外部利益相关者的最新要求、确定他们对于团队绩效的评价标准和恰当预期，支持不确定性任务的顺利完成。在高度不确定条件下，团队边界缓冲也有积极结果。由于不确定和复杂的任务，更需要团队成员全身心地投入。团队边界缓冲行动将帮助团队成员避免不必要的外界压力和干扰，从而保证团队内部运作流程的顺利进行。而这是复杂任务成功完成的重要基础条件。另外，团队边界强化行为也能提高不确定任务的绩效，因为团队边界强化使得团队成员形成和强化对于团队的安全感，信任团队成员，从而鼓励他们更坦然地共同投入到问题解决、知识分享和帮助行为之中。而这些行为是完成不确定任务下团队有效性的重要预测变量（Edmondson，1999；Faraj & Sproull，2000）。可见，复杂、不确定性的任务更需要团队关注于团队边界工作。团队边界跨越、边界缓冲和边界强化对于提升团队不确定性任务的绩效表现具有重要的决定作用。

16.5.2 影响团队边界工作效应的组织背景因素

当组织资源比较稀缺时，组织可能会削减分配给团队的资源。团队会面临着一个挑战，即要以较少的资源完成同样的工作甚至更多的工作。Choi（2002）提出，在组织资源较稀缺的背景下，团队需要更主动地投入到团队边界管理工作之中。此时，对于资源的急需使得团队成员会产生一种共同的紧迫感，努力寻找组织内外部的机会。通过边界跨越，团队努力维持当前的资源供给来源，同时试图寻找新的资源供给源；通过边界缓冲，团队阻止和控制那些可能要消耗到团队现有关键资源的冲突性需求；通过边界强化，团队可以使其成员更强烈地意识到团队的重要性，提高团队承诺，能够将自己的精力与注意力更多地投入团队之中，尽最大可能地提升团队在现有资源稀缺情境下的绩效水平。而在团队资源相对丰富时，旨在寻找资源的团队边界跨越工作可能会被团队成员认为是不必要的，团队边界跨越行动的努力也会被看作没有多大的价值的。团队边界强化和边界缓冲对于团队而言，其紧迫性和重要性在资源相对丰富时候也不会如此凸显。因此，当组织资源较稀缺时，团队边界工作对于团队团队凝聚力、团队绩效以及团队成员的心理安全感会产生更大的影响作用。

16.6　团队边界工作的综合影响模型

在组织经营环境日益复杂化和动态化的背景下，团队更需采取一种系统观的视角去看待团队边界工作，承认团队边界所担负的多种角色（Faraj & Yan，2009）。团队边界工作是一个多维度的概念，包括团队边界跨越、团队边界缓冲、团队边界强化。这三类团队边界工作根据活动的目的和针对性不同，可以分为外部导向边界工作和内部导向边界工作两个部分。团队边界跨越和边界缓冲是外部导向的边界活动，帮助团队应对外界的人和事。而团队边界强化关注的是内部导向的边界活动，关注于团队的内部因素。

上述三类团队边界工作，包括边界跨越、边界缓冲以及边界强化，虽然针对性不同，但均有助于团队有效性的提高，包括团队认同、团队凝聚力、团队绩效等结果变量的改善。团队边界跨越是一种主动接触策略，团队边界缓冲则是一种脱离策略。团队边界强化则是对于外部导向的边界工作的有益补充。

不同的团队可能从事不同的任务，面对着不同的环境，整合组织环境背景可能影响因素，构建团队边界工作影响效应的综合模型将更有助于全面地把握团队边界工作的具体作用。团队边界工作的综合影响模型见图 16-1 所示。三维度的团队边界工作对于团队有效性的影响效应受到团队任务特性（任务不确定性程度）和环境背景特性（资源稀缺性程度）的调节影响。

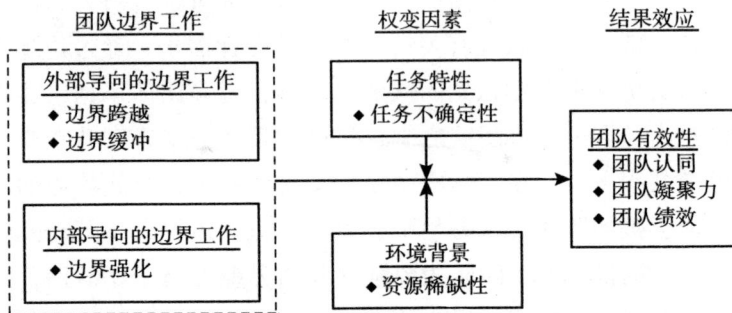

图 16-1　团队边界工作影响效应的综合权变模型

16.7　结论与展望

16.7.1　结论

早期研究中，团队边界工作主要是关注于针对团队外部利益相关者的边界跨越活动（Ancona，1990）。而团队边界强化，作为一种内部导向的边界工作，有助于提高团队凝聚力、团队认同和团队绩效。强调了团队背景下，内部导向边界工作的重要性。这一研究结果丰富了开放观视角指导下的团队边界管理研究。团队边界管理需要在系统观视角下，综合考虑团队外部导向和内部导向的边界工作，以达到协同增效的目的。

另外，在不同的环境中，团队可能需要采用不同的边界管理策略或者采取不同模式的边界活动。团队边界工作和团队有效性之间的关系具有一定的权变性。团队所处的组织背景因素影响着团队边界工作策略的选择。例如，在不确定环境中团队可能将更多的精力投入到边界缓冲和边界强化中，而较少的投入到边界跨越以弱化环境中不确定性的要求。在团队任务高度不确定的条件下，团队边界缓冲能够显著提高团队成员的心理安全感和团队绩效（Faraj & Yan，2009）。

16.7.2　管理启迪

基于系统观视角的团队边界工作研究有助于帮助管理者识别不同类型的团队边界工作，如边界跨越、边界缓冲以及边界强化，对于团队有效性的具体影响效应，权衡用于管理团队内外部竞争性需求的时间与努力程度的分配。由于团队边界工作影响效应受到团队任务与团队工作环境背景的共同影响，因此，团队领导还需要关注团队所承担任务以及所处环境的重要特征，对团队所应采取的边界管理策略作出决策。例如，当组织环境高度不确定，成员面临着竞争性的要求时，领导必须支持团队边界强化，着重关注于提高团队成员对于团队的认同和承诺，保证成员对于团队任务的精力投入水平。如当员工同时参与多个团队工作时，常常会出现不同团队之间优先权的矛盾，从而可能影响到团队的绩效（Marks et al.，2005）。此时，团队需要采取边界缓冲方式，包括使用正式的团队制度以及非正式的团队规范帮助该团队成员应对外界对他的要求、压力或干扰。

管理者需要超越对团队内部特征的关注，认识到团队边界管理的重要性，以提高团队的有效性。但在这一过程中，团队还应该关注团队边界工作的成本与收益问题。如果团队投入太多的注意力到外部活动，如过多的团队边界跨越活动，则可能会影响到团队内部的运作流程和效率。实践发现，一些外部活动是对团队有益的，然而有一些外部活动却是阻碍团队高绩效的获得的（Hirst & Mann，2004；Keller，2001）。团队边界跨越虽然有助于获得外部信息和资源，但是却会花费较大的努力、精力和时间，分散团队成员的注意力和资源。正如 Marrone 等（2007）所提出的，团队边界跨越所带来的益处是以团队成员角色负担过重为代价的。基于收益—成本比较分析，外部导向的团队边界跨越是否值得，还必须采用权变观进行权衡和分析。不必要的团队边界跨越有可能得不偿失，非带没有提升团队绩效，反而阻碍团队目标的达成。因此，团队边界工作应该仔细设计，以便同时考虑到付出的成本以及可能从中获得的收益。

16.7.3　未来研究展望

有关团队边界研究还是较零散的，缺乏系统性。有关团队边界工作的研究目前还在关注于识别可能影响团队有效性的边界工作的具体维度。有关团队边界工作的维度构成以及每一维度边界工作的具体内容还需要未来进一步严格的理论探索和实证检验。

虽然已有研究发现，团队边界跨越对于团队绩效有着积极影响作用。但是，Marrone 等（2007）的研究指出，团队表现出过多的外部导向活动会导致团队成员的角色负担过重，从而可能降低团队生存和发展的能力。Faraj 和 Yan（2009）的研究发现，边界跨越阻碍团队的绩效，尤其是在资源稀缺的环境下。有关团队边界跨越对于团队有效性的影响究竟如何还需要未来深入地研究。如可以探讨团队任务和组织环境是否有助于解释团队边界跨越影响效应不一致的现象。

团队边界工作包括外部导向和内部导向边界工作。不同导向的边界工作对于团队的影响效应是否存在差异仍然是不明确的。因此，研究者还需要进一步地深入探讨不同类型的团队边界工作对于团队有效性的具体影响作用，以及其中可能存在的组织背景影响因素。另外，团队如何协调好外部导向和内部导向的团队边界工作，实现协同增效作用，还需要未来进一步的探讨。

17 基于组织身份领地维护与拓展的企业竞争行为研究

17.1 引　言①

在日益复杂的环境中，企业的竞争越来越激烈。如何有效应对竞争是企业发展成败的根基。而动态竞争研究（competitive dynamics）正是对企业在市场竞争中的行动与反应的积极关注。由于企业的市场决策行为对企业绩效有着重要的影响，所以动态竞争研究越来越成为企业管理研究的重要主题。但是，早期的动态竞争研究常常认为，企业竞争只是受到经济理性的影响，追求利润最大化，而忽视了管理者在战略决策和行动中的认知过程以及内在动机。

"觉知—动机—能力"观（awareness-motivation-capabilities，AMC）提出，企业管理层的认知定位是理解企业竞争决策与行动的重要因素。之后，管理层在企业战略决策与竞争行为中的认知因素开始成为一个新的研究关注点。而最近发展起来的组织身份领地的构念研究就是对于这一问题的进一步推动。对于组织身份领地的研究将有助于解释为什么企业的一些行动和反应方式超越了传统经济理论的行为预测。本研究在理清组织身份与身份领地概念的基础上，分析了组织身份领地对企业竞争行为的影响，最后结合组织身份领地维护与拓展的权衡视角，剖析创新环境下的企业竞争行为选择，期望通过这一研究促进对企业竞争行为的更深入理解。

17.2　组织身份与身份领地

17.2.1　组织身份

组织身份是组织多数成员对"作为一个组织的我们是谁"的一致理解（Nag，Corley & Gioia，2007）。组织身份的形成源自于对组织作为一个整体的主要的、独特的和持久特征的认识（Dutton & Dukerich，1991）。值得注意的

---

① 部分内容参见：潘清泉，韦慧民. 基于组织身份领地维护与拓展的企业竞争行为研究［J］. 科技管理研究，2013，33（13）。

是，组织身份的形成有时候可能只是基于组织中的某一方面的特色，而不一定是组织的所有方面。组织身份作为组织的一种存在必将影响组织的行为。就组织内部而言，王成城和刘洪等（2010）的研究指出，组织身份影响组织内员工的行为。而就组织层次而言，组织身份也将影响企业对外的竞争行为与反应（Livengood & Reger，2010）。因为身份界定提供了一个实体的具体意义，对组织身份的评价将特别突出组织的核心特征（Navis & Glynn，2011）。但是，长期以来，组织身份的研究更多是基于组织内部视角，即关注组织身份对于员工的影响。而从组织层次探讨组织身份对组织外部行为的影响研究相对较少。

17.2.2 组织身份领地

组织身份领地（identity domain）是企业的高层管理团队（TMT）对企业在市场中能够最好地证明和强化组织身份的竞争领域和范围的一致性理解（Livengood & Reger，2010）。由于 TMT 成员对于组织身份的信念相比其他成员更能影响企业的竞争行为与决策。因此，就企业在外部环境的竞争而言，TMT 对于组织身份的认识将会影响企业竞争决策，包括竞争的具体领域与方式，而这又将进一步影响企业的发展和适应能力。在具体实践中，企业可能会在许多领域开展业务，与行业中的对手进行竞争，但是对于企业高层领导者来说，企业所从事的业务和竞争并不是同等重要的。企业的 TMT 可能只是将某些外部竞争看作是更为主要的、独特的和持久的领域，在这些领地中的竞争行为和反应对于企业的真正自我定义将有着更为重要的心理影响价值，也就成为了组织的身份领地。根据 Livengood（2010）的研究，组织身份领地可能表现在不同的方面，如企业具有最大经济效益的重要市场，公司总部所在的地理位置，或者是某些产品或服务。

17.3 组织身份领地对企业竞争行为的影响

17.3.1 动态竞争理论

动态竞争研究者们认为，竞争是一个动态的市场过程，当市场出现商机时，企业会积极开展行动，对自身的资源进行重新配置，满足顾客的需求以取得竞争的成功。动态竞争理论的核心内容就是竞争攻击与反击，将企业间的竞争看作是行动与反应之间的一种循环交替。行动的特征、攻击者的特征以及反击者的特征构成了动态竞争的基本要素（韩炜，2007）。这些要素的相互联系影响了反应的可能性和速度，进而影响企业的绩效。动态竞争研究者认为，攻击者是攻击的发起者，同时也是攻击活动的受益者。当他们觉知到行为结果对他们有利时他们就会发起竞争行动。他们的竞争对手会根据市场环境做出相应的反应，而这一切都是基于是否获得收益来决定的。动态竞争理论很好地解释了经济刺激对企业竞争行为的影响，但是这一理论却不能很好地解释在动态竞争中非经济因素的影响作用。

17.3.2　AMC 观

觉知—动机—能力观（awareness-motivation-capabilities，AMC）认为，觉知、动机和能力是企业间竞争的三个关键驱动因素（Smith，Ferrier & Ndofor，2001；Chen et al.，2007）。AMC 观强调，要理解企业管理层的主观认知和评价对企业竞争行为和反应的重要价值。它是一个重要的前因变量。管理层在与其他竞争企业互动过程中的潜在认知关注点发挥着关键影响。随着动态竞争研究的发展，AMC 观点得到了普遍的认同，越来越多地被用来解释企业竞争行为和反应。

第一，觉知。觉知是一种知觉现象，表现为是否意识到竞争对手采取的行动以及可以提供竞争行动机会的事件。包括企业如何去认知自己的竞争对手和外部环境，如何理解产业内部的竞争态势，政策导向和发展的内驱力。由于认知影响行为，是行为的先导，觉知到的信息会影响企业的认知、理解及行为，因此，觉知是一个非常重要的变量。

第二，动机。动机是一种内在的驱动力，表现为是否受到激励去采取行动。不是所有的觉知都能产生动机，如果企业感知到某件事情可能会对企业产生效益和带来损失的话，才有可能产生动机。比如，采取行动将会获得竞争优势或丰厚的利益，就会产生强烈的动机去行动。

第三，能力。能力是主体顺利完成任务必须具备的基本条件。在竞争过程中，与企业自身相比，竞争对手所具有的竞争能力影响企业的决策，具体表现为一个特定的竞争对手挑战自身企业在市场中的地位的运作能力、资源部署能力等。这些能力影响企业对于竞争关系强度的评价。

AMC 观提出，企业的竞争行为取决于觉知程度、动机水平以及响应能力。但是这一研究没有清楚地阐释 AMC 观的理论支撑基础。

17.3.3 Linvengood 和 Reger 的组织身份领地影响模型

组织身份领地观有助于我们更好地理解 AMC 观中觉知、动机和能力这三个企业竞争行为的关键非经济性驱动因素。基于此，Linvengood 和 Reger（2010）提出了图 17-1 所示的组织身份领地与动态竞争的构念模型。

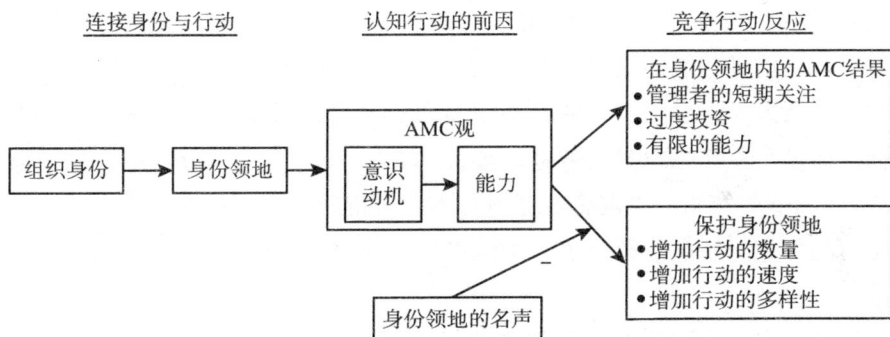

图 17-1　组织身份领地与动态竞争模型

资料来源：Linvengood & Reger（2010）。

首先，组织身份领地引导企业高层将有限的精力更多地投入到自己的身份领地以及相关的领域中，而不去过多地关注身份领地之外的竞争者的行动。组织身份领地是企业最中心、最独特和最持久的竞争领域，企业管理层的关注焦点将会放在对其组织身份最重要的竞争环境中。在这样的情况下，企业将会更容易觉察到影响其竞争领域的环境因素。竞争对手在这个主要领域内的竞争行为将变得更为突出。也就是说，企业在竞争对手可能威胁其身份领地的时候将会主动采取行动维护其身份领地。企业在自己所属的身份领地与其他企业开展竞争将会加强企业的身份感，也会使企业高管更愿意在企业的组织身份领地中做出行动和反应。总之，虽然在组织身份领地所取得的经济意义上的成功本身就是一个激励因素（Chen et al.，2007），但组织身份领地的心理意义将会直接影响到高管对这一领地的行动与反应。组织身份领地的认知与心理意义将起着重要作用，这也有助于理解为什么某些企业的高层会采取某种行为方式应对竞争对手。

其次，与组织身份密切联系的心理与感情联结提高了企业高层在身份领地范围内行动和响应的意识、动机与能力。认知心理的研究表明，个体的注意力和信息处理能力是有限的，这使得个体并不会对周围所有的刺激做出反应，而只会选择他们意识到的、并受到其激发的刺激做出反应（Kaplan，2008）。企业心智模型作为企业成员所拥有的关于企业及其身份的基本性质的一组信念（Walsh，1995），会影响企业对刺激的选择，从而在一定程度上影响了其认知的焦点和动机状态。在组织身份领地的觉知与动机将会进一步提高企业在该身份领地的能力，同时也可能降低在身份领地之外领域的能力。觉知、动机与能力是密切联系的。因为如果在组织身份领地中投入太多的时间和精力，将会增加企业在组织身份领地中的资源分配，提高该领域的投资，促进企业在组织身份领地专业能力的提升。组织身份领地清楚的解释了 AMC 观中所强调的决定企业竞争行为的关键驱动因素——意识、动机和评价能力的形成与发展。可以说，组织身份领地观为 AMC 观提供了深层次的理论基础。

另外，企业采取的行动与其身份领地越一致，外部越可能承认该企业的组织身份领地，这将进一步建立或强化企业在市场中的组织身份领地的地位和名声。这对于企业提高竞争力及其在竞争领域的价值知觉具有重要的意义（Scott & Lane，2000）。企业身份是企业看待自身的方式，而名声则是外部人看待企业的方式。组织名声可以帮助企业建立组织身份领地，并向其他竞争者传递出一种信号：该企业有意愿也有能力在这个领域竞争。因此，企业名声越大，对于保护组织身份领地的紧迫性反而会下降。因为名声越大越可能阻止外部竞争者对这个领域发起挑战。

总之，组织身份领地反映了最能代表企业的组织身份的竞争领域，它对于企业高层管理者来说具有突出的心理与认知意义。正是由于组织身份领地的这种影响，使得企业在同样的外部竞争环境下却有着不同的行动和反应。

组织身份领地的不同将使得不同企业对不同竞争领域的重视程度有所差异。不过，企业在竞争决策中也不能只是单纯从组织身份领地的角度来考虑。因为将有限的资源过多地投入到企业的组织身份领地，可能导致企业高层忽视组织身份领地之外的方面，而这些对企业却可能有着重要的经济意义和发展机会。这种忽视组织身份领地之外因素的行为容易导致企业管理上的短视行为（Miller，2002）。

17.4　创新环境下的企业竞争行为选择：组织身份领地的维护与拓展

克里斯·祖克和詹姆斯·艾伦（Zook & Allen，2004）在《增长在核心业务之外》一文中指出，"大多数持续的赢利性增长都是在企业突破其核心业务边界，扩张至邻近领域所取得的"；另外，在进行新的扩张时"那些采用可复制模式的企业，其成功率提高了一倍，有些甚至能达到80%或更高"。以上分析强调了企业要想持续发展，必要时应该拓展其组织身份领地。但是，这种拓展要想取得成功需要依靠原有组织身份领地中发展起来的竞争优势。如何把握组织身份领地维护与拓展之间的动态平衡是创新环境下企业竞争行为决策中必须思考的一个重要问题。

17.4.1　组织身份领地的维护

组织身份领地的优势建立以后，要不断维护，才能确保企业长治久安，不然就会丧失优势甚至是败走麦城。2012年4月25日，市场研究公司HIS iSuppli和Strategy Analytics发布的最新报告表明，诺基亚手机的销量已经明显不如三星手机。这个手机行业的老大，在统治了全球手机市场达14年之久后，给三星手机让出了老大的宝座。诺基亚是昔日移动行业的霸主，对行业多年的统治地位让人印象深刻。诺基亚曾经是市场上推出智能手机的领头羊，在2002年就已经向消费者展示了自己在智能手机市场上的宠儿，推出了塞班系列S60。并且在2007年苹果公司推出iPhone之前一直轻松占据全球智能手机市场的领导地位。但是，诺基亚并没有对 iPhone 这个侵占其智能手机身份领地的竞争行为以及随之日益增强和扩大的消费者需求变化做出恰当的反击。当苹果推出 iPhone 时，实际上是向诺基亚的智能手机的身份领地发起了强有力的攻击，但当时的诺基亚并没有迅速做出反应来保护自己的组织身份领地。与此同时，三星也迅速打进了智能手机的市场，从一无所有，到多方开花，取得了令人惊奇的成就。可以说，这些年来，由于诺基亚对自己的优势领域没有很好地保护，自己智能品牌的组织身份领地由于苹果和三星的异军突起已经消失殆尽。

总之，诺基亚在新市场形势下具有重要意义的智能手机身份领地被侵占的时候，没有迅速而及时地做出应有的反应以保护自己的身份领地和市场竞争优势，从而导致组织身份领地没有得到强化和维护。2002～2007 年期间，诺基亚一直轻松地占据着全球市场智能手机的领导地位，但是客观现实已经发生了很大的变化，苹果和三星纷纷推出自己新产品时，诺基亚却没有相机而动，维护自己的组织身份领地，最后丧失了在其身份领地的领导者地位，恶化了自己的市场处境。因此，组织身份领地是企业发展的竞争优势保障，在企业竞争行为与反应中，维护组织身份领地的优势源是企业保持持续发展的重要根基。

17.4.2　组织身份领地的拓展

企业高层源自于身份领地而形成的管理心智模型可能会成为其发动企业变革的一种强大心理阻力。因为，随着管理层对企业的组织身份领地觉知的不断提高，他们可能很少意识到组织身份领地之外各种因素的潜在威胁。因为组织身份领地具有重要的心理价值，企业高层在组织身份领地之外可能出现更多的短视行为，不能随着环境的变化而调整管理层的心智模型，而只会僵化于企业原有的组织身份领地。

尽管在组织身份领地不断增加的觉知和动机使得企业在身份领地的能力也会得到提升。但是，这也可能伤害到企业动态能力的发展。尤其是在企业的身份领地界定过于狭窄的时候更是如此。柯达公司就是一个鲜活的例子：他们曾经数十年领跑市场，但柯达从巅峰到出局，也就是十多年的时间。在将近一个世纪的时间里，柯达一直扮演着摄影领域无可置疑的领先者角色，控制着从胶卷生产到后期照片洗印的全过程。就是这样的一个业界霸主，却不曾料到，一项本来属于自己的发明成果，却因为长期被搁置，而在三十年后将公司的百年辉煌送进了历史。1976 年，柯达制造出全球首部数码相机，此后，柯达又拥有了多达 1000 余项的数码成像专利技术。但是，柯达从始至终都没有下定决心将这一技术商业化，推进市场的发展。柯达始终坚守着其在传统胶卷身份领地中的领导者地位，这一竞争行为选择在早期证明是有效的。但是，在市场不断创新发展下，柯达仍然维持其在传统身份领地的竞争行为选择，没有顺应形势的改变，拓展其已具有一定数码技术基础的相关身份领地。与此同时，竞争对手纷纷抛弃胶卷相机，迎接"数码消费"时代的到来。直到 2004 年，柯达才推出 6 款姗姗来迟的数码相机。不过，为时已晚，柯达对于身份领地拓展的延迟反应，错失了良机。2010 年 12 月 11 日，美国标准普尔 500 指数也将位列其中已有 74 年历史的伊士曼—柯达公司剔除出去。

正如 Livengood（2010）在提出身份领地构念的时候所指出的，身份领地可能限制了企业采取的竞争行为，可能导致对于身份领地的过度关注和难以割舍，同时增加在身份领地之外竞争环境的盲点。值得强调的是，企业在身份领地投入高度的觉知、动机与能力增强了在身份领地中的竞争力的同时，在环境复杂性和创新要求日益突出的背景下，企业对于身份领地的过多投入可能会引发负面的效应。柯达公司一直占有的业界霸主地位使得其继续坚守传统照片身份领地，而忽视了环境的变化和市场需求的变动。这一忽视和对让其获取成功的原有身份领地的关注使得柯达公司没有顺应形势及时地将自己开发的数码相机和数码成像专利技术加以利用。由于没有能够突破其核心业务边界，基于其初步领先优势的数码技术进行相关身份领地的拓展，使得柯达公司错失了发展良机。

17.4.3 组织身份领地维护与拓展的权衡

在组织变革环境中，组织身份受到威胁的情况下，如何应对是一个重要的问题。因为组织身份受到威胁对内可能影响到组织文化、组织成员对于组织身份的认同以及对于组织身份的集体信念，还可能影响到组织对于外部的竞争决策和反应（Ravasi & Schultz，2006）。

身份领地的研究对组织变革有着一定的启示。企业的组织身份领地所具有的心理价值可能使得企业过于坚持，甚至在经济绩效表现较差的时候依然不能够割舍。但是，成功的企业转型需要伴随着身份界定的变化。企业的组织身份领地的维护与拓展是一个动态平衡的过程。一方面保护身份领地容易形成核心竞争力；另一方面，身份领地拓展又是对于创新和变革的复杂环境的响应。这种动态的拓展观有助于企业以开放的心态观察环境中的机会，避免过于狭窄的界定组织身份，从而取得更好的企业绩效。在某种程度上，特别是在变革和追求创新的背景中，组织身份领地在原有优势基础上的适当拓展将是企业持续成功的一个重要保障。因为这可以引导企业更有效地适应环境的演变。因此，企业在变革的复杂环境中，需要避免只是建立在狭窄和严格界定的身份领地中过高的觉知、动机和能力投入。这可能会导致企业短视行为，成为企业成长的一大阻力。

17.5　结论与展望

17.5.1　结论

Livengood（2010）提出的组织身份领地，提供了动态竞争研究中的 AMC 观的理论基础。组织身份反映了"我们是谁"，而组织身份领地则体现的是"我们家的地盘"。组织身份领地能够在外部市场中更好地体现和强化组织身份感。理论和实践都表明，企业的竞争行为常常受到经济理性之外的其他因素的影响。组织身份领地研究正是对这一新的关注点的有力呼应。通过关注管理者认知在动态竞争中的作用，强调管理者心智模型的影响，有助于理解企业在核心业务上表现出的超越经济利益考虑的战略坚持。管理者在过去取得成功的经历更可能使其坚持原有的企业竞争行为，忽视外部环境变化所提出的变革的理性要求（Audia，Locke & Smith，2000）。组织身份领地研究将是对已有战略管理研究企业竞争行为的有力拓展。结合企业行动的认知与心理基础，可以进一步拓展战略管理的纯经济理性解释。

组织身份领地突出了认知优先竞争领域。由于身份领地对于企业的管理者来说有着最高的心理价值，因而使得企业高管所采取的企业竞争行为可能不是完全基于经济理性的。组织身份领地所具有的重要心理意义，使得高管在行动和反应决策中容易受到认知和情感的影响。管理者应该意识到自己的这种认知会形成某种心理依恋和偏爱，影响企业的战略和竞争行为决策。组织身份领地理论指出，虽然不可能阻止其他企业进入自己的身份领地，但是先行者行动可能有助于建立起一种名声，让其他企业在进入之前会有所犹豫。这种警告有一种保证作用，因为侵犯入身份领地可能引发该企业为维护企业的组织身份的完整性而做出强烈的防卫反应。组织身份领地是竞争行动与反应中的一个重要心理驱动力，是对已有动态竞争理论的一个有力补充。把身份领地理论融入动态竞争研究将可以更好地预测企业竞争行为。

17.5.2 展望

组织身份领地研究对于理解企业竞争行为有着重要意义。不过这一主题的研究还刚刚起步，仍需要进一步的深入拓展。如多元化企业可能某些领域在决策中具有更大的心理权重。在其身份领地的投资与竞争决策可能受到身份和经济因素的同时驱动。在非身份领地的进入与退出可能相对容易，可能更会受到经济因素的影响。企业竞争行为在身份领地与非身份领地中可能存在的差异性表现及其影响因素有哪些值得未来深入探究。另外，多元化的时代也可能使得企业同时具有多个身份领地。这些身份领地之间的关系如何协调和决策还需要深入探讨。

因为企业在身份领地中不断开展行动的时候，企业的组织身份领地可能需要不断强化或调整以适应外部环境的变化。因此，企业的组织身份领地和竞争动力机制可能会相互促进。组织身份领地影响企业竞争行为，反过来企业竞争行为又影响组织身份领地。但是，具体的互动影响机制如何还需要进一步实证检验。

对于企业而言，在寻求剥夺不赢利的或者不能协同增效的公司业务的时候，组织身份领地将起着一个整合的作用。根据组织身份领地的理论，某些业务可能对于企业的组织身份具有更重要的心理意义和价值，因此企业管理高层可能不愿意丢掉这些代表企业身份的业务。不过，企业的组织身份领地对于企业竞争行为的影响是否还受到其他因素的调节，如行业、TMT 特征等是否在两者关系中起着调节效应还需要深入探究。

参考文献

中文部分

[1] 曹勇，向阳．企业知识治理知识共享与员工创新行为 [J]．科学学研究，2014，32 (1)：92 -102.

[2] 柴俊武，等．目标取向和过时感知能力对两类销售行为的影响 [J]．管理科学，2011，24 (2)：55 -64.

[3] 陈学军，王重鸣．绩效模型的最新研究进展 [J]．心理科学，2001，24 (6)：737 -738.

[4] 程聪，张颖，陈盈，等．创业者政治技能促进创业绩效提升了吗？——创业导向与组织公正的中介调节效应 [J]．科学学研究，2014，32 (8)：1198 -1206.

[5] 邓今朝，马颖楠，余绍忠．组织变革背景下员工建言行为的结构模型——基于成就动机的理论视角 [J]．经济与管理，2013，27 (5)：50 -54.

[6] 段锦云，黄彩云．变革型领导对员工建言的影响机制再探：自我决定的视角 [J]．南开管理评论，2014，17 (4)：98 -109.

[7] 段锦云，凌斌．中国背景下员工建言行为结构及中庸思维对其的影响 [J]．心理学报，2011，43 (10)：1185 -1197.

[8] 段锦云，王重鸣，钟建安．大五和组织公正感对进谏行为的影响研究 [J]．心理科学，2007，30 (1)：19 -22.

[9] 樊耘，马贵梅，颜静．社会交换关系对建言行为的影响——基于多对象视角的分析 [J]．管理评论，2014，26 (12)：68 -77.

[10] 冯彩玲，张丽华．变革/交易型领导对员工创新行为的跨层次影响 [J]．科学学与科学技术管理，2014，35 (8)：172 -180.

[11] 冯明，李聪．国有企业员工印象管理与职业生涯成功的关系研究——政治技能

的调节作用 [J]. 中国软科学, 2010 (12): 115 –124.

[12] 冯旭, 鲁若愚, 彭蕾. 服务企业员工个人创新行为与工作动机、自我效能感关系研究 [J]. 研究与发展管理, 2009 (3): 42 –49.

[13] 顾远东, 彭纪生. 创新自我效能感对员工创新行为的影响机制研究 [J]. 科研管理, 2011 (9): 63 –73.

[14] 顾远东, 彭纪生. 组织创新氛围对员工创新行为的影响: 创新自我效能感的中介作用 [J]. 南开管理评论, 2010 (1): 30 –41.

[15] 郭晓薇, 李成彦. 中国人的上下级关系: 整合构念的建立与初步检验 [J]. 管理学报, 2015, 12 (2): 167 –177.

[16] 韩炜. 动态竞争理论的研究述评与批判 [J]. 科学学与科学技术管理, 2007 (8): 126 –131.

[17] 韩翼, 杨百寅. 领导政治技能对员工组织忠诚的影响研究 [J]. 科研管理, 2014, 35 (9): 147 –153.

[18] 贺广明. 碰上自恋型上司怎么办? [J]. 中外管理, 2002 (6): 75 –76.

[19] 黄攸立, 李璐. 组织中的自恋型领导研究述评 [J]. 外国经济与管理, 2014 (7): 24 –33.

[20] 黄攸立. 自恋型领导是与非 [J]. 北大商业评论, 2015 (2): 56 –65.

[21] 鞠芳辉, 谢子远, 宝贡敏. 西方与本土: 变革型、家长型领导行为对民营企业绩效影响的比较研究 [J]. 管理世界, 2008 (5): 85 –101.

[22] 李超平, 孟慧, 时勘. 变革型领导对组织公民行为的影响 [J]. 心理科学, 2006, 29 (1): 175 –177.

[23] 李超平, 时勘. 变革型领导的结构与测量 [J]. 心理学报, 2005 (6): 97 –105.

[24] 李超平. 变革型领导与团队效能: 团队内合作的跨层中介作用 [J]. 管理评论, 2014 (4): 73 –81.

[25] 李厚锐, 于晓宇, 谭庆飞, 高清. 变革型领导对创业绩效的影响: 员工组织承诺与自我效能的中介作用 [J]. 现代管理科学, 2014 (5): 51 –53.

[26] 李平. 关注员工敬业度 [J]. 21 世纪商业评论, 2007 (12): 17 –18.

[27] 李锐, 凌文辁, 方俐洛. 上司支持感知对下属建言行为的影响及其作用机制 [J]. 中国软科学, 2010 (4): 106 –116.

[28] 李锐, 凌文辁, 柳士顺. 传统价值观、上下属关系与员工沉默行为: 一项本土化情境下的实证探索 [J]. 管理世界, 2012 (3): 127 –140.

[29] 李锐, 凌文辁, 柳士顺. 上司不当督导对下属建言行为的影响及其作用机制 [J]. 心理学报, 2009, 41 (12): 1189 –1202.

［30］李锐，田晓明，凌文轻．管理开放性和上下属关系对员工亲社会性规则违背的影响机制［J］．系统工程理论与实践，2015，35（2）：342 –357．

［31］李秀娟，魏峰．打开领导有效性的黑箱：领导行为和领导下属关系研究［J］．管理世界，2006（9）：87 –93 +128．

［32］李雨蒙．致命的"自恋型"CEO［J］．中国民营科技与经济，2012，Z2：128 –130．

［33］连欣，杨百寅，马月婷．组织创新氛围对员工创新行为影响研究［J］．管理学报，2013（7）：985 –992．

［34］梁建，唐京．员工合理化建议的多层次分析：来自本土连锁超市的证据［J］．南开管理评论，2009，12（3）：125 –134．

［35］刘洪．组织复杂性管理［M］．北京：商务印书馆，2011．

［36］刘景江，邹慧敏．变革型领导和心理授权对员工创造力的影响［J］．科研管理，2013（3）：68 –74．

［37］刘军，宋继文，吴隆增．政治与关系视角的员工职业发展影响因素探讨［J］．心理学报，2008，40（2）：201 –209．

［38］刘军，吴隆增，许浚．政治技能的前因与后果：一项追踪实证研究［J］．管理世界，2010（11）：94 –103．

［39］刘密，龙立荣，祖伟．"主动性人格的研究现状与展望"［J］．心理科学进展，2007，15（2）：333 –337．

［40］刘向东．自恋型管理者特质对企业战略和绩效的影响浅探［J］．现代财经（天津财经大学学报），2010（3）：47 –50．

［41］刘永仁，尹奎．员工政治技能对建言行为的影响——组织信任、一般自我效能感的影响［J］．经济与管理，2013，27（6）：43 –49．

［42］刘云，石金涛．组织创新气氛对员工创新行为的影响过程研究——基于心理授权的中介效应分析［J］．中国软科学，2010（3）：133 –144．

［43］刘云．自我领导与员工创新行为的关系研究——心理授权的中介效应［J］．科学学研究，2011（10）：1584 –1593．

［44］柳恒超，金盛华，赵开强．中国文化下组织政治技能的结构及问卷的编制［J］．应用心理学，2008，14（3）：220 –225．

［45］卢小君，张国梁．工作动机对个人创新行为的影响研究［J］．软科学，2007（6）：124 –127．

［46］马浩．领导力的内在张力与矛盾性［J］．北大商业评论，2015（2）：34 –45．

［47］马浩．自恋领导力［J］．商界（评论），2015（3）：148．

［48］潘清泉，韦慧民．伦理型领导及其影响机制研究评介与启示［J］．商业经济与管理，2014（2）：29 –39.

［49］庞晓萍．自恋型领导对下属离职倾向的影响探讨［J］．市场周刊（理论研究），2015（5）：87 –88.

［50］曲如杰，时勘，孙军保等．领导对员工创新影响的综述［J］．管理评论，2012，24（2）：146.

［51］时光磊，凌文轻，李明，张军成．组织情境下自恋问题研究［J］．中国人力资源开发，2012（6）：10 –14 +80.

［52］斯特凡·斯特恩．领导者的七种致命性格［J］．教育，2008，36：42 –43.

［53］宋典，袁勇志，张伟炜．战略人力资源管理、创新氛围与员工创新行为的跨层次研究［J］．科学学与科学技术管理，2011（1）：172 –179.

［54］隋杨，陈云云，王辉．创新氛围、创新效能感与团队创新：团队领导的调节作用［J］．心理学报，2012（2）：237 –248.

［55］隋杨，王辉，岳旖旎．变革型领导对员工绩效和满意度的影响：心理资本的中介作用及程序公平的调节作用［J］．心理学报，2012（9）：1217 –1230.

［56］孙健敏，焦长泉．对管理者工作绩效结构的探索性研究［J］．人类工效学，2002，8（3）：1 –10.

［57］汪林，储小平，黄嘉欣，等．与高层领导的关系对经理人"谏言"的影响机制——来自本土家族企业的经验证据［J］．管理世界，2010（5）：108 –117.

［58］汪林，储小平，倪婧．领导 –部属交换、内部人身份认知与组织公民行为：基于本土家族企业视角的经验研究［J］．管理世界，2009（1）：97 –107.

［59］王成城，刘洪，李晋．组织身份同一性对员工行为有效性影响的实证研究［J］．科学学与科学技术管理，2010（7）：184 –191.

［60］王辉，李小轩，罗胜强．任务绩效与情境绩效二因素绩效模型的验证［J］．中国管理科学，2003（4）：79 –84.

［61］王沛，刘峰．社会认同理论视野下的社会认同威胁［J］．心理科学进展，2007，15，822 –827.

［62］王永跃，段锦云．政治技能如何影响员工建言：关系及绩效的作用［J］．管理世界，2015（3）：102 –112.

［63］王忠军，龙立荣，刘丽丹．组织中主管—下属关系的运作机制与效果［J］．心理学报，2011，43（7）：798 –809.

［64］韦慧民，龙立荣．认知与情感信任、权力距离感和制度控制对领导授权行为的影响研究［J］．管理工程学报，2011，5（1）：10 –16.

[65] 温忠麟，侯杰泰，马什赫伯特．结构方程模型检验：拟合指数与卡方准则 [J]．心理学报，2004，36（2）：186 –194.

[66] 吴隆增，刘军，刘刚．辱虐管理与员工表现：传统性与信任的作用 [J]．心理学报，2009（6）：510 –518.

[67] 吴明隆．SPSS 统计应用实物 [M]．北京：中国铁道出版社，2003.

[68] 吴锐．试论中国文化自恋倾向的起源 [J]．中国哲学史，2000（4）：121 – 129.

[69] 吴文华，赵行斌．领导风格对知识型员工创新行为的影响研究 [J]．科技进步与对策，2010（2）：153 –156.

[70] 吴芸杉，张进辅．自恋研究概述 [J]．保健医学研究与实践，2010（2）：85 – 87 +89.

[71] 吴治国，石金涛．员工创新行为触发系统分析及管理启示 [J]．中国软科学，2007（3）：92 –97.

[72] 仵凤清，高林．为"自恋型"领导辩护 [J]．企业管理，2015（3）：41 –43.

[73] 仵凤清，高林．西方自恋型领导研究综述及展望 [J]．领导科学，2014，35：24 –26.

[74] 谢俊，汪林，储小平．关系视角的经理人反馈寻求行为：心理预期和政治技能的影响 [J]．南开管理评论，2013，16（4）：4 –12.

[75] 徐燕，赵曙明．雇佣保障与员工创新行为的双路径关系模型研究 [J]．科技进步与对策，2011，21：136 –140.

[76] 杨春江．领导风格与组织创新氛围的相关研究——以河北高科技企业为例 [J]．科技进步与对策，2011，19：89 –93.

[77] 杨付等．团队沟通、工作不安全氛围对创新行为的影响．创造力自我效能感的调节作用 [J]．心理学报，2012，44（10）：1383 –1401.

[78] 杨国枢，黄光国，杨中芳．华人本土心理学 [M]．重庆：重庆大学出版社，2008.

[79] 杨国枢，黄光国．中国人的心理与行为 [M]．台北：桂冠图书公司，1989.

[80] 杨国枢．中国人的心理与行为：本土化研究 [M]．北京：中国人民大学出版社，2004.

[81] 杨晶照，杨东涛，赵顺娣，姜林娣．工作场所中员工创新的内驱力：员工创造力自我效能感 [J]．心理科学进展，2011，19：1363 –1370.

[82] 于桂兰，付博．上下级关系对组织政治知觉与员工离职倾向影响的被中介的调节效应分析 [J]．管理学报，2015，12（6）：830 –838.

[83] 张丽琍. 影响女性高科技人才工作—家庭冲突因素分析及其干预对策 [J]. 中国人力资源开发. 2010 (12): 86 –89.

[84] 张天布. 自恋型人格危害干部队伍 [J]. 健康管理, 2014 (2): 89 –93.

[85] 张永军, 廖建桥, 张可军. 成就目标导向、心理安全与知识共享意愿关系的实证研究 [J]. 图书情报工作, 2010, 54 (2): 104 –108.

[86] 赵欣艳, 孙杰. 员工敬业度研究综述与展望 [J]. 北京邮电大学学报（社会科学版). 2010.

[87] 郑伯埙. 差序格局与华人组织行为 [J]. 本土心理学研究, 1995 (3): 142 –219.

[88] 周浩, 刘安妮. 互动公平感对员工进谏上司的影响及其内在机制研究 [J]. 软科学, 2015, 29 (1): 78 –81.

[89] 周浩, 龙立荣. 变革型领导对下属进谏行为的影响：组织心理所有权与传统性的作用 [J]. 心理学报, 2012, 44 (3): 388 –399.

[90] 朱雪春, 陈万明. 知识治理、失败学习与低成本利用式创新和低成本探索式创新 [J]. 科学学与科学技术管理, 2014 (9): 78 –86.

[91] 朱玥, 王晓辰. 服务型领导对员工建言行为的影响：领导 –成员交换和学习目标取向的作用 [J]. 心理科学, 2015, 38 (2): 426 –432.

外文部分

[1] Adams J S. Inequity in social exchange [J]. Advances in experimental social psychology, 1965 (2): 267 –299.

[2] Ahearne M, Mathieu J, Rapp A. To empower or not to empower your sales force? An empirical examination of the influence of leadership empowerment behavior on customer satisfaction and performance [J]. Journal of Applied Psychology, 2005, 90 (3): 945 –955.

[3] Ahuja G, Lampert C M, Tandon V. Moving beyond Schumpeter: Management research on the determinants oftechnological innovation [J]. Academy of Management Annals, 2008 (2): 1 –98.

[4] AikenL S, West S G. Multiple regression: Testing and interpreting interactions [M]. Newbury Park, Calif, USA, 1991.

[5] Alexander S, Ruderman M. The role of Procedural and distributive justice in Organizational behavior [J]. Social Justice Research, 1987 (1): 17 –198.

[6] Almeida A, Correia I, Marinho S. Moraldisengagement, normative beliefs of

peer group, and attitudes regarding roles in bullying [J]. Journal of School Violence, 2010 (9): 23 -36.

[7] Ambrose M, Hess R, Ganesan S. The relationship between justice and attitudes: an examination of justice effects on event and system-related attitudes [J]. Organizational Behavior and Human Decision Processes, 2007 (103): 21 -36.

[8] American Psychiatric Association (APA). (2013). Diagnostic and statistical manual of mental disorders: DSM -5 (5th ed.). Washington, DC: Author.

[9] Amitay G, Gumpel T. Academic self-efficacy as a resilience factor among adjudicated girls [J]. International Journal of Adolescence and Youth, 2013 (5): 1 -26.

[10] Anand J, Oriani R, Vassolo R S. Alliance activity as a dynamic capability in the face of a discontinuous technological change [J]. Organization Science, 2010, 21: 1213 -1232.

[11] Ancona D G, Caldwell D F. Bridging the boundary: external activities and performance in organizational teams [J]. Administrative Science Quarterly, 1992, 37 (6): 634 -665.

[12] Ancona D G. Outward bound: strategies for team survival in the organization [J]. Academy of Management Journal, 1990, 33 (2): 334 -365.

[13] Andrews M C, Kacmar K M, Harris K J. Got Political Skill? The impact of justice on the importance of political skill for job performance [J]. Journal of Applied Psychology, 2009, 94 (6): 1427 -1437.

[14] Ang R P, Ong E Y L, Lim J C Y, Lim E W. From narcissistic exploitativeness to bullying behavior: The mediating role of approval-of-aggression beliefs [J]. Social Development, 2010 (19): 721 -735.

[15] Anne N P, et al. Cultural Diversity and Team Performance: The Role of Team Member Goal Orientation [J]. Academy of Management Journal, 2013, 56 (3): 782 -804.

[16] Aquino K, Tripp T M, Bies R J. Getting even or moving on? Power, procedural justice, and types of offenses as predictors of revenge, forgiveness, reconciliation, and avoidance in organization [J]. Journal of Applied Psychology, 2006, 91: 653 -668.

[17] Argote L, McEvily B, Reagans R. Managing knowledge in organizations: an integrative framework and review of emerging thems [J]. Management Science, 2003, 49 (4): 571 -582.

[18] Ari – Am H, Gumpel T P. Special education in Israel: Complex problems, complex solutions. Special Education: An International Perspective [J]. Management Science, 2014, 28: 473 –504.

[19] Arnold J A, Arad S, Rhoades J A, Drasgow F. The empowering leadership questionnaire: the construction and validation of a new scale for measuring leader behaviors [J]. Journal of Organizational Behavior, 2000, 21 (3): 249 –269.

[20] Ashford S J, Tsui A S. Self-regulation for managerial effectiveness: the role of active feedback seeking [J]. Academy of Management Journal, 1991, 34: 251 – 280.

[21] Ashforth B E, Sluss D M, Saks A M. Socialization tactics, proactive behavior, and newcomer learning: integrating socialization models [J]. Journal of Vocational Behavior, 2007, 70: 447 –462.

[22] Audia P G, Greve H R. Less likely to fail: Low performance, firm size, and factory expansion in the shipbuilding industry [J]. Management Science, 2006, 52: 83 –94.

[23] Audiapg, Lockeea, Smithkg. The paradox ofsuccess: An archival and a laboratory study of strategicpersistence following radical environmental change [J]. Academy of Management Journal, 2000, 43 (5): 837 –853.

[24] Axtell C M, Holman D J, Unsworth K L, Wall T D, Waterson P E. Shopfloor innovation: facilitating the suggestion and implementation of ideas [J]. Journal of Occupational and Organizational Psychology, 2000, 73: 265 –285.

[25] Bandura A. Social cognitive theory of self-regulation [J]. Organizational Behavior and Human Decision Processes 1991, 50: 248 –287.

[26] Barry C T, Pickard J D, Ansel L L. The associations of adolescent invulnerability and narcissism with problem behaviors [J]. Personality and Individual Differences, 2009, 47: 577 –582.

[27] Bass B M. Transformational leadership [J]. Journal of Management Inquiry, 1995, 4 (3): 293 –298.

[28] Bateman T S, Crant J M. The proactive component of organizational-behavior: a measure and correlates [J]. Journal of Organizational Behavior, 1993, 14: 103 –118.

[29] Baughman H M, Dearing S, Giammarco E, Vernon P A. Relationships between bullying behaviours and the Dark Triad: A study with adults [J]. Personality and

Individual Differences, 2012, 52: 571 −575.

[30] Beal D J, Cohen R R, Burke M J, McLendon C L. Cohesion and perform-ance in groups: a meta-analytic clarification of construct relations [J]. Journal of Ap-plied Psychology, 2003, 88 (6): 989 −1004.

[31] Bell B S, Kozlowski S W J. Goal Orientation and Ability: Interactive Effects on Self-efficacy, Performance, and Knowledge [J]. Journal of Applied Psychology, 2002, 87: 497 −505.

[32] Benner M J. Securities analysts and incumbent response to radical technolog-ical change: Evidence from digital photography and internet telephony [J]. Organiza-tion Science, 2010, 21: 42 −62.

[33] Benner M J. The incumbent discount: Stock market categories and re-sponse to radicaltechnological change [J]. Academy of Management Review, 2007, 32: 703 −720.

[34] Bies R J, Moag J S. Interactional justice: Communication criteria of fairness [J]. Research on negotiation in organizations, 1986 (1): 43 −55.

[35] Binnewies C, Sonnentag S, Mojza E J. Daily performance at work: feeling recovered in the morning as a predictor of day-level job performance [J]. Journal of Or-ganizational Behavior, 2009, 30: 67 −93.

[36] Blickle G, Frohlich J K, Ehlert S, et al. Socioanalytic theory and work be-havior: Roles of work values and political skill in job performance and promotability as-sessment [J]. Journal of VocationalBehavior, 2011, 78 (1): 136 −148.

[37] Boren R. Don't delegate-empower. Supervisory [J]. Management, 1994, 39 (10): 10 −26.

[38] Botero I C, Van Dyne L. Employee voice behavior interactive effects of LMX and power distance in the United States and Colombia [J]. Management Communica-tion Quarterly, 2009, 23 (1): 84 −104.

[39] Bowen D, Lawler E. The empowerment of service workers: what, why, how, and when? [J]. Sloan Management Review, 1992, 33 (1): 31 −39.

[40] Braendle U C, Gasser T, Noll J. Corporate governance in China—is eco-nomicgrowth potential hindered by guanxi? [J]. Business and Society Review, 2005, 110 (4): 389 −405.

[41] Branzei O, Vertinsky I, Ronald D C. Culture-contingent signs of trust in emergent relationships [J]. Organizational Behavior and Human Decision Processes,

2007，104（1）：61 –82.

［42］Braun S et al. , Transformational leadership, job satisfaction, and team per-formance：A multilevel mediation model of trust ［J］. The Leadership Quarterly, 2012, 11：600 –631.

［43］Breland J W, Treadway D C, Duke A B, et al. The interactive effect of lead-er-member exchange and political skill on subjective career success ［J］. Journal of Leadership and Organizational Studies, 2007（13）：1 –14.

［44］Brislin R W. Translation and content analysis of oral and written material ［J］. Handbook of Cross-cultural Psychology, 1980, 2：349 –444.

［45］Brockner J, De Cremer D, Fishman A Y, Spiegel S. When does high proce-dural fairness reduce self-evaluations following unfavorable outcomes?：the moderating effect of prevention focus. Journal of Experimental ［J］. Social Psychology, 2008, 44：187 –200.

［46］Brockner J, Heuer L, Magner N, Folger R, Umphress E, van den Bos K, et al. High procedural fairness heightens the effect of outcome favorability on self-evalua-tions：an attributional analysis ［J］. Organizational Behavior and Human Decision Proces-ses, 2003, 91：51 –68.

［47］Brockner J. De Cremer D van den Bos K, Chen Y. The influence of interde-pendent self-construal on procedural fairness effects ［J］. Organizational Behavior and Human Decision Processes, 2005, 96：155 –167.

［48］Brockner J. Making sense of procedural fairness：how high procedural fair-ness can reduce or heighten the influence of outcome favorability ［J］. Academy of Management Review, 2002, 27：58 –76.

［49］Burris E R, Detert J R, Chiaburu D S. Quitting before leaving：the mediating effects of psychological attachment and detachment on voice ［J］. Journal of Applied Psychology 2008, 93：912 –922.

［50］Campbell D J. The proactive employee：managing workplace initiative ［J］. Academy of Management Executive, 2000, 14（3）：52 –66.

［51］Campbell J P. Modeling the Performance Prediction Problem in Industrial and Organizational Psychology ［C］. In M D Dunnette & L M. Hough（Eds. ）, Handbook of Industrial and Organizational Psychology, 2nd ed. Palo Alto, CA：Consulting Psycholo-gists Press, 1990：710 –732.

［52］Carmeli A, Schaubroeck J. The influence of leaders' and other referents' normative expectationson individual involvement in creative work [J]. The Leadership Quarterly, 2007, 18 (1): 35 −48.

[53] Chen C, Chen Y, Xin K. The downside of managerial guanxi practice in the People's Republic of China: a procedural justice perspective [J]. Organization Science, 2004, 15: 200 −209.

[54] Chen Y F, Tjosvold D. Participative leadership by American and Chinese managers in China: The role of relationships [J]. Journal of Management Studies, 2006, 43 (8): 1727 −1752.

[55] Chen Y R, Brockner J, Greenberg J. When is it " a pleasure to do business with you?" the effects of relative status, outcome favorability, and procedural fairness [J]. Organizational Behavior and Human Decision Processes, 2003, 92: 1 −21.

[56] Cheng J W, Chiu W L, Tzeng G H. Do impression management tactics and/ or supervisor-subordinate guanxi matter? [J]. Knowledge − Based Systems, 2013, 40 (1): 123 −133.

[57] Chen M J, Tsai W. Competitive tension: The awareness-motivation-capability perspective [J]. Academy of Management Journal, 2007, 50 (1): 101 −118.

[58] Cheung M F, Chan A K, Wong M L. Supervisor-subordinate guanxi and employee work outcomes: the mediating role of job satisfaction [J]. Journal of Business Ethics, 2009, 88 (1): 77 −89.

[59] Choi J N. Change-oriented organizational citizenship behavior: Effects of work environment characteristics and intervening psychological processes [J]. Journal of Organizational Behavior, 2007, 28 (4): 467 −484.

[60] Choi J N. External activities and team effectiveness: Review and theoretical development [J]. Small Group Research, 2002, 33 (2): 181 −208.

[61] Chow H S, Ng I. The characteristics of Chinese personal tie (guanxi): Evidence from HongKong [J]. Organization Studies, 2004, 25 (7) 1075 −1093.

[62] Clayton S, Opotow S. Justice and identity: changing perspectives on what is fair [J]. Personality and Social Psychology Review, 2003 (7): 298 −310.

[63] Clegg C, Unsworth K, Epitropaki O, Parker G. Implicating trust in the innovation process [J]. Journal of Occupational and Organizational Psychology, 2002, 75: 409 −422.

[64] Cohen − Charash, S. The role of justice in organizations: Ameta-analysis [J]. organizational Behavior and Human Decision processes, 2001 (86).

［65］ Coleman J. Foundations of Social Theory. Cambridge, Mass: Harvard University Press, 1990.

［66］ Colquitt J A, et al. Justice at the millennium: a meta-analytic review of 25 years of organizational justice research ［J］. Journal of Applied Psychology, 2001, 86: 425 −445.

［67］ Colquitt J A. On the Dimensionality of Organizational Justice: A Construct Validation of a Measure ［J］. Journal of Applied Psychology, 2001, 86 (3): 386 −400.

［68］ Crant J M. Proactive behavior in organization ［J］. Journal of Management, 2000, 26 (3): 435 −462.

［69］ Cron W, Slocum J W, VandeWalle D. Negative Performance Feedback and Self − Set Goal Level: The Role of Goal Orientation and Emotional Reactions ［J］. Academy of Management Proceedings, 2002: B1 −B6.

［70］ Cross R L, Cummings J N. Tie and network correlates of individual performance in knowledge intensive work ［J］. Academy of Management Journal, 2004, 47 (6): 928 −937.

［71］ Cross R L, Yan A, Louis M R. Boundary activities in "boundaryless" organizations: A case study of a transformation to ateam-based structure ［J］. Human Relations, 2000, 53 (6): 841 −868.

［72］ Davis A E, Kalleberg A L. Family-friendly organizations? Work and family programs in the 1990s ［J］. Work and Occupations, 2006, 33 (2): 191 −223.

［73］ De Cremer D, Tyler T R. The effects of trust in authority and procedural fairness on cooperation ［J］. Journal of Applied Psychology, 2007, 92 (3): 639 −649.

［74］ De Cremer D, Tyler T. Managing group behavior: the interplay between procedural justice, sense of self, and cooperation. In M. P. Zanna (Ed.). Advances in experimental social psychology ［M］. London: Elsevier Academic Press, 2005.

［75］ De Dreu C K W. Team Innovation and Effectiveness: The Importance of Minority Dissent and Ref lexibility. European ［J］. Journal of Work and Organizational Psychology, 2002, 11 (3): 285 −298.

［76］ Detert J R, Burris E R. Leadership behavior and employee voice: Is the door really open? ［J］. Academy of Management Journal, 2007, 50 (4): 869 −884.

［77］ Dorfman P W, Howell J P. Dimension of national culture and effective leadership in patterns. Advances in International Comparative management, 1988, 3 (1): 127 −150.

[78] Douglas C, Ammeter A P. An examination of leader political skill and its effect on ratings of leader effectiveness [J]. Leadership Quarterly, 2004, 15 (4): 537 –550.

[79] Druskat V U, Wheeler J V. Managing from the boundary: the effective leadership of self-managing work teams [J]. Academy of Management Journal, 2003, 46 (4): 435 –457.

[80] Dutton J E, Dukerich J M. Keeping an eye on themirror: Image and identity in organizational adaptation [J]. Academy of Management Journal, 1991, 34 (3): 517 –554.

[81] Dyne L V, Ang S, Botero I C. Conceptualizing employee silence and employee voice as multidimensional constructs [J]. Journal of management studies, 2003, 40 (6): 1359 –1392.

[82] Eccles J S, Wigfield A. Motivational beliefs, values, and goals [J]. Annual Review of Psychology, 2002, 53: 109 –132.

[83] Edmondson A C. Psychological safety and learning behavior inwork teams [J]. Administrative Science Quarterly, 1999, 44 (3): 350 –383.

[84] Elliot A J, Church M A. A hierarchical model of approach and avoidance achievement motivation [J]. Journal of Personality and Social Psychology, 1997, 72: 218 –232.

[85] Faraj S, Sproull L. Coordinating expertise in software developmentteams [J]. Management Science, 2000, 46 (12): 1554 –1568.

[86] Faraj S, Yan A. Boundary work in knowledge teams [J]. Journal of Applied Psychology, 2009, 94 (3): 604 –617.

[87] Farh J L, Hackett R D, Liang J. Individual-level cultural values as moderators of perceived organizational support-employee outcome relationships in China: comparing the effects of power distance and traditionality [J]. Academy of Management Journal, 2007, 50 (3): 715 –729.

[88] Farh J L, Rich D H, Liang J. Individual—level cultural values ills moderators of perceived organization supper employee outcome relationships in China: Comparing the effects of power distance and traditionality [J]. The Academy of Management Joumal, 2007, 50 (3): 715 –729.

[89] Farh J L, Tsui A S, Xin K R, et al. The influence of relational demography and guanxi: The Chinese case [J]. Organization Science, 1998, 9 (4): 471 –488.

[90] Farrell D, Rusbult C. Understanding the retention function：Amodel of the causes of exit, voice, loyalty and neglect behaviors [J]. The Personnel Administrator, 1985, 32 (4)：129 –136.

[91] Fehmidah M, et al. Mediating the effects of work-life conflict between transformational leadership and health-care workers'job satisfactionand psychological wellbeing [J]. Journal of Nursing Management, 2012, 20 (4)：512 –521.

[92] Ferris G R, Treadway D C, Kolodinsky R W, et al. Development and validation of the political skill inventory [J]. Journal of Management, 2005, 31 (1)：126 –152.

[93] Ferris G R, Treadway D C, Perrewe P L, et al. Political skill in organizations [J]. Journal of Management, 2007, 33 (3)：290 –320.

[94] Forrester R. Empowerment：rejuvenating a potent idea [J]. Academy of Management Executive, 2000, 14 (3)：67 –80.

[95] Foss, et al. Governing Knowledge Sharing in Organizations：Levels of Analysis, Governance Mechanisms, and Research Directions [J]. Journal of Management Studies, 2010 (5)：455 –482.

[96] Foster J D and Trimm R F. On being eager and uninhibited：Narcissism and approach-avoidance motivation [J]. Personality and Social Psychology Bulletin, 2008, 34：1004 –1017.

[97] Frese M G, Fay D. Making things happen：reciprocal relationships between work characteristics and personal initiative in a four-wave longitudinal structural equation model [J]. Journal of Applied Psychology, 2007, 92：1084 –1102.

[98] Frese M K, Soose A, Zempel J. Personal initiative at work：differences between East and West Germany [J]. Academy of Management Journal, 1996, 39：37 –63.

[99] Frese M, Fay D. Personal initiative：and active performance concept for work in the 21st century [J]. Research in Organizational Behavior, 2001, 23：133 –187.

[100] Fritz C, Sonnentag S. Antecedents of day-level proactive behavior：a look at job stressors and positive affect during the workday [J]. Journal of Management, 2009, 35：94 –111.

[101] Fuller J B, Marler L E, Hester K. Promoting felt responsibility for constructive change and proactive behavior：Exploring aspects of an elaborated model of work design [J]. Journal of Organizational Behavior, 2006, 27 (8)：1089 –1120.

［102］Gist E, Mitchell E. Self-efficacy: A theoretical analysis of its determinants and malleability ［J］. Academy of Management Review, 1992, 17: 183 -211.

［103］Glass J, Finley A. Coverage and effectiveness of family-responsive workplace policies ［J］. Human Resource Management Review, 2002, 12 (3): 313 -337.

［104］Goffman E. The presentation of self in everyday life ［M］. New York: Doubleday, 1959.

［105］Golden T D, Veiga J F. Spanning boundaries and borders: toward understanding the cultural dimensions of team boundary spanning ［J］. Journal of Managerial Inquiry, 2005, 17 (2): 178 -192.

［106］Gong, et al. A Multilevel model of goal orientation, information exchange, and creativity ［J］. Academy of Management Journal, 2013, 56 (3): 827 -851.

［107］Graen G B, Uhl –Bien M. Relationship-based approach to leadership: Development of leader-member exchange (LMX) theory of leadership over 25 years: Applying a multi-level multi-domain perspective ［J］. The Leadership Quarterly, 1995, 6 (2): 219 -247.

［108］Grandori A. Neither hierarchy nor identity: Knowledge governance mechanisms and the theory of the firm ［J］. Journal of Management and Governance, 2001 (5): 381 -399.

［109］Grant A M. Relational job design and the motivation to make a prosocial difference ［J］. Academy of Management Review, 2007, 32: 393 -417.

［110］Grant J M, Tae –Yelo K, Wang J. Dispositional antecedents of demonstration and usefulness of voice behavior ［J］. Journal of Business and Psychology, 2011, 26 (3): 285 -297.

［111］Greenberg J. Organizational justice: Yesterday, today, and tomorrow ［J］. Journal of Management, 1990, 16 (2): 399 -432.

［112］Greenberg J. The social side of fairness: Interpersonal and informational classes of Organizational justice. In R. Cropanzano (Ed.), Justice in the workplace: Approaching fairness inhuman resource management ［J］. Hillsdale, NJ: Lawrence Erlbaum, 1993: 79 -103.

［113］Griffin M A, Parker A S K. A new model of work role performance: positive behavior in uncertain and interdependent contexts ［J］. 2007. Academy of Management Journal, 50 (2): 327 -347.

［114］Griffin M A. , Mason C M. Leader vision and the development of adaptive and proactive performance: a longitudinal study [J]. Journal of Applied Psychology, 2010, 95 (1): 174 –182.

[115] Guinan P J, Cooprider J G, Faraj S. Enabling softwaredevelopment team performance during requirements definition: A behavioralversus technical approach [J]. Information Systems Research, 1998, 9 (2): 101 –125.

[116] Hackman J R, Wageman R. A theory of team coaching [J]. Academy of Management Review, 2005, 30: 269 –287.

[117] Hackman J R. Leading teams. Boston [M]. Harvard Business School Press, 2002.

[118] Haidt J. The emotional dog and its rational tail: a social intuitionist approach to moral judgment. Psychological Review, 2001, 108: 814 –834.

[119] Hammer L B, Kossek E E, Anger W K, Bodner T, Zimmerman K L. Clarifying work-family intervention processes: the roles of work-family conflict and family-supportive supervisor behaviors [J]. Journal of Applied Psychology, 2011, 96 (1): 134 –150.

[120] Hammer L B, Neal M B, Newsom J T, Brockwood K J, Colton C L. A longitudinal study of the effects of dual-earner couples' utilization of family-friendly workplace supports on work and family outcomes [J]. Journal of Applied Psychology, 2005, 90 (4): 799 –810.

[121] Han Y, Altman Y. Supervisor and subordinate guanxi: A grounded investigation in the People's Republic of China [J]. Journal of Business Ethics, 2009, 88 (1): 91 –104.

[122] Harris K J, Kacmar K M, Zivnska S, et al. The impact of political skill on impression management effectiveness [J]. Journal of Applied Psychology, 2007, 92 (1): 278 –285.

[123] Harter J K, Schmidt H. Business-unit-level Relationship between Employee Satisfaction Employee Engagement, and Business Outcomes: A Meta-analysis [J]. Journal of Applied Psychology, 2002, 87 (2): 268 –279.

[124] Hirschman A O. Exit, Voice and loyalty: Responses to decline in firms, organizations, an states [M]. Cambridge: Harvard University Press, 1970.

[125] Hirst G, Mann L. A model of R&D leadership and team communication: the relationship with project performance [J]. R&D Management, 2004, 34 (2): 147 –160.

[126] Hochwarter W A, Ferris G R, Zinke R. Reputation as a moderator of political behavior-work outcomes relationships: Atwo-study investigation with convergent results [J]. Journal of Applied, 2007, 92 (2): 567 -576.

[127] Holmvall C M, Bobocel D R What fair procedures say about me: self-construals and reactions to procedural fairness [J]. Organizational Behavior and Human Decision Processes, 2008, 105, 147 -168.

[128] Hui C, Lee C, Denise M R. Employment relationships in China: Do workers relate to the organization or to people [J]. Organization Science, 2004, 15 (2): 232 -240.

[129] Hyatt D E, Ruddy T M. An examination of the relationshipbetween work group characteristics and performance: Once more intothe breach [J]. Personnel Psychology, 1997, 50 (3): 553 -585.

[130] Idson L C, Liberman N, Higgins E T. Imagining how gou'd feel: the role of motivational experiences from regulatory fit [J]. Personality and Social Psychology Bulletin, 2004, 30: 926 -937.

[131] Illies R, Judge T A. Goal regulation across time: the effects of feedback and affect [J]. Journal of Applied Psychology, 2005, 90: 453 -467.

[132] Isen A M, Reeve J. The influence of positive affect on intrinsic and extrinsic motivation: facilitating enjoyment of play, responsible work behavior, and self-control [J]. Motivation and Emotion, 2005 (2): 295 -323.

[133] Janssen O, Van Yperen N W. Employees' goal orientations, the quality of leader-member exchange, and the outcomes of job performanceand job satisfaction [J]. Academy of Management Journal, 2004, 47: 368 -384.

[134] Jaussi K S, Dionne S D. Leading for creativity: The role of unconventional leader behavior [J]. The Leadership Quarterly, 2003, 14 (4): 475 -496.

[135] Johnson R E, Selenta C, Lord R G When organizational justice and the self-concept meet: consequences for the organization and its members [J]. Organizational Behavior and Human Decision Processes, 2006, 99: 175 -201.

[136] Johnson - George C E, Swap W C. Measurement of specific interpersonal trust: construction and validation of a scale to assess trust in a specific other [J]. Journal of Personality and Social Psychology, 1982, 43: 1306 -1317.

[137] Judge T A, Bretz R D. Political influence behavior and career success [J]. Journal of Management, 1994, 20 (1): 43 -65.

[138] Kahn W A. Psychological conditions of personal engagement and disengagement at work [J]. Academy of Management Journal, 1990, 33 (4): 692 -724.

[139] Kaplan S. Cognition, capabilities, and incentives: Assessingfirm response to the fiber-optic revolution [J]. Academyof Management Journal, 2008, 51 (4): 672 -695.

[140] Kazemipour Farahnaz, Mohamad Amin Salmiah, Pourseidi Bahram. Relationship between workplace spirituality and organizational citizenship behavior among nurses through mediation of affective organizational commitment [J]. Journal of Nursing Scholarship, 2012, 44 (3): 302 -310.

[141] Keller R T. Cross-functional project groups in research and new product development: diversity, communications, job stress, and outcomes [J]. Academy of Management Journal, 2001, 44 (3): 547 -555.

[142] Kickul J, Gundry L K. Prospecting for strategic advantage: the proactive entrepreneurial personality and small firm innovation [J]. Journal of Small Business Management, 2002, 40: 85 -97.

[143] Kirkman B L, Shapiro D L. The impact of cultural values on job satisfaction and organizational commitment in self-managing work teams: the mediating role of employee resistance [J]. Academy of Management Journal, 2001, 44 (3): 557 -569.

[144] Kleysen F R, Street C T. Toward a multi-dimensional measure of individualinnovative behavior [J]. Journal of Intellectual Capital, 2001, 3 (2): 284 -296.

[145] Kolodinsky R W, Hochwarter W A, Ferris G R. Nonlinearity in the relationship between political skill and work outcomes: convergent evidence from three studies [J]. Journal of Vocational Behavior, 2004, 65 (2): 294 -308.

[146] Konovsky M A, Cropanzano R. Perceived fairness of employee drug testing as a Predictor of employee attitudes and job Performance [J]. Journal of Applied Psychology, 1991 (76): 698 -707.

[147] Konrad A M, Mangel R. The impact of work-life programs on firm productivity [J]. Strategic Management Journal, 2000, 21 (6): 1225 -1237.

[148] Kreiner G E, Hollensbe E C, Mathew L S. Balancing Borders and Bridges: Negotiating the Work - Home Interface via Boundary Work Tactics [J]. Academy of Management Journal, 2009, 52 (4): 704 -730.

[149] Law K S, Wong C S, Wang D, et al. Effect of supervisor-subordinate guanxi on supervisory decisionsin China: an empirical investigation [J]. International Journal of

Human Resource Management, 2000, 11: 751 -765.

[150] Lee M, Koh J. Is empowerment really a new concept? . International [J].
Journal of Human Resource Management, 2001, 12 (4): 684 -695.

[151] LePine J A, Linn V D. Voice and cooperative behavior as contrasting forms
of contextual performance: Evidence of differential relationships with Big Five personality
characteristics and cognitive ability [J]. Journal of Applied Psychology, 2001, 86
(2): 326 -336.

[152] LePine J A, Van Dyne L. Predicting voice behavior in work groups [J].
Journal of Applied Psychology, 1998, 83: 853 -868.

[153] Leung K. , Tong K, Lind E A. Realpolitik versus fair process: moderating
effects of group identification on acceptance of political decision [J]. Journal of Person-
ality and Social Psychology, 2007, 92, 476 -489.

[154] Leventhal G S, Karuza J, Fry W R. Beyond fairness: A theory of allocation
Preferences [M]. Justice and social interaction, 1980: 167 -218.

[155] Liang J, Farh C, Farh J L. Psychological antecedents of promotive and
prohibitive voice: A two-wave examination [J]. Academy of Management Journal,
2012, 55 (1): 71 -92.

[156] Liu J, Wang W. Employee behaviors, supervisor-subordinate guanxiand
workplace exclusion [C]. Paper presented at the Management and Service Science
(MASS), International Conference on, 2011.

[157] Liu W, Zhu R H, Yang Y K. I warn you because I like you: Voice behavior,
employee identifications and transformational leadership [J]. the Leadership Quarterly,
2010, 21 (1): 189 -202.

[158] Liu Y, Ferris G R, Zinko R, et al. Dispositional antecedents and outcomes
of political skill in organizations: A four-study investigation with convergence [J]. Jour-
nal of Vocational Behavior, 2007, 71 (1): 146 -165.

[159] Livengood S, Regerr K. That's our turf! Identity domains and competitive
dynamics [J]. Academy of Management Review, 2010, 35 (1): 48 -66.

[160] Lovelace K, Shapiro D L, Weingart L R. Maximizing cross-functional new
product teams' in novativeness and constraint adherence: a conflict communication
perspective [J]. Academy of Management Journal, 2001, 44 (4): 779 -793.

[161] Madjar N, Oldham G R, Prattm G. There's no place like home? the contri-
butions of work and non-work creativitysupport to employees creative performance [J].

Academy of Management Journal, 2002, 45 (4): 757 -767.

[162] Marks M A, DeChurch L A, Mathieu J E, Panzer F J, Alonso A. Teamwork in multiteam systems [J]. Journal of Applied Psychology, 2005, 90 (5): 964 -971.

[163] Marks M A, Mathieu J E, Zaccaro S J. A temporally basedframework and taxonomy of team processes [J]. Academy of ManagementReview, 2001, 26 (3): 356 -376.

[164] Marrone J A, Tesluk P E, Carson J B. A multilevel investigation of anteced-ents and consequences of team member boundary spanning behavior [J]. Academy of Management Journal, 2007, 50 (6): 1423 -1439.

[165] Maslach C, Michael P L. The truth about burnout: How organizations cause personal stress and what to do about it [M]. San Francisco, CA, US: Jossey -Bass, 1997.

[166] Maslach C, Wilmar B S, Michael P L. Job burnout [J]. Annual Review of Psychology, 2001, 52 (1): 397 -422.

[167] Masterson S S, Lewis K, Goldman B M, Taylor M S. Integrating justice and social exchange: The differing effects of fair procedures and treatment on work re-lationships [J]. Academy of Management Journal, 2000, 43: 738 -748.

[168] Mathieu J E, Gilson L L, Ruddy T M. Empowerment and team effective-ness: an empirical test of an integrated model [J]. Journal of Applied Psychology, 2006, 91 (1): 97 -108.

[169] Matthews R A, Diaz W M, Cole S G. The organizational empowerment scale [J]. Personnel Review, 2003, 32 (3): 297 -318.

[170] Mayer D M, Greenbaum R L, Kuenzi M, Shteynberg G. When do fair pro-cedures not matter? A test of the identity violation effect [J]. Journal of Applied Psy-chology, 2009, 94, 142 -161.

[171] Mayer R C, Davis H H, Schoorman F D. An integrative model of organiza-tional trust [J]. Academy of Management Review, 1995, 20 (3): 709 -734.

[172] McAllister D J. Affect-and cognition-based trust as foundations for interper-sonal cooperation in organizations [J]. Academy of Management Journal, 1995, 38 (1): 24 -59.

[173] Mesmer -Magnus J R, DeChurch L A. Information sharing and team per-formance: Ameta-analysis [J]. Journal of Applied Psychology, 2009, 94 (2): 535 -546.

[174] Mesmer – Magnus J R, Viswesvaran C V. How family-friendly work environments affect work/family conflict: a meta-analytic examination [J]. Journal of Labor Research, 2006, 27 (4): 555 –574.

[175] Morrison E W, Wheeler – Smith S L, Kamdar D. Speaking up in Groups: Across-level study of group voice climate and voice [J]. Journal of Applied Psychology, 2011, 96 (1): 183 –191.

[176] Morrison, E W, Phelps C C. Taking charge at work: extra-role efforts to initiate workplace change [J]. Academy of Management Journal, 1999, 42: 403 –419.

[177] Mullen E, Skitka L J. Exploring the psychological underpinnings of the moral mandate effect: motivated reasoning, group differentiation, or anger? [J]. Journal of Personality and Socail Psychology, 2006, 90, 629 –643.

[178] Nag R, Corley K G, Gioia D A. The intersection oforganizational identity, knowledge, and practice: Attemptingstrategic change via knowledge grafting [J]. Academy of Management Journal, 2007, 50 (4): 821 –847.

[179] Navis C, Glynn M A. Legitimate distinctiveness and the entrepreneurial identity: influence on investor judgments of new venture plausibility [J]. Academy of Management Review, 2011, 36 (3): 479 –499.

[180] Neale M, Griffin M A. A model of self-held work roles and role transitions [J]. Human performance, 2006, 19: 23 –41.

[181] Ng T W, Feldman D C. Employee voice behavior: A meta-analytic test of the conservation of resources framework [J]. Journal of Organizational Behavior, 2012, 33 (2): 216 –234.

[182] Ngo H Y, Foley S, Loi R. Family friendly work practices, organizational climate, and firm performance: a study of multinational corporations in Hong Kong [J]. Journal of Organizational Behavior, 2009, 30 (5): 665 –680.

[183] Parker S K, et al. Making things happen: a model of proactive motivation [J]. Journal of Management, 2010, 36 (4).

[184] Parker S K, Taking stock: integrating and differentiating multiple proactive behaviors [J]. Journal of Management, 2010, 36 (3): 633 –662.

[185] Parker S K, Wall T D, Jackson P R. That's not my job": developing flexible employee work orientations [J]. Academy of Management Journal, 1997, 40: 899 – 929.

[186] Parker S K. Enhancing role breadth self-efficacy: the roles of job enrichment

and other organizational interventions [J]. Journal of Applied Psychology, 1998, 83: 835 -852.

[187] Parker S K. From passive to proactive motivation: the importance of flexible role orientations and role breadth self-efficacy [J]. Applied Psychology: an international review, 2000, 49: 447 -469.

[188] Parker Sharon K, Turner N. Modeling the antecedents of proactivebehavior at work [J]. Journal of Applied Psychology, 2006, 91 (3): 636 -652.

[189] Perry -Smith J E, Blum T C. Work-family human resource bundles and perceived organizational performance [J]. Academy of Management Journal, 2000, 43 (6): 1107 -1117.

[190] Perry -Smith J E, Shalley C E. The Social Side of Creativity: A Static and Dynamic Social Network Perspective [J]. Academy of Management Review, 2003, 28: 89 -106.

[191] Pfreffer J. Competitive advantage through people [M]. Boston, MA: Harvard University Press, 1994.

[192] Pillai R, Schriesheim C A, Williams E S. Fairness perceptions and trust as mediatorsfor transformational and transactional leadership: a two-sample study [J]. Journal of Management, 1999, 25 (6): 897 -933.

[193] Pyszczynski T, Greenberg J, Solomon S, Arndt J, Schimel J. Why do people need self-esteem? A theoretical and empirical review. Psychological Bulletin, 2004, 130, 435 -468.

[194] Raes E, et al. Facilitating team learning through transformational leadership [J]. Instructional Science, 2013, 41 (2): 287 -305.

[195] Ravasi D, Schultz M. Responding to organizationalidentity threats: Exploring the role of organizational culture [J]. Academy of Management Journal, 2006, 49 (3): 433 -458.

[196] Reagans R, Zuckerman E W. Networks, diversity, and productivity: the social capital of corporate R&D teams [J]. Organization Science, 2001, 12 (4): 502 -517.

[197] Rindova V, Williamson I O, Petkova A P, Sever J M. Being good or being known: An empirical examinationof the dimensions, antecedents, and consequencesof organizational reputation [J]. Academy of ManagementJournal, 2005, 48 (6): 1033 -1049.

［198］Rothbard N P. Enriching or depleting? The dynamic of engagement in work and family roles ［ J］. Administrative Science Quarterly2001, 46: 655 –684.

［199］Rousseau D M, Sitkin S B, Burt R S, Camerer C. Not so different after all: a cross-discipline view of trust ［J］. Academy of Management Review, 1998, 23 (3): 393 –404.

［200］Sadeghi A, Azar A, Rad R S. Developing a fuzzy group AHP Model for prioritizing the factors affecting success of High –Tech SME's in Iran: A case study ［J］. Procedia –Social and Behavioral Sciences, 2012, 62: 957 –961.

［201］Saks A M. Antecedents and consequences of employee engagement ［J］. Journal of Managerial Psychology, 2006, 21 (7): 600 –619.

［202］Schaubroeck J, Simon S K, Sandra E. Embracing transformational leadership: team values and the impact of leader behavior on team performance ［J］. Journal of Applied Psychology, 2007, 92 (4): 1020 –1030.

［203］Schaubroeck J, Walumbwa F O, Ganster D C, et al. Destructive leader traits and the neutralizing influence of an enriched job ［J］. The Leadership Quarterly, 2007, 18 (3): 236 –251.

［204］Schaufeli W B, Bakker. Job demands, job resources, and their relationship with burnout and engagement: A multi-sample study ［J］. Journal of Organizational Behavior, 2004, 25 (1): 293 –315.

［205］Schaufeli W B, Salanova B. The measurement of engagement and burnout: A confirmative analytic approach ［J］. Journal of Happiness Studies, 2002 (3): 71 –92.

［206］Schneider, Hough. Personality and industrial/organizational psychology ［J］. International Review of Industrial and Organizational Psychology, 1995, 11 (3): 231 –237.

［207］Scott S G, Bruce R A, Determinants of innovative behavior: a path model ofindividual in the workplace ［J］. Academy of Management Journal, 1994, 37 (3): 580 –607.

［208］Scott S G, Lane V R. A stakeholder approach toorganizational identity ［J］. Academy of Management Review, 2000, 25 (1): 43 –62.

［209］Scott W R. Organizations: Rational, natural, and open systems ［M］. Englewood Cliffs, NJ: Prentice Hall, 1998.

［210］Sedikides C, Gaertner L, Vevea J L. Pancultural self-enhancement reloaded：a meta-analytic reply to Heine ［J］. Journal of Personality and Social Psychology, 2005，89：539 −551.

［211］Seibert S E, Crant J M, Kraimer M L. Proactive personality and career success ［J］. Journal of Applied Psychology, 1999，84：416 −427.

［212］Selamat N, et al. Rekindle Teacher's Organizational Commitment：The Effect of Transformational Leadership Behavior ［J］. Procedia − Social and Behavioral Sciences, 2013，90：25 −36.

［213］Seo M G, Barrett L F, Bartunek J M. The role of affective experience in work motivation ［J］. Academy of Management Review, 29：2004. 423 −439.

［214］Serva M A, Fuller M A, Mayer R C. The reciprocal nature of trust：a longitudinal study of interacting teams ［J］. Journal of Organizational Behavior, 2005，26：625 −648.

［215］Sheppard B H, Sherman D M. The grammars of trust：a model and general implications ［J］. Academy of Management Review, 1998，23 (3)：422 −437.

［216］Simard M, Marchand A. A multilevel analysis of organizational factors related to the taking of safety initiatives by work groups ［J］. Safety Science, 1995，21：113 −129.

［217］Sitkin S B, Pablo A L. Reconceptualizing the determinants of risk behavior ［J］. Academy of Management Review, 1992，17 (1)：9 −38.

［218］Skitka L J of different minds：an accessible identity model of justice reasoning ［J］. Personality and Social Psychology Review, 2003 (7)：286 −297.

［219］Skitka L J, Mullen E. Understanding judgments of fairness in a real-world political context：A test of the value protection model of justice reasoning ［J］. Personality and Social Psychology Bulletin, 2002，28：1419 −1429.

［220］Skitka L J. Do the means always justify the ends, or do the ends sometimes justify the means? A value protection model of justice reasoning ［J］. Personality and Social Psychology Bulletin, 2002，28，588 −597.

［221］Smith K G, Ferrier W, Ndofor H. Competitivedynamics research：Critique and future directions ［M］. In M. Hitt, R. Freeman, & J. Harrison (Eds.), Handbook ofstrategic management. London：Blackwell, 2001：315 −361.

［222］Sonnentag S. Recovery, work engagement, and proactive behavior：a new look at the interface between nonwork and work ［J］. Journal of Applied Psychology, 2003，88 (3)：518 −528.

[223] Spreitzer G M. Psychological empowerment in the workplace: dimensions, measurement, and validation [J]. Academy of Management Journal, 1995, 38 (5): 1442 –1465.

[224] Strauss K, Griffin M A, Rafferty A E. Proactivity directed toward the team and organization: the role of leadership, commitment, and confidence [J]. British Journal of Management, 2009, 20: 279 –291.

[225] Takeuchi R, Chen Z J, Cheung S Y. Applying uncertainty management theory to employee voice behavior: An intergraive investigation [J]. Personnel Psychology, 2012, 65 (2): 283 –323.

[226] Tangirala S, Ramanujam R. Exploring nonlinearity in employee voice: the effects of personal control and organizational identification [J]. Academy of Management Journal, 2008, 51 (6): 1189 –1203.

[227] Thibaut J, Walker L. Procedural justice: A psychological analysis [M]. Lawrence Erlbaum Associates, 1975.

[228] Thompson C, Beauvais L, Lyness K. When work-family benefits are not enough: the influence of work-family culture on benefit utilization, organizational attachment, and work-family conflict [J]. Journal of Vocational Behavior, 1999, 54: 392 –415.

[229] Thompson J A. Proactive personality and job performance: a social capital perspective [J]. Journal of Applied Psychology, 2005, 90: 1011 –1017.

[230] Tierney P, Farmer S M. Creative self-efficacy: its potential antecedents andrelationship to creative performance [J]. Academy of Management Journal, 2002. 45 (6): 1137 –1148.

[231] Tierney P. , Farmer S. The pygmalion process and employee creativity [J]. Journal of Management, 2004, 30 (3): 413 –432.

[232] Tsui A S, Farh J L. Where guanxi matters relational demography and guanxi in the Chinese context [J]. Work and Occupations, 1997, 24 (1): 56 –79.

[233] Tsui A S. Contributing to global management knowledge: A case for high quality indigenous research [J]. Asia Pacific Journal of Management, 2004, 21: 491 –513.

[234] Tyler T R, Blader S L. The group engagement model: procedural justice, social identity, and cooperative behavior [J]. Personality and Social Psychology Review, 2003 (7): 349 –361.

［235］Van den Bos, K. On the subjective quality of social justice: the role of affect as information in the psychology of justice judgements ［J］. Journal of Personaltiy and Social Psychology, 2003, 85, 482 -498.

［236］Van Prooijen J, van den Bos K, Wilke H A M. Group belongingness and procedural justice: social inclusion and exclusion by peers affects the pyshcology of voice ［J］. Journal of Personality and Social Psychology, 2004, 87, 66 -79.

［237］Van Vugt M, Hart C M. Social identity as social glue: the origins of group loyalty ［J］. Journal of Personality and Social Psychology, 2004, 86, 585 -598.

［238］Vande Walle D. Development and validation of a work domain goal orientation instrument ［J］. Educational Psychological Measurement, 1997, 57: 995 -1015.

［239］Wall T D, Cordery J L, Clegg C W. Empowerment, performance, and operational uncertainty ［J］. Applied Psychology: An International Review, 2002, 51: 146 -169.

［240］Walsh J P. Managerial and organizational cognition: Notes from a trip down memory lane ［J］. Organization Science, 1995, 6 (3): 280 -322.

［241］Wang P, Walumbwa F O. Family-friendly programs, organizational commitment, and work withdrawal: the moderating role of transformational leadership ［J］. Personnel Psychology, 2007, 60 (2): 397 -427.

［242］Wei L Q, Chiang F F, Wu L Z. Developing and utilizing network resources: Roles of political skill ［J］. Journal of Management Studies, 2012, 49 (2): 381 -402.

［243］Wei L Q, Liu J, Chen Y Y, et al. Political skill, supervisor-subordinate guanxi and career prospects in Chinese firms ［J］. Journal of Management Studies, 2010, 47 (3): 437 -454.

［244］Williams S. The effects of distributive and procedural justice on performance ［J］. The Journal of Psychology, 1999, 133 (2): 183.

［245］Winkel D E, Clayton R W. Transitioning between work and family roles as a function of boundary flexibility and role salience ［J］. Journal of Vocational Behavior, 2010, 76 (2): 336 -343.

［246］Wong Y T, Ngo H Y, Wong C S. Antecedents and outcomes of employees' trust in Chinese joint ventures ［J］. Asia Pacific Journal of Management, 2003, 20 (4): 481 -499.

［247］Wood R E, Cervon E D, Jiwan I N. Goal Setting and the Differential Influence of Self Regulatory Processes on Complex Decision Making Performance ［J］.

Journal of Personality and Social Psychology, 1991, 61 (2): 257 -266.

[248] Yan A, Louis M R. The migration of organizaitonal functions to the work unit level: buffering, spanning, and bringing up boundaries [J]. Human Relations, 1999, 52 (1): 25 -47.

[249] Yochi C C, Spector P E. The Role of Justice in Organizations: A Meta - Analysis [J]. Organizational Behaviorand Human Decision Processes, 2001, 86: 278.

[250] Yu Kyoung Park, et al. Learning organization and innovative behavior: The mediating effect of work engagement [J]. European Journal of Training and Development, 2014, 38 (1): 75 -94.

[251] Zhou J, George J M. When job dissatisfaction leads to creativity: encouraging theexpression of voice [J]. Academy of Management Journal, 2001, 44 (4): 682 -696.

后　记

　　职场行为是现代人的重要行为，在科学技术高速发展，社会生活日趋复杂、竞争压力日渐激烈的现代社会，职场行为的管理问题已经成为一个重要的研究课题。长期以来，大家习惯于朝九晚五的工作习惯，企业管理者也习惯于发号施令，让员工按照自己的命令行事。随着"85后"，"90后"，甚至是"00后"一代员工进入职场，带来了更加多元化的想法和行为。为什么要工作？为谁工作？如何工作？如何让工作随着自己想法转，从而步入愉快工作？等等问题已经成为新生代员工时刻考虑的问题。这些问题既要求员工从自身角度去考虑，怎么样才能管理好自己的职场行为，以适应社会的要求，实现自己的人生价值和目标；同时，作为组织的管理者也要充分考虑管理的有效性，适应时代发展的管理需要，以人为本，通过各种合理化的措施去激发员工工作的积极性，激发他们的内在动力，为企业作出更大的贡献。进行双向驱动，和谐发展，实现员工和企业的双赢，共同为企业创造更多的财富和价值。只有员工的满意度提升了，他们对企业的忠诚度才会提高，为企业"献身"的动力和决心才会更加强大。基于此，我们比较深入探讨了现代人的职场行为及其管理问题。

　　本书涉及的内容包括了员工的建言行为，即什么情况下员工乐于向管理层提出自己的意见、建议和观点，因为现实中存在着大量的"沉默是金"现象，明知企业的一些做法不对，就是不想说出来，伤害了企业，最后也伤害了自己；政治技能对创新能力的影响，这是一个比较新兴的研究议题，从政治视角对组织行为进行研究，它是个体在组织中生存和职业发展的重要能力。个体可以通过劝说、感化和控制等人际策略来影响他人行为和态度的能力。

在组织中，具备高政治技能的个体往往能避开正式组织结构的束缚，以非正式社交的方式为自己获取有限资源，从而成功驾驭组织。政治技能较高的个体往往同时具备人际互动能力和社交敏锐性等技能，使得个体在面对不同的社会情境下能够灵活地调整自己的行为，从而达到有效影响和控制他人的目的。中小企业组织公平感、敬业度及员工行为的关系机制则探讨了员工感知到的组织公平感对于他们敬业度及其行为的影响。随着中小企业所面临的压力和挑战日趋增加，怎样通过提高组织公平感，改善员工对中小企业的敬业度，从而提高员工的工作绩效，已成为中小企业人力资源管理必须面对的问题；员工主动性行为及其驱动从社会认知理论视角探讨了员工产生主动性行为的内在机制，主动行为是一种有意识的、目标导向并受激励产生的行为。在其中，个体内部动机状态是更为直接的影响因素。从社会认知理论角度来说，人具有自我调节性，人不仅受环境的影响，同时也影响环境，这是产生主动行为的重要变量。针对员工的这些特点，企业如何去应对？我们认为人性化与规范管理以及富有弹性的家庭友好人力资源管理实践是一个有效的办法。当代员工渴望工作和生活都能参与，工作不是生活的全部，要实现快乐工作和快乐生活，渴望高质量的工作生活。职场人的工作—生活冲突问题日益突出，由于工作和家庭生活之间的冲突带来了许多负面的影响，包括个人的身体和心理健康问题，父母角色职责不能很好履行，由于缺席、怠工等带来的工作绩效下降、离职等。正是在这样的背景下，企业不再认为员工的"私人生活仅仅是他自己的事"，而是开始关注员工家庭生活与工作之间的紧密联系。在这一背景下，如何帮助员工实现工作—生活平衡已成为企业人力资源管理的一个重要问题。基于人本主义视角，关注员工的工作和生活，帮助员工达到工作和家庭相互促进的积极溢出效应，已经成为人力资源管理提高企业竞争优势的一种重要途径。最后，从组织的角度来说，日益复杂的环境，带来了越来越激烈的企业竞争，如何有效应对竞争是企业发展成败的根基。最近发展起来的组织身份领地的构念有助于对这一问题研究进行进一步推动，有助于解释为什么企业的一些行动和反应方式超越了传统经济理论的行为预测。动态竞争理论认为，竞争是一个动态的市场过程，当市场出现商机时，企业会积极开展行动，对自身的资源进行重新配置，满足顾客的需求以取得竞争的成功。这些研究极大地推进了组织层面管理的深入发展。

　　当然，职场行为及其管理是一个复杂的系统工程，本书的探讨也只是一个初步的研究，还存在着许多的不足，期望得到同行专家们的批评指正。

　　本书的撰写过程得到了很多人的支持和帮助。我的研究生赵杰、刘习、王张地、刘上园、于芳等同学参加了编写，在这表示感谢！特别感谢我的夫人韦慧民教授，为我的书稿倾注大量的心血！

潘清泉

2016 年 10 月 10 日